아동권리와 복지

| 김익균 장은미 하재희 임수영 이미정 박상훈 공저 |

CHIDREN'S RIGHTS AND WELFARE

수양재

머리말

최근 우리 사회는 가족구조의 변화와 여성들의 경제활동 증가, 출산율 저하 등의 급격한 사회적 변화를 겪으면서 영유아교육기관에 가정의 양육기능까지 대신하도록 하는 포괄적인 보육서비스를 요구하고 있다. 따라서 모든 영유아기관에서 아동의 권리가 보장받고 보호받아야 하며, 아동의 삶에 영향을 미치는 중요한 결정에 자신의 의견을 표현하고 참여하여야 하는 권리존중보육은 매우 중요한 사회적 과제가 되었다. 최근 매스컴을 통하여 보도되고 있는 아동학대 문제, 열악한 급식 문제 등등 아동의 권리가 침해되는 사례에 대한 사회적 관심이 증폭되는 것을 보면 아동 권리에 대한 관심이 증가하고 있다는 것을 알려준다.

이와 같이, 아동복지와 권리의 개념은 시대와 사회적 환경에 따라 달라진다. 그러므로 이번에 출간하는 아동복지와 권리는 최대한 시대적 흐름과 사회적 환경의 변화에 초점을 두고 접근하려고 노력하였다. 최근의 아동복지정책과 방향을 파악하여 현재 많이 집필되고 있는 다른 책과의 차별성을 유지하기 위해 많은 시행착오를 겪으면서 진행하였다.

아동복지와 권리는 영유아를 포함한 아동을 대상으로 하는 학문에서 가장 중요한 과목 중의 하나이고 기본과목이다. 발달의 특성상 스스로 자신의 권리를 지키고 실천할 수 없는 아동을 대상으로 보육을 실행하는 교사는 아동에게 매우 중요한 인적자원이므로 체계적인 아동복지와 권리의 내용을 통해 전문성을 기르도록 하는 것이 매우 중요하다.

우리 집필자들은 이러한 중요성을 인식하고 어떠한 과목보다도 많은 노력을 기울여 집필하였다. 집필진의 구성을 보면 대학에서 아동보육학, 사회복지학, 유아교육학 등을 강의하는 교수님들과 현장에서 직접 아동복지를 실천하는 전문가들로 구성하여 각

전문 분야의 내용을 담기위해 노력하였다.

본서의 구체적인 구성은 다음과 같다.

본서는 총 2부로 되어 있어 제1부 아동권리와 복지의 개념과 원칙에 대한 이해, 제2부는 아동권리와 복지의 실제편으로 나누어 구성하였다. 제1부에서는 아동권리와 복지의 개념과 원칙에 대한 이해를 돕기 위해 아동권리의 개념과 아동복지의 역사, 아동복지정책 및 행정, 실천 등에 대하여 집필하였다. 제2부에서는 빈곤아동, 장애아동, 다문화 아동, 시설 및 입양아동 복지서비스와 아동학대 예방을 위한 복지서비스, 보육복지서비스로 구성되어 있다.

아동기를 기관에서 보내는 아동들의 증가에 따라 가정환경만큼이나 기관의 보육 및 교육환경 및 교사의 역할이 중요해졌으므로 본 서를 통하여 기관에서의 아동의 권리가 어느 정도로 보호되고 실현되고 있는지 교육의 질과 관련하여 중요하게 다루어질 수 있기를 바란다.

이러한 목적과 구성에도 불구하고 본 서는 여러 한계점을 가지고 있다. 그리하여 다음에 개정할 기회가 있으면 재정리하여 더 나은 책이 되도록 약속하고자 한다.

본 서는 훌륭한 보육교사가 되기 위한 보육학과 관련 학생과 더 나아가 사회복지사를 꿈꾸는 학생들에게도 많은 도움이 되었으면 한다.

본서의 출간을 위하여 노력해 주신 집필자 여러분들께 다시 한번 감사의 말을 전하고 싶다.

끝으로 본서를 발행해 주신 수양재 사장님과 편집과 교정에 세심한 배려를 아끼지 않은 편집담당 직원들에게도 감사드린다.

2021년 1월

대표저자 김익균

차례

머리말 / 3

PART 1 아동권리와 복지의 개념과 원칙

Chapter 01 아동권리와 복지의 개념 이해 11

1. 아동권리의 개념 이해 11
2. 아동복지와 아동권리의 개념 15

Chapter 02 아동권리와 복지의 내용과 분류 31

1. 아동복지의 대상 31
2. 아동복지의 분류 39

Chapter 03 아동권리와 복지의 발달 47

1. 아동권리의 발달 47
2. 세계의 아동복지 사업의 발달과정 59
3. 우리나라의 아동복지 발달과정 및 특징 64

Chapter 04 아동복지 법률 및 정책 77

1. 아동복지정책의 이해 77
2. 아동복지법 84
3. 한부모가족지원법 110
4. 포용국가 아동정책 118
5. 아동복지정책의 과제와 정책방향 127

Chapter 05 아동복지의 행정 133

1. 아동복지행정의 특징 133
2. 아동복지행정 전달체계 137

Chapter 06 아동복지의 실천 147

1. 아동복지 실천의 이해 147
2. 아동복지사업의 접근방법 152
3. 아동복지 실천기술의 이해 156
4. 아동발달의 측면에서 바라본 아동복지의 실천방향 162
5. 아동복지 실천과정 사례 166

PART 2 아동권리와 아동복지의 실제

Chapter 07 빈곤아동 복지서비스 179

1. 빈곤의 개념 179
2. 빈곤이 아동에게 미치는 영향 183
3. 빈곤아동을 위한 복지서비스 186
4. 빈곤아동을 위한 복지서비스 개선방안 193

Chapter 08 장애아동 복지서비스 197

1. 장애아동의 이해 197
2. 장애아동의 교육 208
3. 장애아동을 위한 복지서비스 213

Chapter 09 아동학대 예방을 위한 복지서비스 219

1. 아동학대의 개념과 종류 219
2. 아동학대 현황 227
3. 아동학대 원인 234
4. 아동학대의 법적 규정 238
5. 아동학대사례에 대한 전문서비스 249
6. 아동학대 예방 교육 254

Chapter 10 아동보육 복지서비스 273

1. 아동보육의 이해 273
2. 아동보육의 역사 280

3. 보육사업의 내용 294
4. 최근 보육사업에 대한 이해 304
5. 아동보육의 과제 311

Chapter 11 다문화아동 복지서비스 319
1. 다문화가족아동의 이해 319
2. 다문화가족과 아동복지 327
3. 다문화아동 복지서비스의 과제 329

Chapter 12 시설보호아동 및 입양아동 복지서비스 333
1. 시설보호아동 333
2. 입양아동 338

▌ 참고문헌 / 350
▌ 찾아보기 / 357

PART

1

아동권리와 복지의 개념과 원칙

01. 아동권리와 복지의 개념 이해
02. 아동권리와 복지의 내용과 분류
03. 아동권리와 복지의 발달
04. 아동복지 법률 및 정책
05. 아동복지의 행정
06. 아동복지의 실천

Chapter

01 아동권리와 복지의 개념 이해

1 아동권리의 개념 이해

1) 아동에 대한 이해

아동복지를 이해하고 실천하기 위해서는 먼저 그 대상인 아동을 이해하는 것이 선행되어야 한다. 시대적으로 아동에 대한 인식은 다양하게 변화되어 왔다. 그러나 오늘날 아동에 대한 인식개선의 가장 중요한 점은 아동을 대하는 태도의 전환이라는 점이다. 그 첫 번째 요인은 아동에 대한 많은 학자의 연구가 축적되었고, 아동기의 중요성에 대한 인식이 변화되었다는 점이고, 둘째는 국민복지에 대한 국가의 책임의식이 제1, 2차 세계대전을 통해 증대되어 각종 복지 제도가 확립되었다는 점이다. 셋째는 아동 노동력의 이용이 감소되고 아동보호와 교육에 대한 사회적 관심이 증대되었으며, 넷째는 아동복지와 관련된 단체의 출현과 아동권리에 대한 국제사회의 관심과 노력이 있었기 때문이라고 본다(이용주 외, 2016). 오늘날 아동 관점의 해석이 아동의 존엄성을 중시하고, 아동이 타고난 잠재성을 가진 고유한 존재로서 인식된다면 아동을 유능한 존재로 여기며, 사회적인 관계를 맺을 수 있고, 자신의 의사를 충분히 표현할 수 있는 나아가 성인과 인격적으로 소통하는 존재로 존중되어야 할 것이다.

2) 아동권리의 개념

아동의 권리는 인간이 사회생활을 영위하면서 마땅히 누려야 할 권리, 인간이 세상에 태어나 성장해 가면서 바라는 것, 희망하는 것, 요구하는 것들에 대해 이익을 받을 수 있도록 법질서에 의하여 인정된 자격을 말한다. 따라서 아동의 권리를 이해하는 데는 미숙하고 보호받는 존재가 아닌 능동적인 주체로서 아동에 대한 이해뿐만 아니라 권리의 명확한 이해가 필요하다.

아동권리는 아동 고유의 권리와 보편적 권리로 구분하는데 이것은 아동의 권리가 성인의 권리와 많은 공통성을 가지고 있으면서도 또한 차이가 있다는 것을 인정해야 한다. 아동의 자격으로서 승인되는 아동 고유의 권리는 아동이 가지고 있는 정신적, 신체적 욕구, 즉 아동이 전인적으로 성장하는 것을 목적(황성기, 1994)으로 하여 생존을 확보하는 것을 법적으로 승인하는 것이며 보편적 권리는 기본적으로 성인의 그것과 동등하다고 할 수 있으나 신체적, 정신적으로 미숙한 아동의 보호를 위하여 제한적이다. 또한 제한이 타당할 수 있는 내용을 명확하게 하며, 범위를 최소한으로 한정하는 것과 같은 과정이 뒤따라야 한다.

즉, 아동이 한 개인으로서의 능력이나 가치를 발산하고 실현할 수 있는 기회와 자극을 받을 수 있는 권리를 가지고 있음을 인정하는 것이다. 우리나라에서도 아동권리에 대한 인식이 확산함에 따라 온정과 시혜의 대상만이 아닌 권리주체로서의 아동을 인정하고 그 권리를 보장할 책임이 우선적으로 국가에 있다는 주장이 힘을 얻고 있다. 그러므로 국가와 사회는 인권적 관점에서 돌봄이 있는 정책을 통해 부모, 교사, 학교, 지역사회 전반에 걸쳐 아동을 향한 인권침해에 대한 책임의식을 갖고 해결을 위한 노력을 통해 아동들이 존엄한 존재로 성장할 수 있도록 도와야 한다.

(1) 아동권리에 대한 이해

아동의 권리라고 하면 아동이 하나의 생명으로 태어나 기본적으로 누려야 할 모든 권리를 의미하며 일반 성인의 권리와 공통점을 가지고 있으면서도 아동의 특성상 성인의 그것과는 차이가 있다. 그것은 자율성을 가진 존재이면서도 또한 성인에게 보호받아야 하는 의존적인 아동의 특수성 때문이다. 그러므로 아동의 권리란 아동들의 욕구와 관심을 인정하고 충족해 주는 사회적 표명이라 할 수 있다(장인협, 오정수, 2002).

아동권리선언은 주로 보호와 발달에 중점을 두어 아동의 권리를 강조했으나, 「유엔아동권리협약」에서는 아동을 보호의 대상이면서 동시에 적극적 권리의 주체자로 선언했다는 데 의미가 있다. 이는 아동을 어른이나 부모에게 예속된 존재가 아니라 독립된 인격을 가진 권리의 주체로, 자신들의 지속적인 성장과 인간다운 삶을 위해 필요한 조건을 보장할 것을 적극적으로 요구하는 자율적이고 능동적인 주체자로 인식하게 된 것이다.

(2) 아동권리의 중요성

아동권리의 중요성은 20세기에 들어서면서 대두되기 시작하였으며 아동을 독립된 인격체로 인식하기 시작하며 '아동기'라는 새로운 개념이 등장하였다(김미영, 2016; 오미희 외, 2017). 「유엔아동권리협약」 제1조에 따르면 아동의 범위를 특별히 따로 법으로 정하지 않는 한 만 18세 미만으로 규정하였으며, 우리나라 「아동복지법」 제2조에서도 아동을 만 18세 미만으로 규정하고 있다. 아동의 사전적 정의를 살펴보면 일반적으로 영아기, 유아기, 아동기를 모두 포함하고 있으며, 출생부터 만 2세 미만까지를 영아기, 만 3세부터 취학 전의 연령까지를 유아기, 만 6세부터 만 12세까지를 학령 아동기로 구분하고 있다.

아동은 법률상 미성년자로 친권에 종속되어 있으며, 발달 단계 측면에서 볼 때, 신체 · 정신으로 성장 과정에 있는 미성숙 상태이기 때문에 타인의 도움을 필요로 하고, 자신을 스스로 보호하기 어려우며, 경제적으로도 의존상태에 있다. 또한 아동보다 많은 힘을 가지고 있는 성인에 의해 구타, 유괴, 성폭행 등 아동을 해치거나 건강한 성장 발달에 악영향을 주는 상황이나 집단으로부터 특별히 보호를 받아야 하는 취약성도 가지고 있다. 따라서 아동이 건강한 성인으로 성장하기 위해서는 좋은 환경에서 보호를 받고, 적절한 교육을 제공할 수 있는 가정과 기관이 필요한 것이다. 그런데도 성인과 다른 아동의 특성이 가정과 기관에서 잘못 이해되어 아동을 종속으로 인식하거나, 성인들의 힘에 의하여 아동의 권리가 제대로 존중받지 못하는 경우를 미디어 매체를 통해 자주 볼 수 있는 것이 실상이다.

유네스코한국위원회(1997)는 아동권리에 대한 총론을 제시하면서 아동의 권리를 존중하고 보호하며 이에 대해 어려움을 개선하는 것은 법과 제도의 문제이지만 근본적으로 교육의 문제라고 설명하였다. 인간은 누구나 자신이 어떤 권리를 지니고 있는지를 알고 있어야 할 권리가 있다고 하였으며, 아동이 가지는 권리는 자유, 정의, 평등, 민주 등의 가치 규범을 포괄하는 차원의 규범이라고 하였다. 우리는 이들 규범을 학교 교육과정을 통해 가르쳐야 하는 것처럼 아동권리도 같은 맥락으로 교육과정에 포함해 체계적으로 가르쳐야 한다며 아동권리의 중요성에 대해 언급하였다(문용린, 2003).

2 아동복지와 아동권리의 개념

아동복지는 그 대상이 아동에게 초점을 두고 있다는 점에서 출발하여야 한다. 그러기에 아동복지는 아동을 대상으로 한 주관적인 행복한 삶의 상태와 그 상태를 위한 실천적인 행동까지도 포함하는 적극적이고 능동적인 개념이라고 볼 수 있다. 또한 아동복지의 개념은 국가와 사회가 협력하여 아동이 성인이 될 때까지 다각적인 보호와 지원을 해야 하는 것으로 이해해야 한다. 과거의 아동복지는 주로 기아, 미아, 비행이나 가출 아동, 빈곤이나 학대, 해체 가정의 아동 등 부적절한 가정환경에 처한 아동이나 신체, 정서, 행동적 장애를 지닌 아동 등 요보호아동을 위한 복지 활동이 주였다. 그러나 현대에는 아동의 존엄과 권리주체로서의 인식이 강조되는 추세에 따라 보다 넓은 의미로 해석된다. 모든 아동이 행복하고 인간다운 생활을 할 수 있도록 신체적 · 정서적 · 지적발달에서 건강하고 건전하게 성장할 수 있는 기반을 국가와 다양한 아동복지 주체들이 협력하여 아동의 권리를 실질적으로 보장하는 제반의 활동이라 할 수 있다.

1) 아동복지의 의미와 의의

현대사회에서 아동복지는 아동의 개인적이고 고유한 권리존중이라는 보장 아래 가정의 책임뿐 아니라 보육과 교육계의 책임으로 그 목소리를 높이며 국가적인 인식개선의 필요성과 의의를 주장하고 있다. 아동이 보호 대상만이 아니라 권리의 주체로서 최선의 이익을 우선하는 아동에 대한 적극적인 사회 보호가 요구되며 아동이 필요로 하는 다양한 욕구를 충족시킬 수 있도록 서비스를 제공하는 기관은 지역사회에 있는 관련 기관 간의 긴밀한 협력이 필요하다.

「아동복지법」의 많은 발전에도 불구하고 기본적으로 문제 발생 후 처리하는 방식의 접근에 머물고 있는 것이 사실이다. 앞으로 현대사회에서의 인권적 복지는 보편주의적 접근을 추구해야 하며, 아동복지 전달체계에 전문요원을 배치하고 이들이 아동복지 관계 민간인들과 협력할 수 있도록 지원하여 재정적 손실을 감소하여야 한다.

현대사회는 매우 복잡하고 4차 산업시대를 살아갈 고도의 지적, 사회적 기술이 요구되는 시기이므로 가정의 기능을 강화하기 위하여 소득보장, 가정 내 지지사업, 가정봉사원 제도, 가정상담 및 가족치료, 아동상담 등의 프로그램을 강화 · 신설할 수 있는 제도적인 장치가 필요하다. 아울러 학대와 방임으로부터 고통받고 있는 아동, 개인적 문제아동의 증가로 인해 시설보호 중심에서 가정 중심, 아동 중심, 가족 정책 차원의 서비스로 이루어져야 하며 여성 취업의 증가로 가정 내 서비스, 보육서비스 등이 활성화되어야 한다.

아동복지의 의의를 살펴보면 다음과 같다.

(1) 기본적 생활의 보장

한 인간으로 태어나 제 몫을 다하는 사회적 인간으로 성장, 성숙하기 위해서는 타인의 도움이 일정한 기간 절대적으로 필요하다. 영아기(0~2세) 동안에는 가장 기본적인 음식섭취와 배설물의 통제도 혼자 힘으로 하기 어려울 뿐만 아니라 언어에 의한 의사소통도 거의 불가능하다. 유아기(2~7세)에는 기초적인 생활이 어느 정도 가능하나 아직도 혼자서 지낼 수 없고 외부의 위험에서 벗어날 힘도 없으며 노동능력도 없어서 인간발달의 어느 단계보다도 가장 의존적인 시기라 할 수 있다. 예전의 이 시기에는 부모와 그 가족에 의해서 기본적 생활이 보장되었으나 현대산업사회에 와서는 여러 가지 사회구조나 가치관의 변화로 부모나 가족이 어린이의 양육을 전적으로 책임지기가 힘들게 되었다. 부모나 그 가족이 당면한 신체적, 정서적, 사회적인 어려움으로 인해 양육의 기능을 다하지 못하는 경우 이러한 부모나 가족을 도와 어린이가 기본적

생활을 유지하여 건전하게 성장·발달할 수 있도록 하는 사회의 노력은 아동복지의 일차적인 중요한 의미이다.

(2) 국가의 인력 보호와 육성

아동은 지(智), 덕(德), 체(體)를 겸비한 인간으로 성장하여 사회와 국가 및 세계의 장래를 책임질 수 있는 국가발전을 위한 기본 전제가 된다. 그렇기에 아동의 복지증진을 위해 각종 교육, 분화, 의료시설을 설치하고 이들의 건전·육성을 도모하고 있다. 그러나 현대사회의 특성상 산업화, 도시화는 아동의 환경적인 결핍을 가져올 수 있는 조건이 된다. 아동이 미래의 국가적 주역이라는 점에서 빈곤 아동이나 상위계층의 아동이나 모두 사회의 국가적 주역이라는 점을 인정하고, 유능한 사회적 주역으로서 성장하도록 복지제도를 확충하는 것은 아동복지의 의의 중 하나이다.

(3) 사회문제의 예방

복지란 인간의 욕구를 충족시키거나 사회문제를 해결하기 위한 각종의 서비스를 말한다. 아동의 욕구 충족, 아동의 고유함과 유능한 점이 잘 발달되도록 돕는 기회 충족, 그 시대에 누릴 수 있는 문화적인 욕구 충족, 자신의 잠재력을 발현하고 행복감을 누릴 수 있는 욕구 충족은 이 시기에 너무나 중요하다. 아동기에 경험하는 다양한 욕구 충족은 행복감, 만족감, 자아 정체감이 높아지므로 사회적으로 일어날 수 있는 문제행동을 미리 방지할 수 있다. 현대사회는 다양한 가치관이 존중되고 있기에 그 맥락에서 아동의 생각, 아동의 행동, 아동의 발언에 귀 기울여 주어 권리를 부여받은 존엄한 인격체로서 아동과 인격적인 소통이 이루어질 수 있는 아동복지가 필요하다.

2) 아동복지와 아동권리 구현방안

아동은 보호 대상만이 아니라 권리의 주체로서 존엄성과 잠재력을 지닌 존재로 생존하고 발달하고 보호받으며 성장할 권리가 있다. 과거와는 달리 이러한 인식이 확산되면서 아동에 대한 수동적 보호 차원에서 벗어나 적극적이고 능동적으로 아동의 권리를 인정하는 사상으로 발전하게 되어 「유엔아동권리협약」이 탄생하였다.

아동복지는 「아동복지법」에서 아동이 건강하게 출생하여 행복하고 안전하게 자라나도록 그 복지를 보장함을 목적으로 하고 있다. 아동권리와 아동복지는 아동의 성장발달에 필요한 모든 영역에서 서로 매우 밀접한 관계를 이루고 있다.

(1) 아동권리와 아동복지의 상관관계

아동복지의 요소를 「유엔아동권리협약」 및 「헌법」과 연계하여 아동권리와 아동복지의 상관관계를 분석해 보면 다음과 같다.

가. 부모와 가정환경

① 가정은 아동이 태어나 최초로 경험하는 생활환경으로서 아동의 최선의 이익을 위해 아동은 가정에서 부모에 의해서 양육되어야 한다.

② 아동은 자신의 의사에 반해 부모로부터 분리되지 않아야 하며(협약 제9조), 아동이 자신의 부모를 알고 부모에 의하여 양육받을 권리가 있다(협약 제7조).

③ 안정된 가정환경과 부모의 적절한 양육 · 지도는 아동복지의 기본요소이다.

나. 물질적 복지

가정의 경제적 여건은 부모뿐만 아니라 아동의 신체, 인지, 정서발달에 직접적인 영향을 미친다.

다. 건강

「유엔아동권리협약」 제24조는 아동이 최상의 건강을 유지하고 질병 치료와 의료서비스를 누릴 수 있는 권리를 보장하고 있다. 모유수유와 예방접종률, 아동의 영양 · 건강상태 등은 아동복지의 주요지표라고 할 수 있다.

라. 교육

국가는 기회균등의 기초 위에서 아동의 교육받을 권리를 보장할 의무가 있으며(협약 제28조), 모든 국민은 능력에 따라 균등하게 교육을 받을 권리가 있다(헌법 제27조).

마. 놀이 및 여가

아동에게는 교육받을 권리와 함께, 휴식과 여가를 즐기고 나이에 적합한 놀이와 오락 활동에 참여할 수 있는 권리가 있다. 「유엔아동권리협약」(제31조)과 우리나라 어린이헌장, 청소년헌장에서도 놀이와 오락, 문화 활동에 대한 아동의 권리를 명시하고 있다.

바. 안전과 보호

「유엔아동권리협약」은 모든 형태의 성적착취와 학대로부터 아동을 보호하도록 규정하고 있다(협약 제34조). 아동은 성장, 발달 중이기 때문에 유해한 노동 및 착취로부터 보호되어야 한다. 따라서 국가는 아동에 대한 경제적 착취나 아동교육에 방해되는 일 또는 유해 노동으로부터 아동을 보호해야 한다(협약 제32조). 그리고 장애를 지닌 아동에 대해서는 차별 없이 적절한 보호와 교육, 치료서비스가 제공되도록 규정하고 있다(협약 제23조).

(2) 아동복지서비스에서의 아동권리

가. 가족 기능의 약화

전통사회에서의 가족개념은 점점 사라지고 있으며, 가족 본래의 기능이라고 생각되던 기능들도 원래의 모습보다 약화되고 있다. 현대 가족개념은 사회적인 제도가 그 역할을 많은 부분에서 담당한다. 특히 여성의 취업률 증가는 가정의 육아 기능을 약화하고 있으며 아동 양육에 부담을 느껴 긴장을 유발시킨다. 전통적 가족 관계에서 멀어진 아동들이 가정으로부터 충족할 수 없게 된 욕구를 사회가 보충해 주어야 할 필요성이 제기되고 있다. 이러한 사회적 대안이 바로 영유아보육시설을 비롯한 사회복지서비스의 발전이라고 할 수 있을 것이다. 미래사회에서는 가족의 응집력이 더 약화되리라고 보며 그 줄어든 정도를 사회의 다른 제도가 보충해 주어야 할 것이다.

나. 현대적 사회문제

산업 사회는 그 사회에 사는 사람들에게 과도한 긴장과 경쟁심리 속에서 살게 한다. 아동에게 심각하게 영향을 주고 있는 문제들은 이혼, 별거, 부모 가출, 아동학대, 알코올 또는 약물중독, 정신장애 등이다. 이와 같은 문제가 사회적으로 증가함으로써 아동들이 심각하게 나쁜 영향을 받게 된다. 이러한 문제에 의하여 발생하는 아동의 피해를 설명하면 다음과 같다.

첫째, 현대사회의 심각한 아동 문제는 이혼 부부간의 별거로 인한 가족해체의 증가 경향이다. 이혼이나 별거가 야기되면 아동 양육에 대한 책임이 모호해지고 심각한 경우 부모 양방이 자녀에 대한 책임을 상대방에게 떠넘기려는 경향마저 발생할 수 있다. 이혼은 당사자들에게 양육의 어려움을 줄 뿐만 아니라 그들의 자녀에게도 정신적인 고통을 겪게 한다. 그리고 그 후유증은 아동의 성격과 정서 형성에 부정적인 결과를 초래한다.

둘째, 부모의 사망이나 부가 사망 또는 불구, 폐질이 됨으로써 이를 겪게 된 부모가 비참한 생활을 비관하고 가출하는 사례가 증가하고 있어 소년소녀가장이 증가하는 중요한 원인이 되고 있다. 이러한 문제는 1980년대 중반부터 대두되기 시작하여 다른 사회문제보다도 시민의 관심을 많이 받게 되었다.

셋째, 현대사회의 긴장, 경쟁, 낙오된 사람들의 좌절은 알코올 및 약물 남용의 문제를 증가시키고 있다. 조사에 따르면 정신과 환자의 40% 내외를 알코올 중독자가 점유할 정도로 수가 증가하고 있고 청소년들의 약물 남용 사례가 늘어나고 있는 것이 이를 증명한다. 부모가 이러한 문제를 가지고 있는 경우 아동들은 불량한 양육환경에서 자라며 그 결과는 심각한 정서상애의 후유증을 성장 과정에서 나타내게 된다.

넷째, 여러 가지 조사결과는 개인적인 문제로 덮어 둘 수 없을 정도로 많은 아동이 신체적, 성적, 정신적으로 심하게 학대당하고 있거나 방임되고 있음을 보여 주고 있다. 아동은 스스로 자신을 보호하거나 상황을 판단하고 문제를 해결할 수 있는 능력이 없으므로 문제가 심각하다. 이러한 사례의 증가 역시 산업사회의 과도한 긴장과 좌절로 인해 아동의 부모에게서 일어난 정신적 문제에 기인하는 부분이 많은 것으로 보인다.

다섯째, 현대사회의 심각한 사회문제 가운데 하나가 청소년비행이라는 것에 이의를 제기할 사람은 없을 것이다. 그 원인은 여러 가지 사회상황에서 찾을 수 있다.

심한 입시 위주의 학교 교육에서 좌절한 청소년들이 인생의 좌표를 설정하지 못하고 방향감각을 상실한 채 즉각적인 향락추구에 빠지는 것이 비행을 유발하는 원인의 하나가 되고 있다. 또한 가족의 불화나 부모의 학대, 방임, 가정의 경제 사정의 어려움 등으로 가정생활에 심한 좌절을 느낄 때 가출 등 가정을 이탈하게 되고 결국은 비행, 심한 경우 범죄에 이르게 된다.

다. 아동을 위한 환경의 악화

맞벌이 부부의 아동이 하교하고 나서 부모가 귀가하기까지 방치된 채 지내야 하는 상황이 점차 증가하고 있다. 또한 아동과 청소년은 학교에서의 과중한 학습량과 입시 경쟁의 불안에 시달리고 있으며 여유시간 없이 과외로 학원으로 쫓아다녀야 한다. 아동들은 건전한 오락시간을 가지지 못할 뿐만 아니라 여가를 활용할 오락시설과 공간이 절대적으로 부족한 실정이다. 그러한 상황에서 아동과 청소년은 성인사회의 향락주의적인 문화에 쉽게 빠지게 된다.

공해와 교통, 학교 주변의 유흥장소로서의 변화 역시 아동을 건전하게 성장 발달하게 하는 데 지장을 주고 있는 요소이다.

라. 계층 간의 아동 양육의 질적인 격차

대부분이 못사는 시대에 아동에 대한 대우는 소수의 상류계층 출신 외에는 모두 비슷하였다. 그러나 경제성장의 혜택을 누리는 현재의 자라나는 세대는 높은 수준의 양육을 받고 있다. 먹고 입고 자는 문제에 있어 과거와 비교가 안 될 정도로 풍요로운 것이 사실이다. 아동들의 재능을 기르고 잠재력을 계발하기 위한 부모의 노력은 아동들이 부모의 욕심을 따라가기 힘들 정도이다.

그러나 소수의 저소득(현재는 많은 수)가정 출신 아동은 이러한 대접을 받지 못하고 있다. 이것은 능력개발 측면에서 양 집단 아동이 성장할수록 격차가 벌어질 것을 암시한다. 이 격차를 줄이기 위하여 저소득 출신 아동의 뒤떨어짐을 보완할 수 있는 사회적인 노력이 필요하다. 이것은 미래의 자산인 우리의 인적자원의 개발이라는 안목에서 취급되어야 한다.

3) 「유엔아동권리협약」 및 아동권리 유형

(1) 「유엔아동권리협약」의 주요 원칙

아동권리를 보장하기 위해 전 세계의 많은 나라가 관심을 가지고 노력을 기울이고 있는 가운데 「유엔아동권리협약(Convention on the Rights of the Child)」은 아동이 누려야 할 모든 권리를 담고 있다. 이는 1989년 유엔총회에서 채택한 국제인권조약으로 전 세계 200여 개국 중 196개국이 비준하여 가장 많은 국가가 비준한 국제 협약이다. 「유엔아동권리협약」은 아동의 권리에 대한 이해를 강화하고 협약에서 보장하는 권리 실현을 위하여 당사국들의 적절한 조치를 입법, 사법, 행정적으로 취하하도록 하며 각 나라에서 아동의 상황을 개선하는 기반이 된다.

「유엔아동권리협약」은 영유아 이익 최우선의 원칙(Best interests of the child), 차별금지의 원칙(Right to non-discrimination), 생명·생존·발달의 원칙(Right to life, survival and development), 유아의 견해와 감정에 대한 존중: 의사 존중 및 참여의 원칙(Respect for the views and feelings of the young child)이라는 네 가지 일반원칙을 기본 가치로 하고 있다.

첫째, 영유아 이익 최우선의 원칙(Best interests of the child)은 영유아와 관련된 모든 행위가 자신의 최상의 이익을 완전히 추구해야 한다는 원리로서(김정래, 2002: 266), 아동복지에 필요한 보호 및 배려와 관련된 정책의 수립과 집행에 아동을 우선으로 고려해야 함을 강조한다. 또한 국가, 부모, 모든 관계자는 어떤 활동이든지 그것을 최선의 이익이 되도록 조처를 해야 할 의무가 있다.

둘째, 차별금지의 원칙(Right to non-discrimination)은 모든 권리가 모든 영유아에게 적용된다는 원리로 국가는 어떤 차별로도 이를 침해하지 말아야 하며, 모든 영유아의 권리를 신장시키기 위한 적극적인 조치를 차별 없이 취해야 한다. 즉, 영유아를 인종, 피부, 성별, 언어, 종교, 정치적 견해 등 어떠한 종류의 차별 없이 규정된 권리를 존중하고 보장하여야 한다.

셋째, 생명·생존·발달의 원칙(Right to life, survival and development)으로, 생명에 대한 아동의 고유한 권리가 있으며, 가능한 한 최대한으로 아동의 생존과 발달을 보장해야 한다. 생존과 신체적인 건강을 보장하는 것이 우선이나 「유엔아동권리협약」은 발달의 모든 측면을 포함하고 있으므로 낮은 나이에서부터 아동은 좋은 영양공급과 질병을 예방하는 생활양식을 증진하는 활동에 자신이 포함되어야만 한다(유엔아동권리위원회, 2005).

넷째, 유아의 견해와 감정에 대한 존중: 의사 존중 및 참여의 원칙(Respect for the views and feelings of the young child)은 아동에게 최선의 이익이 되도록 하는 결정적인 절차 요인이다. 아동에게 이익이 되는 어떤 조치라 하더라도 아동의 실질적인 참여가 배제되면, 그것은 최선의 이익을 위한 것이 아니다(김정래, 2002: 266). 아동은 자신의 견해를 형성할 능력이 있으므로 본인에게 영향을 미치는 모든 문제에 대해 아동 자신의 견해를 표현할 권리가 보장되며, 아동 견해에 대하여 아동의 연령과 발달에 따라 정당한 존중이 이루어져야 한다고 규정하고 있다.

(2) 아동권리 유형에 따른 영유아의 권리존중

앞에서 살펴본 바와 같이, 「유엔아동권리협약」은 아동을 보호의 대상뿐만 아니라 적극적인 권리의 주체로 인식하고 아동 최선의 이익을 보장하며, 아동의 권리 신장을 위하여 국제법으로 효력을 가진 조약이다. 유니세프는 「유엔아동권리협약」을 토대로 다음의 네 가지 기본권인 생존권, 보호권, 발달권, 참여권을 설정하였다.

가. 생존권

생존권의 권리는 아동이 살아가는 데 필요한 기본 조건들을 다루고 있다. 적절한 생활 수준, 주거, 영양, 보건 등의 권리이다(유니세프한국위원회, 1995).

그러나 다수의 아동은 그 권리를 침해당하는 어려운 환경에서 생활하고 성장한다. 「유엔아동권리협약」 제6조에서는 생명에 대한 아동의 고유한 권리와 가능한 한 최대한으로 아동의 생존과 발달을 보장할 의무를 규정하고 있다. 어머니와 아기를 위해 산전기의 보호를 촉진할 모든 가능한 조처를 할 것과 아동의 사망률을 감소시키며, 그들의 삶에 결정적인 이 시기 동안 아동의 복지를 증진할 수 있는 환경 조성을 촉구하고 있다. 영양결핍이나 질병들은 아동발달에 장애가 되므로 태어나는 순간부터 아동은 좋은 영양공급과 질병을 예방하는 건강한 생활양식을 증진하는 활동에 자신이 포함되어야만 한다. 또한 그들의 건강, 혹은 신체적, 심리적, 정신적, 도덕적, 사회적 발달에 해로운 영향을 미치는 장애 요인들을 제거하고 특별한 보살핌을 주어야 한다.

그렇다면 보육현장에서 경험하는 생존권은 어떤 것들이 있을까? 어린이집의 차량사고가 지속되는 상황, 비위생적이고 안전하지 못한 급 · 간식 제공, 교사의 부족으로 세심한 보호와 양질의 교육을 받지 못하는 상황, 편안하게 잘 수 있는 수면실이 없는 환경 등 생존을 위한 문제는 아직 많이 남아 있다.

나. 보호권

보호권은 모든 형태의 학대와 방임, 폭력으로부터 아동이 안전하게 보호받을 수 있는 권리이다(유니세프한국위원회, 1995). 최근 다양한 매체에서 가정이나 유아교육기관에서의 아동학대, 학교폭력, 성폭력 등의 문제가 심각하게 다루어지고 있으며 많은 사람이 문제성을 인식하고 관심을 가짐으로써 영유아 보육기관의 교육과정이나 평가매뉴얼에 학대, 폭력, 안전교육에 대한 부분이 포함되고 있다.

「유엔아동권리협약」 제19조는 아동이 어떤 형태든 유기, 학대, 착취 등의 가혹 행위로부터 보호받아야 한다고 규정하고 있다. 방임과 학대는 인권침해의 중요한 유형으로 볼 수 있는데, 그 결과는 현재 및 미래의 삶에 정상적 발달과 성장에 유해하다는 것과 보호와 발달 단계에서 요구되는 서비스를 공급받을 수 없도록 한다는 데 있다. 즉, 아동이 누리는 소극적 권리와 아동이 행사하는 적극적 권리가 총체적으로 침해되는 영역이 아동학대와 방임이다(김정래, 2002: 74).

다. 발달권

발달권은 아동이 가진 잠재능력을 최대한 발휘하도록 하는 데 필요한 기본 권리이다(유니세프한국위원회, 1995). 예를 들면, 교육받을 권리, 여가를 즐길 권리, 정보를 얻을 권리, 생각과 양심, 종교의 자유 등이 이에 포함된다.

어린이헌장에 따르면, '어린이는 좋은 교육 시설에서 개인의 능력과 소질에 따라 교육을 받아야 한다.'라고 규정함으로써 교육을 통한 발달의 중요성을 명시하고 있다. 그리고 「유엔아동권리협약」 제5조는 아동이 권리를 행사함에 있어서 발달하는 능력에 따른 방향과 지침을 제공하기 위하여 부모 혹은 기타 아동에 대해 법적 책임이 있는 사람들의 책임감 및 권리와 의무에 대해 천명하고 있다. 여기서 '능력발달'이라 함은 아동이 그들의 권리 및 권리를 가장 잘 실현할 방법을 포함한 지식, 능력 및 이해를 점진적으로 획득하는 성숙과 학습의 과정이다(아동권리위원회, 2005). 따라서 아동의 능력발달에 영향을 줄 수 있는 부모나 교사는 발달 과정에 있는 아이들의 개별적인 차이를 고려하여 지속해서 조정하며 지도를 해야 한다.

라. 참여권

참여권은 자신의 의견을 표현하고 사회 여러 활동에 참여할 권리이다. 어린이헌장에 따르면, '스스로를 이기며 책임을 다하는 민주시민으로 자라야 하고 인류의 평화에 이바지할 수 있는 세계인으로 자라야 한다.'라고 규정함으로써 자신의 의견을 표현하고, 능력의 발달과 함께 사회참여의 기회를 많이 얻음으로써 책임감 있는 성인으로 성장하도록 해야 함을 명시하고 있다.

「유엔아동권리협약」 제12조는 아동에게 자신에게 영향을 미치는 모든 일에 대하여 자유롭게 의견을 표현할 권리를 보장해야 함을 선언하여, 아동이 아동에게 영향을 주는 모든 문제에 대하여 자신의 견해를 표시할 권리와 이를 고려해야 함을 명시하고 있다. 이 권리는 아동의 권리를 증진, 보호, 감독하는 데 있어 적극적인 참여자의 지위를 강화해 준다.

하지만 어린 아동의 의사를 존중하고 참여를 보장한다는 것이나 어린 아동이 자신의 삶에 영향을 주는 문제들에 대해 발언권을 갖는다는 것은 다소 생소하게 들릴 수 있다. 아동의 참여권은 아동의 연령과 성숙도가 고려되어야 함을 의미하고 이는 책임을 질 수 있는 능력이 함께 고려되어야 한다는 것을 의미한다. 그러므로 아동의 권리를 존중하는 사회에서는 아동이 책임을 질 수 있는 능력을 키워 주는 것이 강조되어야 한다. 즉, 아동의 권리를 존중하고 확대해 나가기 위해서 아무리 어린 아동이라 할지라도 스스로 할 수 있는 것은 스스로 하게 하고 직접 선택하게 함으로써 자립할 수 있는 능력을 키워 주는 것과 자신의 행위와 선택에 대한 책임을 지는 것이 강조되는 것이다.

(3) 아동권리 유형과 구성요인

아동권리의 유형에 대한 또 다른 견해로는 아동의 특성을 고려하여 '3P'의 법칙으로 설명하고 있다(장인협, 오정수, 2000). 아동이 지니는 특성이란 생명을 유지하고 심신의 발달을 위해 부모 및 양육자의 보호에 의존하는 것이며, 성장함에 있어 미성숙한 단계에서 성숙한 단계로 나아가는 과정을 겪는 것이다. 또한 아동은 의식주를 비롯한 휴식 및 수면 등의 생리적 욕구를 가지고 있으며 자신을 둘러싼 환경에 민감하여 가정, 또래집단, 학교, 지역사회 등에 적응해 가는 특성을 지니고 있다.

가. 제공, 보호, 참여의 권리

아동권리는 제공과 보호, 참여라는 기본요소로 '3P 개념'으로 말할 수 있다. 3P의 법칙은 아동의 욕구에 필요한 자원을 제공하고, 유해한 환경과 학대, 착취로부터 보호하며, 자신의 삶에 능동적으로 참여할 것의 개념을 말한다. 각 개념에 대해 살펴보면 다음과 같다.

첫째, 생존권은 아동이 살아가기 위해 필요한 건강 의료를 받을 권리, 양육지정의 권리, 사회보장의 권리, 생활수준 향유의 권리로 적절한 생활수준과 주거, 영양, 보건 등의 권리를 받을 것을 뜻한다(최은혜, 2017). 즉,아동은 출생 후부터 성장과정에 있어 시기적절한 영양공급과 보호를 받아야 한다.

둘째, 보호권은 난민아동, 법적 분쟁 상황이나 착취 상황으로부터 보호를 받아야 한다는 것이다(오정수, 정익중, 2006). 더 나아가 모든 형태의 학대와 방임, 폭력으로부터 아동이 안전하게 보호받을 수 있을 권리를 뜻한다.

셋째, 발달권은 아동이 가지고 있는 잠재능력을 발휘할 수 있도록 하기 위한 권리로 자신의 부모를 알 권리, 부모로부터 분리당하지 않을 권리, 가족 재회 시 출입국이 자유로울 권리, 교육받을 권리와 문화 생활 및 여가를 즐길 권리, 정보를 얻을 권리, 생각의 자유, 종교의 자유를 누릴 권리를 말한다.

넷째, 참여권은 아동이 자신의 삶에 중대한 영향을 미치는 사안에 대한 결정을 내리는 데 주체적으로 참여할 수 있는 권리이다. 아동의 동의가 필요한 결정에 대하여 의견을 밝히고 존중받을 권리, 정보접근권이 포함된다.

나. 수동적 권리와 능동적 권리

아동의 특성을 바탕으로 권리의 유형을 나누어 보자면 수동적 권리와 능동적 권리로 구분하여 볼 수 있다. 수동적 권리란 아동은 성인의 보호를 필요로 하는 의존적인 존재이므로 부모, 가족, 사회, 국가의 보호와 양육에 의해 성장하고 발달하는 존재로 보는 것이다. 그러므로 아동의 권리는 보호와 양육을 제공하는 주체의 행실에 따라 수동적으로 보호되는 속성을 가지고 있는 것을 뜻한다.

반면, 능동적 권리란 인간의 자율적 판단과 참여를 기틀로 한다는 관점에서 아동의 권리도 능동적 권리의 요소를 갖는다고 보는 것이다. 아동은 권리의 주체로서 자신의 삶에 영향을 미치는 사안에 대해서 자신의 의견을 표현하고 결정하며 참여할 수 있는 권리는 갖는다는 특성을 지니는 것을 나타낸다(오정수, 정익중, 2006). 따라서 아동의 권리는 아동의 특성을 고려하여 수동적 권리와 능동적 권리가 함께 혼재한다.

(4) 아동 권리존중 실행의 중요성

영유아는 성인으로부터 어떠한 돌봄을 받았는가에 따라 정신건강과 신체발달, 자신과 다른 사람에 대한 태도 등의 가치관을 형성하는 데 차이가 있다(김진숙 외, 2012).

영유아기는 가장 급속한 성장과 발달을 이루는 결정적 시기이고, 주변 환경으로부터 영향을 많이 받는다. 그러므로 부모나 교사로부터 영유아가 어떻게 권리를 존중받고, 주체적인 인격체로 향유했는지에 따라 형성한 가치관이 다름을 예측할 수 있다. 그렇기 때문에 부모나 교사가 영유아의 권리를 존중하며 실현시킬 수 있도록 하는 것과 영유아가 자신의 권리를 존중받는 경험은 중요하다고 볼 수 있다.

영유아의 권리가 존중되고 실행된다는 의미는 성인과 같은 권리를 가지고 자주적인 인격체임을 인정하는 것을 전제하며, 아동 최선 이익의 원칙이 보장되는 것이다. 영유아의 권리존중 실행은 영유아가 자신의 의견을 자유롭게 표현할 수 있도록 보장받고, 그들의 목소리를 경청하고 존중하며, 영유아의 의견이 실천될 수 있도록 하는 것에서 시작된다(서영숙, 서혜정, 김진숙, 2009a).

영유아 권리존중 실행의 중요성에 대해 살펴보면 다음과 같다(서영숙, 2010).

첫째, 현대사회에 들어와 핵가족화, 맞벌이 부부증가, 직장이동, 이혼과 같은 시대적 변화에 의해 이른 시기부터 영유아가 가정으로부터 나와 보육기관에 다니게 되었다. 이런 상황에서 보육기관은 부모의 역할을 대신하게 되었으며 영유아가 안정적으로 애착을 형성하고 건강한 성장을 할 수 있도록 지원해 주고 있다. 이에 부모와 교사는 아동 최선의 이익과 영유아의 생존 및 발달이 수반된 교육을 제공하는 것이 중요하며 부모의 양육책임을 지원하도록 해야 한다.

둘째, 급격한 기술의 진보로 유통과 정보 매체의 발달은 수많은 정보를 빠르게 습득할 수 있게 되었으며 나아가 가상공간에서도 다른 상대와 관계가 이루어지는 경우도 발생하고 있다. 이와 같은 사회적 변화는 영유아가 유해한 정보에 노출될 가능성이 커지며 가상활동으로 인해 체험활동, 신체활동과 같은 직접적이고 실제적인 경험과 소통을 할 시간이 감소될 수 있다. 따라서 영유아에게 해로운 정보를 차단하고, 발달단계에 맞는 적절한 자극을 제공하는 발달의 권리와 위험으로부터 보호의 권리, 휴식과 여가의 권리와 교육받을 권리, 문화를 누릴 수 있는 권리를 존중하는 태도가 필요하다.

셋째, 영유아가 자기문화에 대한 자긍심을 지니며 다양한 문화의 차이를 인정하고 배려하는 것이 필요하다. 부모와 교사는 영유아가 갈등을 조화롭게 해결할 수 있는 능력과 의사소통 능력을 지닐 수 있도록 교육받을 권리, 비차별의 권리, 의사표현의 권리 등의 교육이 이루어지도록 하는 것이 중요하다.

넷째, 환경오염과 감염병의 증가로 인해 영유아의 안전이 위협되는 환경이 점차 증가하고 있다. 영유아의 자기보호능력을 끌어올려 자신감을 가지고 도전하며 문제를 해결할 수 있는 능력을 겸비할 수 있도록 대처할 수있는 자세가 필요하다.

Chapter

02 아동권리와 복지의 내용과 분류

1 아동복지의 대상

1) 아동복지의 대상

우리나라 총인구는 지속적인 증가를 보이나 19세 이하로 본 아동 인구수는 계속 감소추세이다. 이러한 아동 수 및 비율의 감소에도 불구하고 사회적 보호가 필요한 아동의 수는 계속 증대하는데, 이는 이혼, 사별, 별거와 같은 가족의 해체 증가와 그에 따른 아동의 경제적 결핍과 가족 기능의 결핍 등 이중고를 겪게 되기 때문이다. 또한 가족해체와 같은 부정적 요인 외에도 여성의 사회 진출 증대 및 보육서비스 욕구의 증가로 아동복지서비스 대상과 영역은 지속적으로 확대되어야 한다. 참고로 우리나라 법률에서 규정하고 있는 아동의 연령을 살펴보면 다음과 같다.

〈표 2-1〉 국내법률의 아동의 연령

법률	호칭	연령구분
아동복지법	아동	18세 미만인 사람
청소년 기본법	청소년	9세 이상 24세 이하인 사람
소년법	소년	19세 미만인 자
영유아보육법	영유아, 어린이	6세 미만의 취학 전 아동
도로교통법	유아	6세 미만인 사람
민법	미성년자, 혼인적령	20세 미만의 자, 남자-만 18세, 여자-만 16세
형법	형사미성년자	14세 되지 아니한 자
근로기준법	연소자	18세 미만인 사람
모자보건법	영유아	출생 후 6세 미만인 사람
국민기초생활 보장법	아동	18세 미만인 사람

2) 아동복지의 대상 체계

사회복지 대상자 중심은 사회복지를 필요로 하는 사람들이 누구이냐 하는 것인데, 이것도 역사적으로 변화를 거쳐 왔다. 즉, 사회복지의 초기단계에 소수의 사회적 약자들을 한정해서 사회복지서비스가 제공되어 왔으나, 현대사회로 접어들면서 국민 전체로 사회복지가 확대되는 현상을 볼 수 있다. 그리고 사회복지 역시 그 개입의 방향과 인식이 점차로 확대되어 가는 경향을 보이고 있는데 내용은 다음과 같다.

① 보충적에서 제도적으로
② 자선에서 시민의 권리로
③ 특수성에서 보편성으로
④ 최저조건에서 최대조건의 급여나 서비스로
⑤ 개인에서 사회개혁으로

⑥ 민간에서 공공지원으로

⑦ 빈민복지에서 복지사회로

아동복지의 대상도 일반 사회복지의 대상과 같이 잔여적에서 제도적 개념의 변화로 인하여 시설아동에서 재가아동으로 변하고 있다. 이러한 변화는 아동복지 대상의 범위가 확대되어 가고 있음을 알 수 있다. 과거의 단순한 보호대상자에서 이제는 보다 전문적이고 체계적인 대상으로 변화하고 있는 것이다.

아동복지의 대상 체계는 원칙적으로 아동과 그 부모 및 가정이다. 그러므로 아동복지서비스는 아동 중심적인 동시에 가족 친화적인 서비스로 제공되어야 한다. 그 이유는 발달 단계 특성상 아동의 건강한 발육과 성장을 위해서는 아동의 보호와 양육을 담당하는 보호자가 필요하기 때문이며 보호와 양육을 위해서 가족에게 지급되는 현물, 현금, 가사보조, 상담, 치료와 같은 서비스는 아동에게 직접 제공되지 않아도 가정의 안정과 건강성을 제공하여 아동 중심적인 가족 형태를 갖출 수 있기 때문이다.

아동복지의 대상 체계를 나누어 보면 다음과 같다.

(1) 보편주의

보편주의는 하나의 사회적 권리로서 전 국민에게 사회복지서비스가 사용될 수 있어야 한다는 것으로 주는 자와 받는 자라고 하는 두 개의 집단으로 국민을 나누지 않음으로써 달성할 수 있는 사회적 일체성 및 인간 존엄성의 보존이라는 사회적 효과성(social-effectiveness)을 강조한다. 일반 아동을 대상으로 하며 전체 아동의 교육환경, 놀이환경의 제공 및 의료서비스 등 전체 세입에서 충당하는 것으로서 예방적 측면을 강조한다. 보편주의의 예로 영국, 일본 등에서 실시하는 아동수당제도가 있다.

(2) 선별주의

선별성의 원칙은 전문 사회복지의 영역으로서 요보호상태의 아동에게 가장 빠른 시일내에 종류별로 도움을 주는 것으로서 치료적 측면을 강조한다.

선별주의는 사회복지서비스가 개인적 욕구(individual need)에 근거를 두고 제공되며 자산 조사(means test)에 의하여 결정된다는 원리로, 자신의 욕구를 스스로 충족시키는 것이 불가능한 한계집단에 집중적으로 급여가 제공되어야 한다는 것이다. 도움을 가장 필요로 하는 사람에게 집중적으로 사회복지서비스를 제공해 줌으로써, 자금 및 자원의 낭비가 적으며, 따라서 경비가 적게 들고 불필요한 의존심을 키워 주지 않는다는 장점이 있다. 곧, 선별주의를 주장하는 사람들은 불필요한 사람에게까지 사회복지서비스를 제공해 주지는 않는다는 점에서 비용 효과성(cost-effectiveness)을 강조한다.

3) 아동복지대상의 분류

(1) 요보호아동

가. 요보호아동의 정의

요보호아동이란 보호자가 없거나 보호자로부터 이탈된 아동 또는 보호자가 아동을 학대하는 경우 등 보호자가 아동을 양육하기에 부적당하거나 양육할 능력이 없는 경우의 아동을 말한다(「아동복지법」 제2조). 이러한 아동들에게는 국가의 특별한 보호가 요구되는데, 우리나라에서는 시설입소, 가정 보호(입양, 가정위탁) 등의 형태로 요보호아동을 위한 보호를 하고 있다. 요보호아동은 욕구의 미충족과 문제의 미해결이라는 차원에서 욕구결핍 아동과 사회문제 아동으로 구분한다.

① 욕구결핍 아동은 소득, 건강, 교육, 주거, 문화 등의 욕구가 결핍되어 있는 아동이다. 즉, 생활이 빈궁하여 자녀를 위탁시설에 맡기므로, 생활에 질서가 잡히지 않아서 정서 및 행동 발달상에 어려움을 가중시킬 경향이 높으며, 양친이나 부모 중 어느 한쪽이 없는 데서 오는 허전함과 이혼에서 오는 부모의 왜곡된 정신 상태의 영향으로 자녀의 정신이 왜곡되는 현상을 볼 수 있다.

② 사회문제 아동은 구조적 문제, 해체적 문제, 탈선적 문제 등 문제의 원인과 형태에 따라 분류된다. 부모의 이혼으로 인한 요보호아동은 단기적, 장기적인, 측면에서 영향을 미치고 있다. 초기에는 우울함이나 불안이 해결되지 않으며 이혼한 부모에 대한 분노를 타인에게 투사함으로써 타인에게 적대감을 가지게 된다. 또한 자존감(self-esteem)이 낮아져 자신의 행동에 대해 의심하게 되고, 자신감이 없어져 타인과의 관계에도 열등감을 느끼게 된다(주소희, 1992). 또 결손아동들은 대부분 조부모나 친척, 이웃과 함께 살고 있고 대다수가 취학 전에 부모의 결손을 경험하고 있어서 어려서부터 사회 심리적 스트레스를 겪고 있다고 본다(이승재, 1998).

나. 요보호아동의 분류(장인협, 오정수, 2001)

① 양육 환경상의 보호가 필요한 아동–빈곤 가정 아동, 결손가정 아동, 부모 부재 아동

② 신체적, 정신적, 정서적으로 문제나 장애를 지닌 아동–신체장애 아동, 정신장애 아동, 정서장애 아동 등

③ 사회적, 법적 보호가 필요한 아동–가출 아동, 비행 아동

④ 특별 보호가 필요한 아동–학대 및 유기된 아동, 미혼모의 아동

다. 요보호아동을 위한 서비스

① 가정위탁 보호 사업

가정위탁 보호 사업은 아동이 자신의 가정에서 도저히 양육되기 어렵거나 입양이나 통원에 의한 시설보호가 불가능하거나 바람직스럽지 못할 때 계획된 기간만 타인의 가정에서 제공되는 대리 보호를 말한다.

이러한 가정위탁 보호 사업은 아동에게 있어 장기적 측면에서 아동이 부모나 가정에서 영원한 분리가 아니라 잠시 위탁된 동안에 부모가 양육능력을 회복하거나 환경을 개선함으로써 가정을 되찾을 수 있으며, 정서적으로 안정되고 가족이 해체하는 것을 방지하는데 그 의의가 있다. 종류로는 무료위탁, 유료위탁, 고용위탁, 특수위탁, 의뢰위탁 등이 있다.

② 가정위탁 보호

가정위탁 보호는 아동을 자신의 가정에서 일시적으로나 장기적으로 돌보아 줄 수 없는 경우에, 계획된 일정 기간 동안 사회복지기관을 통하여 제공되는 대리적 가정 보호를 말한다.

③ 입양사업

입양의 종류로는 입양기관을 통하지 않고 입양하는 것으로 친부모가 가족이나 친구, 이웃집에 직접 아동을 입양시키거나 제삼자 소개로 입양시키는 독립입양과, 아동복지기관에서 전문가에 의해 친부모로 하여금 친권을 포기하게 하고 기관이 모든 법정 대리인이 되어서 입양절차를 밟는 경우로서 양쪽 부모 및 가정을 조사하여 가장 적절한 가정과 연결 지어 주는 기관입양이 있다. 현재 국외입양이 많은 실정에서 국내입양을 활성화하려면 우선 국내입양의 부정적 태도 불식과 국민의식 계몽 교육의 확대가 이루어져야 하며, 입양가정에 대한 혜택이 부여되어야 함은 물론이고 시도별 국내입양 종합정보기관을 설치할 필요성이 있다.

④ 시설보호 사업

시설보호 사업이란 과거에는 주로 기·미아를 양육하는 데 일차적 목적이 있었지만, 오늘날에는 단순한 수용 보호의 차원을 넘어 아동들의 건전한 성장과 인격발달 및 사회적 치료를 목적으로 하여 아동 문제를 근본적으로 해결하려는 시도까지를 포함하고 있다. 시설보호의 목적은 아동이 시설을 통해서 기본적인 욕구를 충족받고 사회화 및 교육 등의 생활 전반에 대한 지도를 받아 사회인으로 기능할 수 있도록 하는 것이다.

「아동복지법」에 규정된 아동복지시설은 영아시설, 육아시설, 아동일시보호시설, 아동직업 보도시설, 조신시설, 교호시설, 아동입양위탁시설, 정서장애아시설, 자립지원시설, 탁아시설이 있다. 그 외에 아동이 수용되어 보호받을 수 있는 시설로 심신장애아시설, 부랑아시설, 정신질환시설, 모자보호시설이 있다.

시설보호 아동 수는 1987년 이래 다소 감소추세를 보이고, 수용 아동의 절대다수가 육아시설에 수용되어 있다. 그러나 대규모 수용 보호 방식에 따르는 문제점이 해결되지 않고 있으며, 종사자 처우도 열악하여 질 높은 보호가 이루어지지 못하는 실정이다. 그리고 시설에서 성장하여 퇴소하는 연장 아동을 위한 '시설퇴소연장 아동 직장주기 운동'이 1976년부터 전개되고 있으나 실제 취업알선의 혜택을 받는 아동수는 극히 적은 실정이다.

(2) 일반아동

아동이 속한 가정에서 제공되는 보호 이외의 다른 특별한 보호를 받지 않고 생활할 수 있는 아동으로 일반아동도 앞으로 문제를 경험할 가능성을 갖고 있으므로 예방적 차원에서 아동복지서비스의 필요성을 가진다.

일반아동 복지서비스로는 아동수당, 무상교육, 육아휴직, 보육서비스 등이 대표적이다. 우리나라의 경우 지금까지 요보호아동을 대상으로 한 복지서비스는 발전하였으나, 일반아동을 대상으로 한 복지서비스는 발전하지 못한 상황이다.

가. 아동상담사업

아동상담사업은 요보호아동의 발생을 예방하고 이미 발생한 경우의 사후지도를 강화하며 지역사회의 자원 활용 및 알선으로 아동의 복지를 증진하려는 목표를 가지고 있다. 이를 위해 각 시 · 도에 아동상담소와 일시보호소가 설치되어 있고, 시 · 도 및 시 · 군 · 구에 아동복지지도원이 배치되어 있으며, 읍 · 면 · 동 단위에는 아동위원이 위촉되어 있다.

아동상담의 주요 대상은 가출, 부랑아, 문제아동, 결손가정 아동, 저소득 가정의 아동, 기 · 미아, 심신장애 아동 등이다. 그러나 장기적, 적극적인 상담이나 치료서비스의 제공보다 소극적 차원의 선도, 보호자에게 인계하는 수준의 상담서비스에 그친다는 한계점을 가지고 있다.

나. 방임 · 학대 아동보호

학대받거나 방임되는 아동에 대한 보호 및 예방이 점점 중요해지고 있다. 아동기의 피학대 경험은 아동의 정서적 발달과 정신적 장애 및 신체발달에도 크게 영향을 미치기 때문이다. 우리나라에서는 극단적인 방임의 한 형태인 기 · 미아 아동을 예방하기 위한 서비스만 하고 있을 뿐 아동의 성적 학대, 신체적 학대 및 시설에서의 아동학대 등 나머지 보호 사업은 거의 이루어지지 않고 있다. 방임 및 학대 아동의 예방대책으로 상담 및 부모교육을 통한 예방의 활성화, 사회문화적 요인의 제거, 아동방임 · 학대 교과목 편성, 아동학대방지법의 제정, 아동학대신고의 제도화, 보호 절차 및 사후지도의 체계화 등이 있다.

다. 보육사업

보육사업이란 종전의 탁아사업을 말하는 것으로 영유아가 부모나 가족으로부터 하루 중의 일정한 시간 동안 양육받기가 어려울 때, 타인이 일정생활에 필요한 보호와 함께, 잠재된 능력을 개발하기 위한 교육적인 경험을 제공하는 사업을 말한다.

기혼 여성의 취업확대 및 여성의 사회참여 증가로 급증하는 보육수요에 능동적으로 대처하기 위해 보육사업을 하고 있다.

영유아에 대한 보육서비스는 국·공립 보육시설, 직장보육시설, 민간보육시설을 통해 제공되고 있다. 특히 1990년대에 보육사업에 대한 정부의 투자확대로 인해 보육시설의 양적인 증가가 이루어졌고 2012년 누리과정 지원과 무상보육의 확대로 보육사업은 크게 성장하였다. 그러나 세계 최고의 저출산국으로서 양질의 보육을 통해 출산율을 높이기 위한 여러 보육 정책이 필요한 시점이다.

2 아동복지의 분류

1) 아동복지 기능에 따른 분류

(1) 지지적 서비스

지지적 서비스(supportive service)는 부모와 아동이 그들의 역할을 다할 수 있도록 그들의 능력을 지지하고 강화시키는 서비스로 자기 집에 살고 있는 아동에게 제공되며, 아동복지서비스의 가장 예방적 기능을 가진다. 또한 아동복지의 제1차 방어선으로서 부모와 아동이 그들 각자의 책임을 효율적으로 수행할 수 있도록 그들의 능력을 지원하고 강화시켜 주는 서비스이다. 이때 서비스를 제공하는 아동복지기관은 부모나 아동의 역할 수행을 전적으로 대행하기보다는 외부에서 부분적으로 역할 기능이 제대로 수행되도록 원조하는 역할을 한다. 따라서 이들 서비스는 가정 외부에서 이루어지는 특징을 가지고 있다. 지지적 서비스를 필요로 하는 상황을 요약하면 다음과 같다

(Zuckerman, 1983).

① 부모-자녀 관계에서 어려움이 있어 관계 개선이 필요한 경우
② 부모가 자식에 대한 부모로서의 역할에서 아무런 만족을 느끼지 못하는 경우
③ 부모가 자녀의 친구관계나 학교생활에 문제가 있다고 여기고 관심을 가졌을 경우 혹은 아동 스스로 그렇게 느낀 경우
④ 형제간 갈등이 있는 경우
⑤ 불만스러운 부부관계로 인해 자녀들에게 행동장애가 발생할 경우
⑥ 결혼 전 남녀가 앞으로의 자녀에 대한 계획과 지식을 원할 경우

지지적 서비스의 종류로는 아동상담소, 가정상담소, 지역사회복지관에서 제공하는 상담서비스, 아동학대 예방사업, 가족치료, 부모교육 등이 있으며, 서비스의 종류와 내용을 자세히 정리하면 〈표 2-2〉와 같다.

〈표 2-2〉 지지적 서비스 종류와 내용

서비스 종류	내용
상담사업 (아동, 가족 등)	• 가정 내에서 부모와 아동이 바람직한 관계를 가지며 행복할 수 있도록 지지·강화해 주는 사업 • 부모나 아동의 면접을 통한 상담서비스, 가족면담, 유사한 문제에 관심 있는 여러 가족의 모임 주관, 공공복지혜택을 받을 수 있도록 관련 부서와 협상 등이 이에 포함
학교사회사업	• 아동이 학교에서 그의 능력과 기능을 성취함에 있어 방해가 되는 사회·정서적 문제를 극복하도록 돕기 위해 수행되는 사업
미혼부모 복지사업	• 법적인 혼인관계 이외의 남녀관계에서 자녀를 갖게 된 여성과 남성 그리고 그 자녀가 경험하는 문제를 해결하도록 지원하는 서비스 활동 및 미혼부모의 발생을 예방하는 교육적 활동 사업
학대아동 보호사업	• 아동학대의 예방을 위한 아동학대 예방 캠페인, 부모교육, 지역사회 주민교육, 아동권리교육을 통한 아동학대 문제의 사전예방 및 부모교육을 실시하는 사업

출처: 이순형 외, 2008 재구성.

(2) 보충적 서비스

보충적 서비스(supplementary service)는 아동이 가정 내에서 생활하게 지원하면서 부모들이 가진 역할의 일부를 대신 수행하는 서비스이다. 아동양육을 위한 부모의 역할이 일시적으로 충족되지 못할 때 이러한 보충적 서비스가 필요하다. 부모의 일차적인 역할은 아동을 양육하고 건강하게 보호하는 일인데, 이러한 역할은 현금소득을 필요로 하므로 부모는 경제적인 활동을 통하여 소득을 마련하여야 한다. 그러나 부모의 사망, 질병, 장애, 실업 등의 예기치 않은 상황 때문에 가족의 역할을 대신해 줄 사회적 장치가 필요해지는 것이다. 이와 같이 보충적 서비스는 가족의 적절한 역할 수행이 어려운 경우에 아동의 욕구를 충족시키는 사회적 장치로서 의미가 있다(오정수 외, 2008).

보충적 서비스의 종류로는 빈곤가정에게 지원되는 현금급여 형태의 소득보장(income maintenance)인 아동수당, 보육서비스(daycare), 가사조력서비스(homemaker service) 등이다.

〈표 2-3〉 **보충적 서비스 종류와 내용**

서비스 종류	내용
소득보완서비스	부모 또는 양육자의 사망, 질병, 실업으로 인하여 가정경제가 위기에 처했을 경우 정상적인 가정을 유지하기 위하여 부족분의 소득을 보완해 주는 국가책임제도를 말한다. 공공부조와 사회보험을 통하여 지원해 주는 사업이 대표적이다.
보육서비스	부모 또는 양육자의 근로 또는 질병 및 기타 사정으로 인하여 아동을 24시간 보육하기 어려운 경우 일정 시간 동안 신체적 · 정신적 · 교육적 발달을 가져올 수 있도록 보호 또는 교육서비스를 전달하는 것
가사조력서비스	어머니의 사정으로 자녀를 양육하기 어렵거나 가사를 적절히 처리할 수 없을 때 사회사업기관에서 파견된 가사조력원이 적절한 도움을 제공하는 서비스
비행아동 교정서비스	20세 미만으로 범죄행위를 하거나, 그의 성격상 또는 환경적 요인으로 범죄행위를 할 우려가 있는 비행아동을 대상으로 비행행동을 예방하거나 교정하는 사업

서비스 종류	내용
장애아동 치료서비스	신체장애 · 정신박약 · 정서장애아동에게 의료적 · 직업적 · 교육적 · 사회적 · 심리적 재훈련을 통합적 · 협동적으로 실시함으로써 각 개인의 기능회복을 최대한 도모하는 사업

출처: 이순형 외, 2008 재구성.

(3) 대리적 서비스

대리적 서비스(substitute service)란 부모가 아닌 제3자가 부모 역할의 전부를 대신하는 경우이다. 이러한 급격한 양육 역할의 변화는 아동의 출생가정이 기능을 상실하여 아동에게 필요한 최소한의 양육활동과 보호를 제공할 수 없게 되는 경우가 발생하기 때문이다. 따라서 아동은 자신의 가정을 떠나서 다른 가족이나 양육자, 생활시설 등에 의하여 일시적 또는 영구적으로 보호를 받게 된다. 가정위탁, 입양, 집단보호 등의 서비스가 여기에 포함된다(오정수 외, 2008: 141).

가정위탁서비스(foster care)란 자신의 가정에서 양육하기 곤란하거나 또는 시설보호 등의 서비스가 불가능하거나 바람직하지 못할 경우, 일정 기간 동안 타 가정에서 제공하는 단기적 대리보호를 말한다. 따라서 원가정의 기능이 회복되면 다시 친부모의 가정으로 돌아갈 수 있다.

입양서비스는 법적 · 사회적 관계에 따라 친자관계를 맺는 것이며, 법적으로 규정된 가족 관계이다. 따라서 친부모에 의한 아동의 현재와 미래에 대한 모든 권리와 의무가 소멸된다. 입양서비스에 대한 자세한 절차 및 서비스 내용은 제12장에서 자세히 다루기로 하겠다.

대리적 서비스는 아동복지의 제3차 방어선이라 할 수 있으며, 아동복지 사업에 있어 최후의 대책이다.

Kadushin의 아동복지서비스 분류 모형은 전통적인 잔여적 모형(traditional residual model)으로 평가된다(Lindsey, 2005). 이 모형의 기초가 되는 잔여적 관점은 사회가 아동의 물질적, 정서적, 사회적 욕구를 위해 필요한 기회를 모든 가족에게 제공하고 있으므로 아동양육의 실패를 부모의 실패이거나 가족의 문제 때문이라고 본다. 따라서 문제의 해결을 위한 서비스 개입은 아동이 정상적으로 성장하는 데 충분할 정도로 부모 또는 가족의 기능을 회복 · 변화시키는 것에 초점을 둔다. 그 결과 Kadushin은 지지, 보충, 대체라는 3개의 연결된 서비스 접근을 제시하였지만, 잔여적 모형하에서 아동복지서비스의 핵심은 대체적 서비스로 집중될 수밖에 없다. 제한된 자원의 효율적 배분을 위해 지지적 서비스나 보충적 서비스보다는 문제가 심각해진 후에 개입하는 대체적 서비스를 선호하기 때문이다(공계순 외, 2008).

〈표 2-4〉 **대리적 서비스 종류와 내용**

서비스 종류	내용
가정위탁사업	부모의 일시적 양육 불가 및 일정 기간 동안의 부재 시에 일정 기간 동안 타인의 가정에서 보호 · 양육받도록 하는 서비스
입양사업	행정적 · 법적 권한에 의해 혈연관계가 없는 타인에게 친자 관계를 형성시켜 줌으로써 인위적으로 아동이 가정 안에서 부모와 함께 생활할 수 있도록 하는 서비스
아동시설보호	부모의 역할 미흡으로 인하여 발생한 요보호아동들에게 사회복지사가 부모역할을 대리해 주는 서비스로서, 형태적 의미에 따라 집단적 성격의 아동양육시설과 소규모 그룹홈(공동생활가정)으로 구분

출처: 이순형 외, 2008 재구성.

2) 방어선의 위치에 따른 분류

Zuckerman(1983)은 아동복지서비스를 아동을 보호하는 범위의 정도에 따라 분류하여 그 범위를 제1차 방어선, 제2차 방어선, 제3차 방어선으로 구분하고 있다. 이 분류는 분류하는 명칭에는 차이가 있지만 그 내용은 Kadushin(1988)과 비슷한 부분이 많다.

(1) 제1차 방어선

제1차 방어선(first line of defense)은 지지적 서비스와 유사한 것으로, 가정은 아동에게 일차적인 방어선으로서의 기능을 한다. 다시 말해, 가정이 아동의 기본적인 욕구를 충족하지 못할 위험에 처하거나 부모-자녀의 역할관계에 장애가 있는 경우, 가정의 기능을 회복·유지·강화함으로써 일차 방어선으로서의 역할을 수행하게 한다. 이러한 점에서 지지적 서비스와 많은 부분이 중복된다고 볼 수 있으며 소득보장, 아동상담서비스 등이 포함된다.

(2) 제2차 방어선

제2차 방어선(second line of defense)은 보충적 서비스로서 가정의 기능이 원활하게 수행되지 못할 경우 아동이 속한 가정을 대신할 수 있는 다른 보호가 필요하게 된다. 이 경우 가능한 한 가정과 유사한 자연스러운 보호를 해 주는 것이 가장 바람직하다. 즉, 아동복지서비스에서 재가아동복지를 강조하고 있는 것으로, 아동복지서비스를 보충적으로 실시해야 할 경우 가능하면 그 아동이 살고 있는 가정, 또는 지역사회 내의 가정에서 서비스를 받을 수 있도록 지원해 주는 것이다. 2차 방어선의 대표적인 형태로는 보육서비스, 가정위탁, 입양서비스 등을 들 수 있다. 지지적 서비스의 제공으로 가정의 기능이 회복·강화되지 않는다면 다음의 방어선으로서 가정의 기능과 역할을 보충하는 서비스를 제공해야 함을 의미한다.

(3) 제3차 방어선

제3차 방어선(third line of defense)은 아동복지서비스에서 제일 마지막인 대리적 서비스로서 아동의 욕구가 가정이나 대리가정에 의해 해결할 수 없는 경우에 집단적인 보호를 제공할 수밖에 없다. 제3차 방어선은 가정을 대리한다는 점에서는 제2차 방어선과 동일하지만, 가정 내에서 다른 부모 또는 시설보호를 한다는 측면에서 차이가 나타나고 있다. Kadushin과 Martin(1988)은 아동복지서비스를 다음과 같이 분류하고 있다.

아동복지서비스

지지적 서비스 · 제1차 방어선	보충적 서비스 · 제2차 방어선	대리적 서비스 · 제3차 방어선
아동복지서비스를 부모의 능력을 지지 · 강화하는 방향으로 지원	보충적인 측면에서 아동이 가정 내에서 서비스를 받는 유형	아동복지서비스를 보모의 역할을 전부 대리하여 서비스를 지원하는 유형
• 상담서비스 • 학대 · 방임아동을 위한 보호서비스 • 미혼부모, 한부모를 위한 서비스 • 가족지지서비스 • 부모교육	• 소득보장 프로그램 • 가사지원서비스 • 보육서비스 • 아동수당 및 가족수당 • 재가아동복지서비스	• 가정위탁서비스 • 입양 • 시설보호

[그림 2-1] **아동복지서비스의 유형**

3) 가족 욕구 수준에 따른 분류

(1) 모든 가정을 위한 서비스

모든 가정을 위한 서비스는 모든 아동을 위한 보편적 서비스로 적절한 소득, 주거, 건강 보호, 보육과 교육, 여가 서비스가 포함된다.

(2) 약간의 추가지원이 필요한 가정서비스

약간의 추가지원이 필요한 가정서비스는 가정방문프로그램, 가정지원센터의 서비스, 부모와 아동 교육프로그램을 포함한다.

(3) 특별한 지원이 필요한 가정복지서비스

특별한 지원이 필요한 가정복지서비스는 약물남용 치료서비스, 정신건강서비스, 단기보호서비스, 가정폭력서비스, 부모가 감옥에 있는 아동을 위한 서비스를 포함한다.

(4) 위기가정을 위한 서비스

위기가정을 위한 서비스는 집중적 가족보존 서비스, 학대아동 보호서비스가 포함된다.

(5) 가정 밖의 서비스

가정 밖의 서비스는 아동이 가정에서 보호받지 못하는 상황이 왔을 때 가정을 떠나 외부의 시설에서 보호를 받는 것으로, 비행 아동을 위한 교정시설, 치료시설, 그룹홈, 위탁가정이 포함된다.

Chapter

03 아동권리와 복지의 발달

1 아동권리의 발달

1) 아동관의 변천과정

아동복지는 그 시대의 아동관에 따라 변천해 왔다. 아동의 탄생을 축복의 소산이라고 생각하는 시대에서는 아동복지사업이 아동을 위해서 아동을 위한 내용으로 편성되어 있고 활발히 전개되었으며, 아동의 탄생을 저주스럽게 생각한 시대와 사회에서는 아동이 복지사업의 혜택을 받기는커녕 생존조차 유지하기 힘들게 되어 있다. 따라서 아동복지의 발전과정을 고찰하기 위해서는 각 시대별로 사회적 이념과 가치, 사회경제적 환경, 아동문제의 이슈와 인식의 변화를 살펴볼 필요가 있다.

(1) 고대 영아살해

고대 원시시대에서는 부족이나 종족, 집단의 안전이 무엇보다도 중요시되었으며 아동 그 개개인의 가치와 존엄은 무시되고, 아동의 생존에 중요한 판정기준은 앞으로 생산이나 종족보존에 기여할 수 있을지의 여부였다. 소속된 집단에서 무가치한 존재로서 버림을 당하는 자의 첫 번째는 영아이며 그다음으로 병약한 성인이나 별로 도움이 되지 않는 노인이었다.

아마존 지역의 인디언들은 아기가 태어나면 강물에 그 아이를 넣어 건강한 아이만을 끄집어내어 길렀고, 그렇지 않은 아이들은 그대로 내버려두는 생존실험을 했다. 오스트레일리아에 있는 어떤 부족은 허약아나 장애아는 그들에게 부담이 될까 봐 내다 버렸다. 역사적 고찰을 하면 각 나라마다 고대사회에서는 영아살해, 유기가 성행했음을 알 수 있다.

즉, 인구와 자원 간의 평형을 유지하기 위한 수단으로서, 기근, 질병, 기타 재난에 대비하기 위한 부모들의 자기 방어수단으로서, 또는 먼저 태어난 아이들을 제대로 키우기 위한 수단으로서 등의 이유를 들어 영아살해, 유기, 낙태, 아동매매가 오랫동안 여러 지역에 걸쳐 자행되었음을 알 수 있다.

아리스토텔레스는 인구조절을 위한 경우 기아보다 낙태가 오히려 낫다고 했고, 당시 고문관이었던 세네카는 영아살해와 기아는 인구조절을 위해 필요한 방법이며 비정상아를 죽이는 것은 당연하고 현명하다고 하였다. 그 당시 부모들은 포팅(potting)이라 하여 바구니에 아기를 담아서 강이나 광장에 내다 버리고서 자녀 없는 사람이 주워 기르도록 하는 관습이 있었는데, 로마를 세운 유명한 로물루스와 레무스도 기아 출신이었다.

그후 인간생명을 중시하는 기독교정신이 서구사회의 기본 가치개념이 되면서 영아살해, 기아, 매매, 낙태가 죄악시되었다. 기독교정신의 영향을 받았던 콘스탄틴 황제는 이미 315년 '아동을 살해할 수 없다'는 조항을 콘스탄틴법전에 명시하면서 부양능력이 없을 때는 다른 사람이 옷과 음식을 제공하여 그 아이를 부양토록 했다.

그러나 영아살해와 기아는 18세기까지도 존재하였다. 부모는 아이를 데리고 자다가 깔아 죽이고서는 우발적인 사고라고 주장하거나, 갓난아기를 덮어씌워 죽이는 것도 계속 유행하여, 교황 피솔은 아이와 한 침대에 자는 부모에게 벌금까지 부과했지만, 부모들은 아기를 강물에 던지거나 아사(餓死)시키는 방법까지 사용했다.

이와 같은 일이 일어날 수 있었던 것은 당시 사람들이 아이에겐 영혼이 있다고 생각하려 하지 않았고, 아이를 하나의 인격체로 대한 것이 아니라 어른들의 단순한 성적 유희에 의해서 생겨난 귀찮은 존재라고 생각하였기 때문이다. 즉, 이들은 아이를 키우고 돌보는 것이 어른들의 생활에 부담을 주고 성가신 장애가 된다고 여겼던 것이다.

(2) 중세 자선사상과 아동복지

중세는 봉건제도의 사회로서 신분적 계층을 중시하며 종교의 사회적 영향이 강했던 시기였다. 이 시기는 영주(領主)와 주민, 국왕과 신하의 주종관계가 엄격한 사회구조인 장원제도였다. 그러므로 아동에 대한 관심은, 다만 장원을 위한 군사력과 경제력의 확보수단으로서 의미를 부여했다. 이는 영주들이 자기권력의 증대 유지를 위하여 농노(農奴)를 통한 경제력을 쌓고 안전을 목적으로 하는 군사력 강화에 최대의 목표를 두지 않을 수 없었던 당시 상황을 대변하는 것이라고 볼 수 있다.

같은 아동이라 할지라도 어느 집안에서 태어났느냐에 따라 신분이 달랐다. 즉, 신분이 높은 집안인 경우 혈통의 계승자로 존중을 받았으나 신분이 낮은 경우에는 하나의 자원 그 이상의 가치를 두지 않았다.

중세 기독교가 한때 심한 박해를 당하였을 때 구약성서의 자선사상으로부터 나온 종교적 동기의 자선사업이 각 교구의 자선기관을 통하여 이루어졌다. 동료신도 중 수감되어 있는 신자들을 방문하고, 이들에 대한 석방운동을 전개한다든지 고아와 기아를 보호하는 것 등이 이들 자선사업가들이 편 복지활동이었다.

(3) 구빈법과 아동보호

영국에서 유럽의 가장 발전된 구빈(救貧)정책을 볼 수 있다. 영국의 조직적 구빈사업은 1601년의 엘리자베스 구빈법에서 찾아볼 수 있는데 이 법이 영국에서 제정되기까지에는 퀸(1922년)이 지적한 바와 같이 우연한 일이 아니고 다음과 같은 사회적 · 역사적 배경을 가지고 있다.

가내공업의 발달, 위요(囲繞)운동, 봉건제도의 몰락으로 인한 경제적 무질서와 사회적 혼란, 종래의 자선사업 실패로 인한 16세기 초의 빈민증가, 종교개혁으로 인한 영국 수도원의 해체, 내셔널리즘의 대두 등 사회적 배경에서 영국의 국가권력은 빈민구제를 국가의 주요기능으로 생각하게 되었다. 즉, 영국은 상기한 여러 가지 조건이 동시에 일어남으로써 빈민구제가 사회문제로 제기되었는데 그 상황을 자세히 살펴보면 다음과 같다.

16세기 초에 일어나기 시작한 산업혁명으로 인하여 비옥한 농토가 목장으로 전환됨에 따라 수많은 농민이 농토를 잃어버리고 도시의 부랑노동자로 전락하게 되었다. 봉건제도의 몰락으로 인해 일자리를 구하기 위하여 정처없이 방황하는 수많은 노동자가 배출되었고 수도원의 해체는 종래 교회의 울타리 안에서 그나마 구제를 받을 수 있었던 다수의 빈곤자를 길거리로 내어버린 격이 되어 그로 인한 빈곤문제는 더욱 격심하게 되었다. 이러한 사회적 상황에서 영국은 구걸을 억제하는 법률까지 제정함으로써 그 비참상을 더욱 극심하게 만들었다. 이러한 사회상태를 개선하고자 영국에서는(1536년 이후) 구빈사업을 위한 법령이 제정 · 공포되었다.

엘리자베스 1세 때에 빈곤자와 부랑자에 대한 법령이 많이 나타났는데 이것저것 여러 가지가 생김으로 말미암아 행정관리는 대단한 혼란을 일으키게 되었다. 그리하여 엘리자베스 여왕 말엽, 소위 엘리자베스 구빈법(救貧法)이라 불리는 법률로 통합하였다. 이것은 1598년에 제정되었던 법률이 1601년에 수정된 것으로, 그후 300년 이상이나 이 법률은 영국과 심지어 미국에까지 구빈사업의 기본법이 되었다.

이 법률은 수혜자를 세 범주로 나누었는데, ① 노동 가능한 빈민, ② 노동 불가능한 빈민, ③ 요부양아동으로 구분하였다. 노동이 가능한 빈민에 대해서는 사업을 제공하고 만약 이를 거절할 때에는 교수형에 처하거나 투옥하였다. 노동이 불가능한 빈민은 구빈원에 수용하였고, 부모 또는 조부모의 보호를 받지 못하는 아동은 남자는 24세까지 여자는 21세 또는 결혼할 때까지 도제(徒弟)로 보냈다. 보호를 요하는 아동의 범주는 고아, 기아, 유기아동, 빈곤가정아 등으로 정하였는데, 이러한 아동들은 봉사적으로 그들을 받아들일 의사가 있는 시민에게 위탁되거나(무료위탁) 적은 양육요금을 원하는 자들에게 위탁되었다(유료위탁).

가사나 기타의 일을 할 수 있는 아동들은 양육료 없이 부양하고자 하는 시민에게 도제로 보내져 소년들은 그곳에서 주인의 직업을 배우게 되며 24세까지 일하지 않으면 안 되었다. 또한 소녀들은 가사를 배우며 결혼할 때까지 그 집에 머물러 있어야만 했다(직업보도). 아동이 빈곤한 부모나 친척과 함께 지낼 수 있는 경우에는 대마, 삼, 양모 등과 같은 재료가 주어져 상공인들을 위한 가내공업을 하며 생활할 수도 있었다(거택구호).

지금으로부터 380여 년 전에 오늘날 우리가 사용하는 위탁제도, 직업보도, 또는 거택구호사업 등을 창안하여 실시했다는 점으로 보아 이 구빈법은 가장 중요한 역사적 사실로서 인정받지 않을 수 없을 것이다.

이 시대의 하나의 특색으로는 근세사회에 들어오면서 민간이 주도하는 자발적인 아동보호사업이 전개되어 종전의 비합리적인 수용 위주의 보호에서 합리적인 분리수용 보호 등으로 점차 발전하게 되었다는 점이다. 즉, 아동들을 병자, 광인(狂人), 성인 혹은 범죄자와 같이 구빈원에 수용해 왔는데 이 시기에 들어오면서 성인이나 범죄자들과 분리하여 수용하게 되었고, 일반가정에 위탁하는 제도가 생겼으며 교육사상의 진전으로 맹아, 농아, 정신장애아동, 심신장애아동으로 분류하는 등 아동복지 발달사적 견지에서 볼 때 크게 발전하는 시기였다고 하겠다.

이 시기는 아동보호 면에서는 크게 공헌하였음이 분명하지만 산업혁명으로 인해 봉건제도가 붕괴되고 자본주의 사회가 형성됨에 따라 아동착취 문제가 동시에 나타났다. 즉, 자본가와 노동자 계층이 형성되어 자본가들은 임금이 싼 소년아동을 고용하여 노동력을 착취하여 이들의 복지권을 박탈하는 결과를 초래한 것이다.

(4) 현대 아동관

아동교육사상에 새로운 관점을 조명했던 코메니우스, 루소, 페스탈로치 등은 아동의 자연적 발달, 자발적 발견을 강조하면서 아동은 아동 나름의 독자적인 세계를 가진 존재이기 때문에 아동에게 맞는 교육방법이 요구된다고 하였다. 그 후 프로이트, 에릭슨, 피아제, 콜버그 등 심리학자들의 독자적 연구업적을 통해 아동기의 중요성이 강조되기도 하였다. 이렇듯 활발하게 전개된 아동연구의 움직임 속에서 마침내 아동의 세기인 '20세기'가 도래한 것이다.

여러 심리학자의 아동에 대한 연구결과, 아동에 대한 새로운 개념이 정립되었다. 즉, 아동은 이제 더 이상 성인의 종속물도 어른의 축소판도 아닌 하나의 독립된 인격을 지닌 존재임을 선언한 것이다. 또한 모든 아동은 각자의 독자성을 지닌 존재로서 서로 같지 않다는 개인차를 전제로 한다. 아동의 독자성이란 아동 자신의 자기다움을 의미하며 서로 비교될 수 없고 서로 동일한 것이 요구될 수 없다는 뜻이다. 뿐만 아니라 아동은 더 이상 약자, 무능인이 아니라 오히려 무한한 잠재능력을 지닌 가능성의 존재로 인정되고 있다. 아동의 지능은 4세까지 약 50% 정도나 발달한다는 연구보고나 인간의 두뇌세포의 약 80% 정도가 생후 2년 내에 형성된다는 연구결과는 지구의 자원이 고갈되고 있는 현대사회에서 아동을 미래 인력자원으로 인식하기에 충분한 근거가 되었다.

세계 각국은 다투어 국가자원으로서 아동의 교육을 촉진시키고, 조기교육을 인력개발의 일환사업으로 실시, 아동교육에 도전하고 있다. 아동은 미래인력이며 무한한 가능성도 지닌 존재임에 틀림없다.

성인의 부속물이 아닌 고유한 인격체, 독자적 존재, 가능성의 존재라는 현대의 아동관은 자연히 아동법의 제정이나 아동권리선언 등의 제창을 뒷받침하게 되었다.

케이(Key)는 「20세기는 아동의 세기」라는 책을 발간하여 "모든 아동은 생명, 보건, 적절한 주거, 교육, 노동으로부터의 자유, 건전한 여가활동, 필요한 경우 공적 부조에 대한 권리까지도 보장해 주어야 한다."고 했다. 이러한 목표의 달성은 개인이나 민간단체의 노력과 국가에 의한 제반 법의 제정을 통하여 이루어져 가고 있다. 특히 아동은 양육과 보호를 받을 권리가 있다는 사실에 입각해서 각 국가에서는 이를 뒷받침할 수 있는 법이나 어린이 헌장 등을 제정 · 공포하여 아동에 대한 인식과 책임을 강화하고 있다.

(5) 아동권리의 역사적 배경

아동권리의 발전과정은 3단계로 구분하여 설명할 수 있다. 제1기는 제네바 선언(1924)을 기준으로 한 아동권리선언 탄생기이다. 제2기는 인권의 보편화와 아동권리의 발전기로 아동의 권리선언(1959)이다. 제3기는 「유엔아동권리협약」(1989)을 중심으로 한 아동권리 법제화이다.

제1기 제네바 선언은 아동을 보호받아야 할 특별한 대상으로 보았는데, 이는 제1차 세계대전의 영향으로 고통받는 아동들에 대한 보호와 필요성을 느낀 것으로 아동권리에 대한 최초의 선언이다. 구체적인 내용은 다음과 같다.

〈표 3-1〉 **제네바 선언 내용**

조항	내용
1조	아동의 신체적, 정신적인 관점에서 정상적으로 발달하는 데에 필요한 모든 수단은 아동에게 반드시 제공되어야 함
2조	굶주린 아동에게는 음식이 제공되어야 하고, 병든 아동은 치료받아야 하고, 발달이 늦은 아동은 도와주어야 함. 또한, 비행아동은 갱생되도록 하여야 하며, 고아와 부랑아는 주거와 원조를 받도록 하여야 함

조항	내용
3조	아동은 위협에 처한 경우 제일 먼저 구제를 받아야 함
4조	아동은 생계를 연명할 수 있는 위치에 있어야만 하며, 또한 모든 형태의 착취로부터 보호받아야 함
5조	아동은 아동이 지닌 재능의 계발이 결국 인류동포에게 공헌한다는 인식 아래서 양육되어야 함

제네바 선언은 5개 조항으로 아동의 심신발달 보장, 보호아동에 대한 원조와 위험에 처한 아동의 최우선적 구제와 함께 생활보장과 착취로부터 보호, 아동육성의 원칙을 포함하고 있다. 제네바 선언의 한계점은 아동을 보호의 대상으로 여길 뿐 적극적으로 자신의 권리를 행사할 주체로 보고 있지 않는다는 점이다.

제네바 선언의 내용을 계승받은 아동권리선언은 기본적 인권과 인간의 존엄 및 가치에 대한 신념을 강조하였고, 모든 인간이 차별 없이 권리와 자유를 갖는 것을 재확인하였다(민진홍, 2011). 아동권리선언은 이름과 국적을 가질 권리라는 최초의 시민권과 사회보장을 받을 권리, 교육을 받을 권리 등 사회권이 부여된 점에서 제네바 선언과 큰 차이를 보이고 있다(류수정, 2012).

아동권리선언은 이전보다 상세하고 아동을 더 이상 불우한 아동으로 여기지 않으며 권리와 보장을 실현할 대상으로 담고 있는 점이 주목된다. 그러나 아동권리선언은 법적 규제력이 없다는 한계에 부딪힌다. 세계대전으로 전쟁의 참상을 겪은 세계 각국은 경제적, 사회적 협력, 기본적 인권 존중이 세계평화 유지를 위해 필수적인 조건이란 인식 아래 법적 구속력을 갖춘 조약을 통해 보장해야 할 필요성을 제기하였다(유네스코한국위원회, 2002). 이에 UN은 1979년 아동권리선언 20주년을 맞이해 '국제 아동의 해'를 지정하였고 1989년 11월 20일 국제 협약 초안 채택, 1990년 9월 2일 국제 법으로 공포하였다. 「유엔아동권리협약」은 영유아를 주체사상으로 보고 국제적으로 법적 효력이 있는 점이 주목된다. 우리나라는 1990년 9월 25일 이 협약에 동의하였으며 1991년 11월 20일 협약을 비준함으로써 당사국이 되었다(이재연 외, 2009).

2) 우리나라 아동관의 변천과정

우리나라의 아동발달이나 아동발달 이론들은 주로 외국의 영향을 많이 받고 있다. 이것은 우리가 역사적으로 아동발달에 대한 연구나 이론이 부족했다는 것을 의미한다. 그럼에도 우리나라의 사회문화적인 배경에 맞추어 아동관을 살펴보는 것은 우리나라 아동발달 이론에 도움을 주리라 생각된다.

(1) 전통적 아동관

조선시대의 유교적 아동관은 아동은 성인에 비해 사고가 부족하고 지적으로도 아직 판단력이 갖추어지지 않은 상태에 있으며, 무한정한 욕구를 가지고 있어 아동통제를 위해서는 훈육이 필요한 시기로 보고 있다. 맹자의 성선설은 아동은 생태적으로 착하게 태어났으며, 유교적 교육관은 긍정적 출발을 하게 된다. 유교뿐만 아니라 이조시대의 이념이었던 성리학, 실학, 동학의 아동관도 인간의 선한 본성에 바탕을 두어 아동존중사상이 강하였다(백혜리, 이은화, 1997).

우리나라의 나이 계산법은 아동존중사상을 나름대로 잘 표현하고 있어서 태내에서의 280일도 인생에서의 중요한 시기로 인정하고 있다. 그러나 대부분의 사회는 이것을 인정하지 않고, 출생 당시 0세로 시작하여 첫돌이 지나야만 1세로 계산한다. 그러나 우리 사회는 태내에서의 10개월을 인정하여 갓 태어난 아기에게도 1세라는 나이를 붙여 준다. 따라서 태아에 대한 존엄성을 인정하고 하나의 인격체로 보고 있음을 알 수 있다(유안진, 1995).

그리고 전통사회에서는 동몽(童蒙)이라 하여 아동을 아직 깨이지 못한 어리고 미숙한 존재로 보았다. 이러한 관점은 아동을 앞으로 많은 발전을 할 수 있는 존재로 보고 있음을 알 수 있다. 또한 장유유서(長幼有序)에 의해 아동과 성인과의 명확한 관계를 설정하기도 했다. 장유유서는 연장자와 연소자 간의 도리에 관한 것으로 어른과 아동 사이에는 질서와 순서가 있음을 보여 줌으로써 질서에 대한 개념을 인식하도록 하였다. 동몽과 장유유서는 부정적으로 본다면 아동의 인격을 무시하여 아동과 부모 또는 아동과 성인 사이의 평등문제가 발생할 수도 있다. 이러한 의식은 아직까지도 우리 사회에 영향을 미치고 있다.

우리 전통사회에서의 아동관 중에서 중요한 것이 남아선호사상이다. 이러한 남아선호사상은 남아를 선호한다는 것에 그치지 않고 교육과 사회생활 등 전반적인 분야에 영향을 미쳐서 불합리한 결과를 가져왔다.

(2) 근대적 아동관

가. 아동권리공약

한국의 아동인권에 대한 노력은 소파 방정환에서 찾을 수 있다. 소파 방정환은 아동을 존중하고 인격체로 대할 것을 주장했다. 에글렌타인 젭(Eglantyne jebb, 1876~1928, 세이브더칠드런 창시자)이 「유엔아동권리협약」의 근간이 된 아동권리선언을 선언한 1923년에 우리나라의 소파 방정환은 소년운동의 기초 조건이라는 제목의 글을 통해 아동권리공약 3장을 선언했다.

당시 우리나라는 주권을 일본에 빼앗긴 상태였지만 아동을 사랑하고 바르게 키우기 위해 어린이날을 제정하였고, 어린이날 기념식장에서 '소년운동협회'가 아동의 권리공약 3장을 선포했다. 그 내용은 아동을 인격적으로 대우하고, 노동을 폐하며 아동이 배우고 놀 수 있는 환경을 마련하라는 내용이었다.

▣ 아동권리공약 3장(1923)

1. 어린이를 재래의 윤리적 압박으로부터 해방하여 그들에 대한 완전한 인격적 예우를 허(許)한다.
2. 어린이를 재래의 경제적 압박으로부터 해방하여 만 14세 이하의 그들에 대한 무상 또는 유상의 노동을 폐(廢)하라.
3. 어린이에게 그들이 고요히 배우고 즐거이 놀 만한 각양의 가정 또는 사회적 시설을 행(行)하라.

나. 어린이헌장

아동권리공약 3장이 선포된 이후 1957년 9개의 조항으로 어린이헌장이 제정되었다.

▣ 어린이헌장(1957)

1. 어린이는 인간으로서 존중하여야 하며 사회의 한 사람으로서 올바르게 키워야 한다.
2. 어린이는 튼튼하게 낳아 가정과 사회에서 참된 애정으로 교육하여야 한다.
3. 어린이에게는 마음껏 놀고 공부할 수 있는 시설과 환경을 마련해 주어야 한다.
4. 어린이는 공부나 일이 몸과 마음에 짐이 되지 않아야 한다.
5. 어린이는 위험한 때에 맨 먼저 구출하여야 한다.
6. 어린이는 어떠한 경우에라도 악용의 대상이 되어서는 아니 된다.
7. 굶주린 어린이는 먹여야 한다. 병든 어린이는 치료해 주어야 하고 신체와 정신에 결함이 있는 어린이는 도와주어야 한다. 불량아는 교화하여야 하고 고아와 부랑아는 구호하여야 한다.
8. 어린이는 자연과 예술을 사랑하고 과학을 탐구하며 도의를 존중하도록 이끌어야 한다.
9. 어린이는 좋은 국민으로서 인류의 자유와 평화와 문화 발전에 공헌할 수 있도록 키워야 한다.

어린이헌장은 다시 1988년 11개 조항으로 개정되었으며, 내용은 인간의 존엄성 존중, 건전한 가정에 성인의 보호, 영양 · 교육 · 문화 · 놀이와 오락에 관한 권리, 학대와 노동으로부터의 보호, 장애아동 등에 대한 내용이 포함되어 있다.

▣ 어린이헌장(1988)

1. 어린이는 건전하게 태어나 따뜻한 가정에서 사랑 속에 자라야 한다.
2. 어린이는 고른 영양을 취하고 질병의 예방과 치료를 받으며, 맑고 깨끗한 환경에서 살아야 한다.
3. 어린이는 좋은 교육시설에서 개인의 능력과 소질에 따라 교육을 받아야 한다.
4. 어린이는 빛나는 우리 문화를 이어받아 새롭게 창조하고 널리 펴 나가는 힘을 길러야 한다.
5. 어린이는 즐겁고 유익한 놀이와 오락을 위한 시설과 공간을 제공받아야 한다.
6. 어린이는 예절과 질서를 지키며, 한겨레로서 서로 돕고 스스로를 이기며 책임을 다하는 민주 시민으로서 자라야 한다.
7. 어린이는 자연과 예술을 사랑하고 과학을 탐구하는 마음과 태도를 길러야 한다.
8. 어린이는 해로운 사회 환경과 위험으로부터 먼저 보호되어야 한다.

9. 어린이는 학대를 받거나 버림을 당해서는 안 되고, 나쁜 일과 힘겨운 노동에 이용되지 말아야 한다.
10. 몸이나 마음에 장애를 가진 어린이는 필요한 교육과 치료를 받아야 하고 빗나간 어린이는 선도되어야 한다.
11. 어린이는 우리의 내일이며 소망이다. 나라의 앞날을 짊어질 한국인으로 인류의 평화에 이바지할 수 있는 세계인으로 자라야 한다.

(3) 아동관의 새로운 관점

가. 발달과 잠재력으로서의 아동

현대 아동은 과거의 단순한 보호대상의 아동에서 발달적인 관점과 아동의 잠재력에 대한 관점으로 변화하고 있다. 즉, 아동은 무한한 잠재력과 역량을 지니고 있고, 이것을 발달시켜야 한다는 것이다. 그러므로 이런 발달과 잠재력을 위하여 적절한 영양공급, 놀이기회의 제공, 건강하고 건전한 환경 제공 등을 통하여 아동의 잠재력을 발달시켜야 한다. 즉, 수동적인 존재가 아니고 적극적인 존재로서 아동 주위환경에 적응하고, 아동에 적합한 발달단계를 통하여 아동들의 역량을 발휘해야 한다는 것이다.

나. 참여자로서의 아동

현대 아동은 성인들의 부속물, 성인들에 의해 지시받는 자, 성인들에 의해 움직이는 자가 아니고, 아동들도 성인과 동반적인 차원에서 같이 참여하는 것이다. 이러한 참여는 성인과 아동의 사고방식이 다름을 인정해야 한다는 것을 의미한다. 그리하여 아동과 성인들이 동등한 입장에서 아동들의 참여를 유도해야 하며, 아동의 신체가 미약하고 정신적으로 부족하더라도 그것을 인정하여, 아동이 자신의 의견을 제시할 수 있는 환경을 만들어 주어야 한다.

다. 새로운 보호 차원에서의 아동

과거에 실시하였던 단순한 보호방법으로는 현대 아동문제를 해결할 수 없다. 그러므로 변화하는 아동의 욕구와 생활양식을 이해하는 새로운 차원의 아동복지서비스를 개발해야 한다는 것이다. 단순한 시설보호, 단순한 위탁보호, 단순한 경제적 보호 등으로는 현대 아동의 욕구를 해결하기 어렵다.

2 세계의 아동복지 사업의 발달과정

아동복지정책에 대하여 미국의 헤드스타트(Head Start) 프로그램, 영국의 슈어스타트(Sure Start) 프로그램, 호주의 베스트스타트(Best Start) 프로그램, 뉴질랜드의 패밀리스타트(Family Start) 프로그램, 스웨덴의 아동양육을 위한 복지정책 등에 대해 고찰하기로 한다.

1) 미국의 헤드스타트 프로그램

헤드스타트(Head Start) 프로그램은 1965년 미국 존슨(Johnson) 대통령의 빈곤과의 전쟁(the War on Poverty)을 위해 설계된 연방정부 아동중심 프로그램이다. 이 프로그램의 법적 근거는 1964년 제정된 경제기회법(economic opportunity act)이며, 그 이후 1981년 제정된 「일괄예산조정법(omnibus budget reconciliation act)」에 의해 진행되어 오다가, 1990년 「헤드스타트 확대 및 질 개선법(Head Start Expansion and Quality Improvement Act)」이 제정되었다. 헤드스타트 프로그램의 목적은 저소득층 아동의 사회성, 학습능력, 건강 및 영양 수준을 개선하여 일반가정 아동들과 동일한 선상에서 출발할 수 있도록 지원하는 것으로 서비스 내용은 아동의 인지 및 언어발달서비스 · 의료 · 치과 · 정신보건서비스 · 영양 및 사회서비스 등 세 가지로 나타난다. 그리고 헤드스타트는 0~5세의 아동과 그 가족을 대상으로 하는 포괄적 아동발달 프로그램으로 식품권(food stamp), 의료부조(medicaid), 학교급식(school lunch and breakfast program) 등과 함께 저소득가정의 아동에게 제공되는 대표적인 현물급여이다.

헤드스타트 프로그램에서 대상 아동의 선정 기준은 다음과 같다.

① 가장 우선시되는 기준은 저소득가정이며 가구총소득이다. 가구총소득 조사를 실시하여 2007년 재인준 이후에는 빈곤선 이상이라 하더라도 공적 부조를 받는 가정의 아동이거나 위탁가정에 있는 아동은 프로그램에 참여할 수 있다.

② 아동의 연령은 만 3세 이상이어야 한다. 이는 헤드스타트 프로그램을 개진하는 지역 내 학교의 취학연령에 달해야 하기 때문이다. 하지만 아동의 연령이 0~3세일 경우에는 얼리 헤드스타트(Early head start)의 대상이 된다.

③ 헤드스타트 프로그램 시행 지침서에 따르면, 빈곤선 이하인 저소득층 가정의 아동이 적어도 90%를 차지해야 하며, 장애아동은 적어도 10% 이상으로 구성되어야 함을 명시하고 있다.

④ 지역내 저소득가정의 아동이나 장애아동 수가 충분하지 못하여 구성 비율을 채우지 못할 경우 저소득층이 아닌 일반가정의 아동도 참여가 가능하다(임시아, 2017).

2) 영국의 슈어스타트 프로그램

영국의 슈어스타트(Sure Start) 프로그램의 핵심은 바로 빈곤층 및 이로 인한 불리한 환경 속에서 자라나는 아동들에게 지방자치단체가 지역의 여러 단체와 파트너십을 이루어 이들로 하여금 인생을 확실하게(sure) 출발하도록(start) 돕자는 것이다. 이를 위하여 조기교육을 강조하고, 방과후 교육 프로그램을 운영하며, 양질의 아동보호를 제공하고, 또한 아동을 양육하는 부모에게 적절한 일자리를 제공하는 프로그램을 운영하고 있다. 2004년 발표된 정부의 '아동보육 10년 전략(The Ten Childcare Strategy)'과 2004년 통과된 「아동법(Children Act)」에 따라 슈어스타트 아동센터는 14세 이하 아동에게도 방과후 보육을 제공하게 되었다. 슈어스타트 대상 아동은 슈어스타트 아동센터가 설치된 지역의 모든 아동이다. 서비스 내용으로는 빈곤 · 소외지역 아동들의 불평등한 출발을 막기 위하여 일반아동과 같은 수준의 보육 · 보건 · 교육 · 서비스를 제공한다. 영국 정부는 2010년까지 빈곤아동 수를 절반으로 줄이고, 2020년에는 '0'으로 만들겠다는 목표를 세우고 슈어스타트 프로그램을 범정부적으로 운영하고 있다. 특히 슈어스타트 서비스 프로그램에는 보육, 조기교육, 건강, 가족지원서비스 등이 포함된다(http://www.peoplepower21.org/Welfare/654836).

3) 호주의 베스트스타트 프로그램

베스트스타트(Best Start)는 호주 빅토리아주의 보건복지부(Department of Human Services)와 교육부(Department of Education and Training)가 공동으로 추진하는 예방 및 조기개입 프로젝트이다. 또한 보건, 복지, 교육서비스를 비롯하여 스포츠, 취미, 도서관, 교통 등 다양한 서비스에 대한 체계적이고 일관성 있는 지원을 위해 법무부, 체육관광 연방게임(Commonwealth Game), 빅토리아 경찰과 사회서비스기반부(Department of Infrastructure), 혁신산업 지역개발부(Department of Innovation, Industry and Regional Development), 행정자치부와 파트너십을 통해 협력하고 있다. 그리고 베스트스타트는 0~8세아동의 건강, 발달, 학습 및 복지를 증진시키는 것을 목적으로 하며, 이 프로그램을 통해 아동 및 가족지원, 보건서비스가 조기교육서비스에 대한 접근성을 높이고 부모, 가정 그리고 지역사회의 역량강화와 모든 아동 및 가족 욕구에 대한 조기개입 강화를 지향하고 있다.

베스트스타트 핵심 활동 내용을 소개하면 다음과 같다.

① 양질의 산전관리
② 자녀양육 관련 부모교육 및 지원
③ 미취학아동과 학령기 초반 아동의 교육 기회 제공, 취학 후 3년 동안 아동에게 양질의 학습 및 보호 제공
④ 아동의 조기학습 및 발달지원을 위한 부모 역량 강화
⑤ 아동 및 부모의 건강 보호를 위한 건강 정보 제공
⑥ 지역사회 내 아동과 가족을 위한 통합서비스 제공을 위해 '학교'에 허브 역할 부여
⑦ 가정을 중심으로 한 서비스 제공
⑧ 아동친화적 지역사회 환경 조성
⑨ 적절한 주택공급 장려

4) 뉴질랜드의 패밀리스타트 프로그램

패밀리스타트(Family Start)는 1989년 「아동, 청소년 및 가족법(Children, Young Persons and Their Families Act)」에 의해 '가족의사결정모델(Family group conference)'을 도입하여 아동의 문제 해결 시 반드시 가족의 의사결정을 따르도록 규정하고 있다. 또한 기존의 파편화된 아동지원을 유기적으로 연계하고 가족의 기능을 강화하여 빈곤의 악순환을 단절하며, 아동을 효과적으로 지원하기 위해 패밀리스타트 제도를 고안하기에 이르렀다. 그리고 뉴질랜드 3개 지역을 대상으로 '패밀리스타트' 프로그램을 시작하여 1999~2000년 추가로 13개 지역에서 프로그램을 실시했다. 2012년 기준 총 32개 지역에서 사업을 실시하며, 지역의 욕구 및 특성, 문화에 맞춰 개별화된 맞춤형 서비스를 제

공한다. 정부의 가족강화전략의 일환으로 사회개발위(Ministry of Social Development)의 지역사회서비스국(Family and Community Services), 보건부(Ministry of Health), 교육부(Ministry of Education) 등 3개 부처가 지원하고 있다. 패밀리스타트는 '가족강점접근(Family Strength Approach)'을 도입하여 예방적 · 통합적(건강, 보육, 복지 등) 조기개입 및 지원을 통해 가족에 대한 삶의 질을 향상하고 아동중심, 가족중심, 조기개입, 가정방문 프로그램을 통해 아동의 잠재역량을 높이며 가족의 강점을 강화하여 궁극적으로는 아동의 동등한 출발을 보장하고 정부와 각 지역사회의 협력을 바탕으로 가족에 대한 통합적 서비스 제공을 통해 세부목표를 달성하는 것이 목적이다.

패밀리스타트의 세부목표는 다음과 같다.

① 아동의 건강 증진, 교육 및 사회적 성취 달성
② 부모의 양육 및 역량 강화
③ 부모의 개인적 · 가족적 환경 개선

5) 스웨덴의 아동양육을 위한 복지정책

스웨덴의 아동양육을 위한 복지정책으로는 임신출산급부, 아동간병휴가 및 급여, 아동수당, 한부모에 대한 양육지원비, 입양수당, 아동을 위한 주택수당 등이 있다. 그중에서 가장 보편적인 복지정책은 임신출산급부, 아동수당, 한부모에 대한 양육지원비이다. 내용은 다음과 같다.

① 임신출산급부(parental benefit)는 아동이 7세가 될 때까지 아동 1명당 480일 이내의 유급휴가를 보장해 주는 제도이다. 이 급여로 390일까지는 월급의 80%를 지급하고 나머지 90일에 대해서는 1일에 180크로나(24,300원)를 지급한다. 예를 들

면, 5명의 아동을 둔 어머니는 7년 6개월간의 휴가를 사용할 수 있다. 이 휴가는 아버지도 사용할 수가 있으며, 부모 중 한 사람이 최저 60일 이상은 사용해야 한다. 그리고 아버지는 어머니의 산후조리 간병을 위해 10일 이내의 특별휴가급여를 사회보장사무소로부터 받을 수가 있다.

② 아동수당(child allowance)은 부모의 소득과 관계없이 16세 미만의 아동을 둔 부모에게 매달 지급하는 현금이다. 부모는 아동이 1명인 경우 1,050크로나(14만 1,750원), 3명인 경우 3,604크로나(48만 6,540원), 6명인 경우 9,714크로나(131만 1,390원)를 매달 지급받는다.

③ 한부모에 대한 양육지원비는 부모가 이혼했을 경우 아동을 양육하지 않는 부모로부터 지급받는 현금이다. 국세청은 아동을 양육하지 않는 부모로부터 양육지원비를 원천징수하고 이 금액에서 아동을 양육하는 한부모에게 매달 1,273크로나(17만 1,855원)를 지급한다.

3 우리나라의 아동복지 발달과정 및 특징

전통적으로 우리나라뿐 아니라 모든 나라에서 아동복지의 책임은 전적으로 아동의 부모에게 있었다. 1900년대 초, 아동을 위한 서비스에 대한 인식과 실천의 변화가 일어 점차적으로 국가 개입의 필요성이 부각되고 현재에는 아동복지를 위한 가족 차원의 지원과 지지로 변화하고 있다(Crosson-Tower, 2007).

우리나라는 1960년 이후 경제성장 측면에서 괄목할 만한 발전을 이루어 낸 반면 빈부의 격차로 인한 사회계층 간의 대립이 갈수록 심화되고 사회복지에 대한 국민들의 욕구가 다양화되고 있다(김석준 외, 2018: 111).

1) 우리나라 아동복지 발달과정

(1) 전통사회

전통사회에서 아동복지에 대한 개념과 실천이 있었을까? 신라 제3대 유리왕 5년(서기 28년)에 관가에서 병든 사람, 자활능력이 없는 사람과 고아들에게 식량을 지급하였다. 백제에서는 온조왕 33년(서기 15년)에, 고구려는 태조왕 56년(서기 108년)에 재해를 당한 사람들 속에 아동을 포함하여 관곡을 배급하였다.

고려시대에는 불교가 융성함에 따라 불교의 기본 정신인 자비사상에 입각하여 고아 및 기아와 빈곤아동들이 사찰에서 위탁 형태로 보호를 받았다.

조선시대에는 고아와 기아 및 빈곤아동에 대한 법령을 제정하였는데, 제22대 정조 7년(1783년)에 반포된 자휼전칙(字恤典則)은 우리나라 전근시대의 대표적 아동복지법령이라 할 수 있다. 자휼전칙은 흉년이 들어 기근이 심할 때 유기를 당한 아이나 극빈아동 및 부랑아동을 관가에 유양 또는 민간에 수양토록 허가하는 법이었다(김석준 외, 2018: 112).

(2) 근대사회

근대적 아동복지사업은 조선 말 고종 25년(1888년) 3월에 프랑스교회가 서울 명동에 천주교회 고아원을 개설한 것으로 시작된다.

고종 32년(1895년) 3월 인천에 천주당 부속 고아원을 설립하였다. 아동보호를 위한 민간 차원의 운동인 천도교의 소년운동은 봉건시대의 아동관을 불식하고, 시대에 맞는 새로운 아동관을 계몽하는 일에 힘썼으며, '어린이'라는 순한글말을 만들어 보급하고, '어린이날'을 제정하는 등 아동문화를 확산시켰다. 천도교 소년회, 불교 소년회, 조선소년군이 중심이 되어 발족한 '조선소년운동협회'는 1923년 5월 1일 제1회 어린이날에 '소년운동선언'을 발표하였다.

1921년 미국의 감리교 선교사들이 설립한 태화사회관은 초기에는 교육 사업에 치중했지만, 태화진료소를 중심으로 점차 아동보건과 사회사업을 전개해 나갔다(김석준 외, 2018: 112).

(3) 현대사회

현대적인 의미의 한국 아동복지는 일반적으로 1945년의 해방과 1950년의 한국전쟁 이후로 보지만, 그 이전에도 오랫동안 전통적으로 아동을 위한 여러 가지 활동이 있어 왔다. 전통사회에서는 부모가 사망한 고아와 자연재해로 인한 기아를 홀아비, 과부, 독거노인과 함께 네 종류의 빈궁한 백성(환과고독)으로 분류하여, 고아와 기아에 대한 구제를 시행하였다. 수용시설을 이용한 아동복지는 조선시대 말 서양인 선교사에 의하여 시작되었다. 파리외방전교회가 설립한 조선영해회는 1854년에 고아원을 설립하였고, 1888년에는 종로의 수녀원 부속 건물로 고아원을 설립하여 아동을 양육하였다. 1886년에는 미국선교사 언더우드가 고아들을 모아 예수학당/구세학당을 시작하였고, 1892년에는 영국선교사 랜디스가 인천에 고아학원을 설립하였고, 1923년에는 구세군이 서대문 밖에 고아원을 설립하였다.

1945년 해방 이후의 현대적인 의미의 한국 아동복지의 발달과정은 아동복지의 대상과 수준을 기준으로 네 단계로 나눌 수 있다. 1) 1945~1950년대의 사회구호 단계, 2) 1960~1970년대의 선별적 아동보호 단계, 3) 1980~1990년대의 보편적 아동복지 지향 단계, 4) 2000년 이후의 보편적 아동복지 실행 단계이다.

가. 사회구호 단계: 1945~1950년대

사회구호의 단계는 1945년 해방 이후 1961년의 「아동복리법」 제정 이전까지의 시기이다. 이 단계에서는 해방과 한국 전쟁 이후의 수많은 전쟁고아와 기아, 미아들을 수용보호하는 응급구호에 치중하였다. 아울러, 아동의 복지를 위한 국가의 책임에 대한 인식이 형성되기 전이어서, 많은 수의 외국 원조기관이 국내에 들어와서 아동을 위한 시설들을 설립하여 활동하였다. 또한 한국전쟁 이후 고아들의 해외입양이 시작되었고, 기독교아동복리회(CCF 외국원조기관 철수 후 한국 어린이재단으로 명칭을 변경), 양친회, 월드비전 등이 아동복지사업을 전개하였다.

이 단계에서 형성된 수용보호 중심의 아동복지는 이후 요보호아동에 대한 한국 아동복지의 중심으로 자리 잡는 결과를 낳았다. 한국전쟁 이후에 급증한 고아, 미아, 기아를 수용하기 위하여 민간 독지가와 외국 원조기관의 지원에 의해 설립된 아동수용시설은 1960년에 472개에 이르러 전체 사회복지시설 592개의 80%를 달하게 되었다. 요약하면, 1945~1950년대의 한국의 아동복지는 국가책임이 원칙이나 전문적인 아동복지서비스의 제공이 아직 이루어지지 못했고, 민간과 외국 원조기관에 의해 설립된 아동수용시설을 중심으로 고아, 미아, 기아를 대상으로 하는 응급구호적인 서비스에 그친 것으로 평가된다.

나. 선별적 아동보호 단계: 1960~1970년대

선별적 아동보호의 단계는 1961년 「아동복리법」 제정 이후부터 1981년 「아동복지법」으로의 개정 이전까지의 1960~1970년대의 시기로 분류될 수 있다. 한국의 사회복지와 아동복지에서 1961년은 중요한 의미를 가지는데, 사회의 빈곤자들을 대상으로 하는 「생활보호법」과 사회의 요보호아동을 대상으로 하는 「아동복리법」의 제정이 이루어져 사회복지와 아동복지에 대한 국가 책임의 원칙이 법제화된 것으로 평가된다. 특히 1961년에 제정된 「아동복리법」은 아동복지에 관한 한국 최초의 법으로서 이후 1981년에 「아동복지법」으로 개정되고 한국 아동복지의 기본법으로 자리 잡게 된다. 1961년의 「아동복리법」은 해방과 한국전쟁 이후의 고아, 기아, 미아, 즉 국가의 보호를 필요로 하는 요보호아동에 대한 보호를 목적으로 제정되었다.

이 단계에서는 1960년대의 한국 경제의 성장에 따라 1970년대 이후 외국 원조기관들이 철수하고, 그 결과 아동수용시설의 사업이 축소됨에 따라 국가 보조가 증가되는,

즉 외국 원조기관을 대신하여 국가의 보조로 대체되는 결과를 낳게 되었던 것이다. 특히 이 단계에서는 사회적으로 수용되지 못하는 미혼모의 아동을 대상으로 한 해외입양이 계속적으로 증가하였으며, 산업화와 경제성장에 따른 여성 취업인구의 증가에 따라 보육서비스에 대한 욕구도 증가하게 되었다. 그러나 1960~1970년대에는 비록 「아동복리법」의 제정과 국가보조의 증가에 따라 아동복지에 대한 국가책임의 원칙이 명시되기 시작하였으나, 아동복지의 대상이 고아, 미아, 기아와 같은 요보호아동을 주 대상으로 하여 선별적으로 제공된 아동보호의 단계로 평가된다.

다. 보편적 아동복지 지향 단계: 1980~1990년대

보편적 아동복지 지향의 단계는 1961년에 제정된 「아동복리법」을 1981년에 「아동복지법」으로 개정한 이후부터 2000년에 아동학대와 관련된 규정들을 중심으로 한 「아동복지법」의 개정 이전까지의 1980~1990년대의 시기로 분류될 수 있다. 이 시기는 「아동복지법」을 중심으로 한 아동복지의 초점이 1960~1970년대의 산업화와 경제성장의 결과로 요보호아동뿐만 아니라 일반아동을 포함한 전체 아동을 대상으로 한 아동복지를 제공하는 것을 지향하게 되었다. 아울러, 지금까지의 수용시설 중심의 아동복지에서 가정위탁과 입양을 위한 결연 사업의 확대가 모색되었다. 특히 취업여성의 증가에 따른 보육에 대한 욕구의 증대에 따라 1991년에는 「영유아보육법」을 제정하여 보호자가 근로 또는 질병 등의 이유로 6세 미만의 영아 및 유아에 대한 보호인 보육에 대한 국가의 책임을 천명하게 된 것이다.

요약하면, 1980년대 이후에 한국의 아동복지는 아동복지의 대상을 1960~1970년대까지의 요보호아동에서 일반아동을 포함하는 모든 아동으로 확대함으로써, 사회복지의 모든 대상에 대해 낙인(stigma)이나 자격기준(eligibility)의 적용 없이 사회복지를 제공하는 보편주의(universalism)를 지향하게 되었다. 특히 시설수용보호, 입양, 영유아보육, 가정위탁 등으로 아동복지서비스의 형태가 다양화됨에 따라 아동복지의 영역이 확대되었으며 그 전문화를 지향하게 된 것으로 평가된다.

라. 보편적 아동복지 실행 단계: 2000년 이후

보편적 아동복지 실행단계는 2000년의 「아동복지법」 개정 이후의 시기로 분리될 수 있다. 이 시기는 1981년의 「아동복지법」 개정과 함께 아동복지에 대한 국가의 책임을 천명한 이래 모든 아동을 대상으로 하는 보편적 아동복지를 지향하는 것에서 그치는 것이 아니라, 실제적으로 아동복지의 각 영역에서 보편적 아동복지를 실시하기 시작한 것으로 긍정적으로 평가될 수 있다.

첫째, 2000년의 「아동복지법」 개정은 아동학대와 아동의 안전에 관한 규정들을 중심으로 개정되었다. 아동학대와 관련해서는 아동학대의 정의, 아동학대 관련 업무를 담당하는 아동보호전문기관의 설치와 업무 등에 대한 규정들을 마련하였다. 아울러 아동학대 신고의무와 절차, 아동학대 신고접수 시의 응급조치 의무 등 아동학대와 관련된 구체적인 규정들을 마련하였다. 또한 아동의 안전과 관련하여 아동복지시설과 아동용품에 대한 안전기준을 정하였고, 아동용품과 관련된 안전에 대한 규정들을 마련하였다.

둘째, 2000년부터 공보육에 대한 사회적인 관심이 증대되었다. 간단히 말하자면 공보육의 정의는 어머니의 근로 등을 포함한 여러 가지 이유로 부모가 일정한 짧은 시간 동안 아동을 양육할 수 없는 아동의 보육을 국가가 책임을 진다는 것이다. 2000년에 보건복지부에서 보육발전기획단과 보육발전위원회의 설치 및 운영을 통하여 공보육 체계의 구축을 위한 다양한 방안을 도출하였고, 2004년 이후 보육업무가 여성부로 이관되고 공보육 체계의 구축을 위한 「영유아보육법」의 개정과 보육시설 평가인증제도가 실시되기에 이르렀다.

이와 같은 아동학대와 아동의 안전에 대한 규정의 마련과 공보육 체계의 구축은 요보호아동을 포함한 사회의 모든 아동을 대상으로 하는 실제적인 보편적 아동복지를 실시하기 시작한 것으로 평가된다. 왜냐하면 아동학대와 안전사고와 같은 문제들은 사회의 모든 아동에게 언제라도 발생할 수 있는 사회문제로서, 그러므로 이에 대한 사회적인 대책의 마련은 모든 아동을 대상으로 하는 보편적인 아동복지서비스인 것이다. 또한 공보육 체계의 구축은 아동복지의 한 영역으로서의 보육이 단순히 유치원보다 저렴한 유아교육의 제공이 아니라, 여러 가지로 일정한 짧은 시간 동안 보육이 필요한 모든 아동에게 건전한 양육서비스를 국가가 제공한다는 보육의 본래의 목적을 추구하는 것으로 올바르게 자리 매겨지는 것이다.

요약하면, 2000년 「아동복지법」 개정 이후의 시기는 1981년의 「아동복지법」 개정에 따른 모든 아동을 대상으로 하는 보편적 아동복지의 지향에서 한 발짝 더 나아가, 아동학대, 아동의 안전, 보육 등을 중심으로 모든 아동을 대상으로 하는 보편적 아동복지를 실시하기 시작한 것으로 평가된다. 특히 생산적 복지를 중심으로 한 복지국가의 건설을 지향하였던 김대중 국민의 정부에 이어서 노무현 참여정부의 출범과 함께 아동복지의 광범위한 영역에서 보편적 아동복지의 실시가 추진되었다. 2014년 「아동학대범죄의 처벌 등에 관한 특례법」을 시작으로 2019년 아이들의 미래가 나라의 미래라는 슬로건으로 국가가 책임지는 출산 · 양육 등 복지 사업을 추진해 나가고 있다(보건복지부, 2019).

1. 의료비 걱정 없이 순풍~ 고위험 임산부 지원
2. 나라가 키우는 0~5세 아동 보육
3. 양육부담을 덜어 주는 시간제 보육
4. 만 12세 이하라면 국가예방접종 무료
5. 꿈을 찾아 스타트! 드림스타트

2) 우리나라 아동복지 발달의 특징

(1) 현재 대한민국 아동복지의 현주소

보건복지부는 대한민국 제5 · 6차 국가보고서에 대한 유엔아동권리위원회의 최종 견해를 2019년 10월 제시했다. 우리나라는 「유엔아동권리협약」을 1991년 비준하고 1996년,

2003년, 2011년에 이어 2019년 네 번째로 심의를 받았다.

유엔아동권리위원회는 「난민법」 제정(2012), 「아동학대처벌법」 제정(2014), 학대방지 예산확대, 입양허가제 도입 등에 따른 관련 유보 조항 철회(2017), 아동수당 도입(2018), 아동정책영향평가 체계 수립(2019), 아동 성범죄의 처벌 강화, 남성 육아휴직과 한부모 가정 지원 확대 등에 대한 우리나라의 정책적 노력을 긍정적으로 평가했다.

그러나 GDP에 비해 낮은 아동 관련 예산 규모, 높은 아동 자살률, 경쟁을 부추기는 교육환경 등에 대해 우려를 표했다. 정책대안으로 형사 미성년자 연령의 만 14세 유지, 보편적 아동등록제의 도입, 베이비박스 금지와 그 대안으로 익명 출산제 검토, 성매매 연관 아동에 대한 보호처분 폐지와 피해자 대우, 아동의 이민자 수용소 구금 금지 등을 권고했다.

우리나라 아동 삶의 현주소를 살펴보면 다음과 같다.

가. 우리나라 국민소득과 아동 삶의 만족도 비교

우리나라 국민소득은 2000년 이후 가파르게 성장하여 2010년 2만 달러를 기록하였다. 이후에도 지속적으로 성장하여 2018년에는 3만 달러를 기록하게 되었다. 그러나 아동 삶의 만족도는 OECD 회원국 중 하위를 기록하였다.

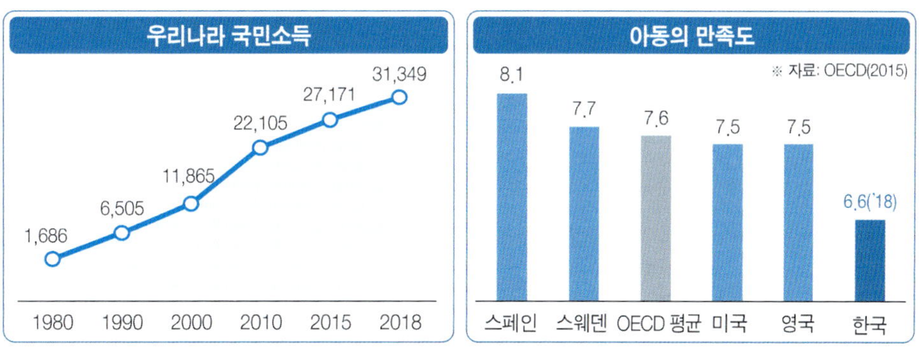

[그림 3-1] 우리나라 국민소득과 아동 삶의 만족도 비교 그래프

나. 아동학대 신고건수와 체벌에 대한 국민의식

2010년대의 연도별 아동학대 신고건수에 대한 내용을 살펴보면 2016년도에 아동학대 신고건수가 전년도 대비 크게 상승한 것을 알 수 있다. 이는 아동학대 사례가 급속하게 증가했다기보다 여러 매체의 홍보와 교육을 통해 아동학대에 대한 인식이 확산되면서 아동학대 신고건수가 증가한 것으로 보인다.

체벌에 대한 국민 인식을 살펴보면 긍정적으로 대답한 비율이 76.8%를 차지함에 따라 체벌을 훈육으로 생각하는 사회적 인식이 관대함을 알 수 있다. 그러나 보건복지부와 교육부, 여성가족부에서 발표한 포용국가 아동정책에 의하면 '민법에 자녀 체벌금지 규정'을 주요 내용으로 하고 있다. 지금도 「아동복지법」에 체벌 금지 조항이 있지만 개인 간 관계 규율을 총괄하는 「민법」에서는 체벌을 사실상 허용해 왔다. 「민법」 제915조는 '친권자는 자녀를 보호 또는 교양하기 위해 필요한 징계를 할 수 있다'고 규정하고 있다. 그러나 2021년 1월 8일 법무부는 이 징계권 조항을 삭제하기로 의결함에 따라 아동학대에 대한 인식을 개선하는 계기가 될 것으로 기대할 수 있다.

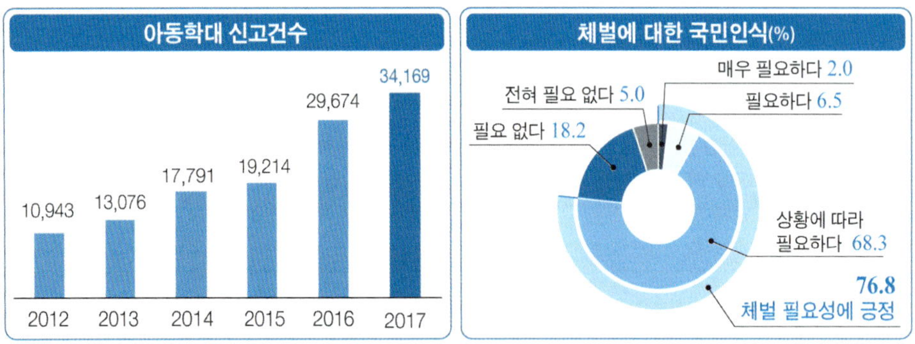

[그림 3-2] 아동학대 신고건수와 체벌에 대한 국민인식

다. 국가별 아동 결핍수준 및 우리 아동의 결핍영역

국가별 아동 결핍수준을 살펴보면 OECD 국가 중 상위권에 속한다. 결핍영역을 살펴

보면 인터넷, 식사, 의류, 공간과 같은 물질적 결핍은 낮은 수준이나 여가, 친구, 가족과의 사회관계 결핍은 높은 수준에 이르렀다.

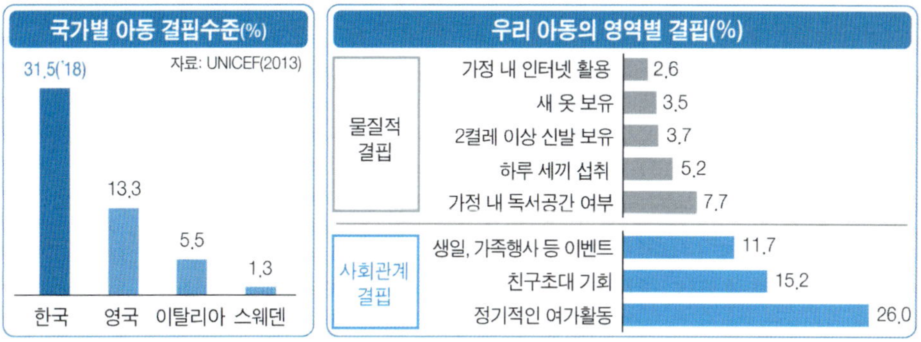

[그림 3-3] **국가별 아동 결핍수준**

(2) 우리나라 아동복지의 특징

1970년대 후반부터 산업화, 도시화, 핵가족화, 가치관의 변화로 소년소녀가장, 가출아동, 비행아동, 방임아동, 학대아동 등 다양한 아동문제가 발생하게 되었다. 또한 여성의 사회참여가 늘어나고 보편주의 원칙에 입각하여 아동복지의 대상이 요보호아동뿐 아니라 모든 아동을 대상으로 보편화되어야 한다는 새로운 아동복지관이 대두되었다.

1980년대 이후의 아동복지는 과거 외부 원조 중심에서 국가 중심의 운영체제로 전환되었고, 시설수용보호, 입양사업, 영유아보육사업, 아동결연사업, 가정위탁 등의 서비스를 제공하는 형태로 변화되었으며, 가정과 지역사회 중심의 보육서비스, 국내입양, 가정위탁, 재가복지서비스의 의의와 중요성이 강조되었다.

2000년대 이후 우리나라는 1981년의 「아동복지법」 개정과 함께 아동복지에 대한 국가의 책임을 강조한 보편적 아동복지를 지향하는 것에서 그치는 것이 아니라, 실제적으로 아동복지의 각 영역에서 보편적 아동복지를 실시하여 아동학대, 아동의 안전, 보육 등을 중심으로 모든 아동을 대상으로 2019년 아이들의 미래가 나라의 미래라는 슬

로건으로 국가가 책임지는 출산 · 양육 등 복지 사업을 추진해 나가고 있다.

드림스타트(Dream Start) 사업은 2006년 4월 노무현 정부에서 전국 20개 보건소에서 학대 및 방임아동의 증가 등 아동권리 사각지대 해소를 위해 '방문간호를 통한 아동보호 통합서비스 시범사업'을 실시하면서 시작되었다. 그리고 이 사업은 저소득층 아동의 신체적 · 정신적 건강과 발달을 도모하기 위해 지역사회 보호서비스를 제공하기 위한 사회복지실천모델의 하나로서, 빈곤아동의 건강과 복지, 보육, 교육 등에 관한 지원체계를 마련하는 것을 핵심 내용으로 하는 사회복지서비스이다(남일재 외, 2011). 드림스타트의 사업목적은 취약계층 아동에게 맞춤형 통합서비스를 제공하여 아동의 건강한 성장과 발달을 도모하고 공평한 출발기회를 보장함으로써 건강하고 행복한 사회구성원으로 성장할 수 있도록 지원하는 데 있다.

2017년 드림스타트사업 추진방향을 소개하면 다음과 같다.

① 드림스타트서비스 대상지역 전체 읍 · 면 · 확대(취약계층 아동 밀집지역부터 우선 확대)

② 지역 간 서비스 수혜의 형평성을 제고(취약계층 아동 수, 사례관리 아동 수 등 지역여건을 고려한 예산차등 지원으로 재정투입 효과 극대화)

③ 지역 내 사각지대 아동 적극 발굴 및 보호(학대위험, 방임 등 위기아동 발굴 · 보호를 위한 가정방문 확대, 지자체 재정투입 확대를 통해 아동관리 대상 적극 발굴)

④ 운영 효율화를 통한 사업효과 극대화(시 · 군 · 구별 지역여건에 맞는 사업 운영방식 적극 활용)

⑤ 드림스타트서비스 질 개선 지속 추진(사업운영 점검 및 컨설팅, 효과성 연구 결과 활용도 제고, 종사자 처우개선 등을 통해 복지관리 수준 향상)

⑥ 지역 내 아동복지서비스 사례 관리 협력체계 강화(지역아동센터, 아동보호전문기관, 희망복지 지원단, 읍 · 면 · 동 맞춤형복지팀 등 사례관리기관 간 연계협력 강화 · 운영위원회 및 기관협의체 운영 내실화, 후원기관 등 지역자원 발굴 · 활용

활성화) 등이다. 드림스타트사업대상은 임산부~만 12세(초등학생 이하)로 아동의 성장 및 복지 여건이 취약한 가정이다.

특히, 만 12세 이상 아동 중 초등학교 재학아동을 포함하도록 하여 12세 아동복지 실천을 위한 드림스타트 사업을 통해 전국 빈곤아동 밀집지역을 거점으로, 아동과 그 가족의 긍정적 변화를 유도하기 위한 아동복지 실천 사례관리서비스를 제공하고 있다. 이 사업은 아동발달 초기의 빈곤은 건강, 정서, 사회성 함양 등에 부정적인 영향을 미쳐 아동의 전 생애에 걸쳐 성장을 저해하고, 이는 가난의 대물림으로 이어져 우리 사회의 미래에 부정적인 결과를 초래한다는 점에 착안하여 도입하게 되었다.

기존의 사회복지서비스가 문제 발생 후 단편적인 개입에 그쳤다면, 드림스타트사업은 예방적 차원에서 아이들의 개별적 욕구에 맞는 서비스를 통합적으로 지원하고, 성장과정을 지속적으로 관찰해 근본적인 문제해결을 추구한다는 새로운 복지 패러다임에 입각한 것이다.

드림스타트사업은 구별 드림스타트 개소지역을 중심으로 기초생활수급가정 및 차상위가정 등 취약계층 아동과 그 가족을 대상으로 맞춤형 통합서비스를 제공한다. 대상자를 선정한 후 욕구조사와 사례회의 과정을 거쳐 아동발달의 단계별 개입계획이 수립되고 서비스가 제공된다. 사례관리서비스는 신체, 건강, 인지, 언어, 정서, 행동 등 빈곤아동의 성장과 발달에 필요한 서비스와 아동의 개별적 욕구와 상황에 적합한 맞춤형 통합서비스를 제공한다.

Chapter

04 아동복지 법률 및 정책

1 아동복지정책의 이해

1) 아동복지정책의 개념

아동복지정책은 사회복지정책의 한 분야로 일반적인 사회복지정책의 이론과 분야에 유사하게 접근하고 있지만, 그 대상이 아동이라는 특징이 있다. 아동복지정책을 분석함에 있어 체계적인 방법을 제시하면서 그 기초가 되는 문화와 그 문화에 따른 가치 및 지식과 밀접하게 관련되어 있다고 보고, 네 영역에 걸쳐 고려되어야 할 중요 요소들을 다음과 같다.

① 문화적 가치와 관련된 고려사항으로서는 정책의 현대적 스타일, 아동복지 가치, 사회의 다른 중요 가치 등과의 양립 여부와 공평과 정의에의 기여 여부이다.

② 영향력의 차원과 의사결정에 있어서는 정책의 정치적 수용 가능성 및 이익집단의 만족 여부이다.

③ 지식에 관한 고려사항으로서는 정책의 과학적 접근성 및 합리성 여부이다.

④ 아동복지의 비용 및 급여에 관련된 요소로서는 정책의 경제적 실현가능성(대안보다 경제성 여부), 시행가능성 그리고 또 다른 사회문제를 야기할 가능성 여부이다.

아동복지정책분석과 형성의 보다 세련되고 체계적인 과정의 요건으로서 ① 합리적 방법의 활용, ② 명확하고 명시적인 방법, ③ 사회적 효용성의 극대화 방안, ④ 정책분석과 형성과정을 제한하는 생태학에 대한 이해, ⑤ 가능한 한 개개인의 이익과의 일치, ⑥ 현상유지를 포함한 각 대안에 있어서의 미래예측, ⑦ 제반 사회적, 개인적 가치와의 일치, 사회복지종사자의 만족스러운 기능발휘를 위한 환경조성에의 관심 등을 들면서, 이러한 생태학적 원리에 의하여 아동복지는 체계적, 합리적 및 효율적인 방법으로 사회정책을 형성 분석할 수 있다고 한다.

아동복지정책분석 및 통합의 준거틀로서 ① 아동복지정책에 의하여 다루어질 문제, ② 아동복지정책의 목적, 가치전제, 이론적 입장, 표적 부분 및 실질적 효과, ③ 아동복지정책의 일반적 영역과 중요 과정과의 연관성, ④ 아동복지정책과 아동복지정책개발 및 시행을 위한 세력 간의 상호작용적 효과, ⑤ 대안적 아동복지정책의 개발(비교와 평가) 등을 열거하면서, 아동복지정책대안의 분석에 있어서 ㉮ 자원개발의 방법과 다양한 서비스 제공의 우선 순위, ㉯ 사회의 그 성원에 대한 지위기능 및 과업의 할당방법, ㉰ 분배의 방법 등이 고려되어야 한다고 주장하고 있다.

2) 아동복지정책의 접근방법 및 정책 유형

우리나라 「사회보장기본법」에 따르면, 사회보장은 모든 국민이 인간다운 생활을 할 수 있도록 최저생활을 보장하고 국민 개개인이 생활수준을 향상시킬 수 있도록 제도와 여건을 조성하여, 그 시행에 있어 형평과 효율의 조화를 도모함으로써 복지사회를 실현하는 것을 기본이념으로 한다. 그리고 사회보장이란 질병, 장애, 노령, 실업, 사망 등의 사회적 위험으로부터 모든 국민을 보호하고 빈곤을 해소하며, 국민생활의 질을 향상시켜 제공되는 사회보험, 공공부조, 사회복지서비스 및 관련 복지제도를 말한다고 규정되어 있다(정옥분 외, 2016).

(1) 아동복지정책의 접근방법

아동복지정책도 다른 정책과 같이 다양한 방법과 방향으로 접근해 볼 수 있다. 그리고 아동복지정책은 그 대상이 아동이라는 측면에서 다른 정책과는 차이가 있을 것이다. 이러한 내용을 중심으로 아동복지정책의 접근방법을 살펴보면 다음과 같다.

① 아동복지정책은 특정의 문제를 가지고 있는 아동에 대한 대책은 물론이거니와 그 밖의 일반아동을 대상으로 하여 그들의 건전한 육성을 기하도록 하지 않으면 안 될 것이다.

② 아동복지정책은 특히 아동의 권리보장이란 관점에서 아동의 가능성을 믿고 그것을 충분히 발휘할 수 있는 장과 기회가 제공되도록 하지 않으면 안 될 것이다.

③ 아동복지정책은 아동의 발달과 생활을 보장하기 위하여 아동의 욕구와 밀접하게 관련하여 그들의 발달 단계에 따라 서비스가 제공되도록 하지 않으면 안 될 것이다.

④ 가정은 아동의 인격 형성에 중요한 장이며, 학교와 지역사회 속에서 교육과 보호가 이루어짐을 감안할 때, 아동복지정책은 아동의 건전 육성을 위하여 각종 복지와 전인 교육, 그리고 지역주민의 적극적인 참여를 통한 지역사회 조직화를 뒷받침하는 것이어야 할 것이다. 나아가서는 아동보호의 책임에 있어 일차적으로 보

호자의 책임하에 아동의 자유와 기본적 인권을 보호하도록 노력하며, 이차적으로는 국가나 지방 공공단체가 보호의 책임을 지는 방향으로 아동복지정책을 강구해야 할 것이다.

⑤ 아동복지정책은 종래의 사후 처리적인 성격으로부터 탈피하여 예방 · 치료 · 사후보호로 이어지는 일관성 있는 방향으로 추진되어야 할 것이다.

⑥ 아동복지정책은 그 급여의 내용을 중심으로 볼 때, 사회보장(경제적 원조)과 복지서비스의 양대 차원으로 분류된다. 사회보장에는 아동수당, 교육부조, 모자연금과 의료 및 사회복귀를 위한 것들이 복지서비스에 있으며, 수용보호, 통원지도, 방문지도 등과 같은 아동복지기관과 시설의 사업 및 지역사회에 있어서의 사회복지 활동 등이 있다.

(2) 아동복지정책의 유형

아동복지정책의 유형을 가족을 유지하기 위한 지원정책, 대체가정 서비스정책, 아동을 보호자로부터 분리하는 아동강제 보호서비스정책으로 구분하고 있다. 정옥분 등(2016)은 아동복지정책 유형을 사회보험, 공공부조, 사회복지서비스의 데모그란트 등으로 구성된다고 했다. 김성경(2013)은 「사회보장기본법」에 의한 구분에 따라 아동과 관련된 사회보험과 아동 관련 공공부조, 아동복지서비스로 분리하여 아동복지정책의 유형을 제시하고 있다.

가. 아동과 관련된 사회보험

우리나라 사회보험은 국민연금, 건강보험, 산업재해보상보험, 고용보험, 노령장기요양보험 등이 있다. 우리나라 사회보험은 아동이 있는 가정만을 별도의 대상으로 하는 것은 아니며, 보험가입자의 소득보장을 제공하여 그 가정의 아동을 지원하는 것이다. 국민연금에서 아동 관련 급여로는 가급 연금액과 유족연금이 있다. 국민연금 급여액은 기본 연금액과 가급 연금액으로 이루어지는데, 가급 연금액이란 가입자가 권리를 취득할 당시 가입자에 의해 생계를 유지하고 있거나, 노령 및 장애연금수급권자가 그 권리를 취득한 이후 생계를 유지하게 된 자에 대하여 지급하는 일종의 가족수당 성격의 부가급여를 말한다(「국민연금법」 제72조). 스웨덴의 경우 부모 보험제도를 시행하여 아동을 양육하는 부모 중에서 저소득층에게 일정 수준의 최저 생활이 가능하도록 보장하고 있고, 영국에서는 출산수당, 미망인연금을 두어 모성보호를 강화하고 있다(공계순 외, 2013). 특히 미국의 OASDHI(The Old Age, Survivors, Disability and Health Insurance Provisions)는 퇴직, 사망, 영구장애자가 되었을 경우 본인과 그 가족의 소득을 보장하는 미국의 가장 기본적인 프로그램이다. 민간기업의 사용자, 피고용자, 자영업자가 강제 적용되며, 퇴직 시 노령급여, 사망 시 유족급여, 장해 발생 시 장해급여 등이 있다.

나. 공공부조

공공부조(public assistance)란 사회보장제도의 하나로 모든 국민이 인간다운 생활을 영위하도록 국가 및 지방자치단체의 책임하에 생활유지능력이 없거나 생활이 어려운 국민의 최저생활을 보장하고 자립을 지원하는 제도를 말한다. 우리나라에서는 1995년 「사회보장기본법」이 제정되면서 공식적으로 그 명칭을 '공공부조'라 칭하게 되었다(김기원, 2000). 우리나라에서 「국민기초생활 보장법」에 의해 실시되는 공공부조의 보호대상이 되는 등의 범위는 시설 수용 및 보호되고 있는 아동과 소년소녀가정 아동, 기초생활수급자의 소득 인정액이 최저생계비 이하의 빈곤가정의 아동이다. 2014년 12월 30일 개정된 후, 2015년 7월 1일 시행된 「국민기초생활 보장법」상의 급여로는 생계급여, 주거급여, 교육급여, 해산급여, 장제급여, 자활급여, 의료급여가 있는데, 이 가운데 아동과 관련된 급여로는 생계급여와 교육급여가 있다. 생계급여 수급권자는 부양의무자가 없거나, 부양의무자가 있어도 부양능력이 없거나 부양을 받을 수 없는 사람으로서, 그 소득 인정액이 중앙생활보장위원회의 심의 및 의결을 거쳐 결정하는 금액 이하인 사람으로 한다. 이 경우 생계급여 선정기준은 중위소득 28% 이하 대상자들에게 급여를 지급하고, 2017년까지 30%로 단계적으로 인상했다.

또한 교육급여는 중위소득 50% 이하 대상자들에게 급여지원을 하는 것으로, 입학금, 수업료, 학용품비와 수급품 등을 지원하고 그 범위는 대통령령으로 정하고 있다(보건복지부, 2017). 또한 미국과 유럽 복지국가에서는 아동을 양육하는 가구의 빈곤문제를 1차적인 소득보장의 대상으로 삼고 있다. 그 대표적인 예가 미국의 한시빈곤가정지원제도(TANF)이다. 이 제도는 아동이 있는 저소득가구를 대상으로 하는 대표적인 공공부조제도이다(정옥분 외, 2016).

다. 사회복지서비스

국가, 지방자치단체 및 민간 부문의 도움을 필요로 하는 모든 국민에게 상담, 재활 등의 서비스를 제공하여 정상적인 생활이 가능하도록 지원하는 제도이다. 이는 정상적인 일상생활의 수준에서 탈락된 상태의 대상자를 회복, 보전하도록 도와주는 것을 말하며, 개별적, 집단적으로 보호 또는 처치를 하는 것이다. 우리나라의 「아동복지법」은 일반적으로 아동복지서비스와 관련되어 있다. 아동복지서비스는 아동상담소, 가정상담소가 지역사회복지기관에서 제공하는 상담서비스 학대 및 방임아동을 위한 보호서비스, 미혼부모 · 한부모를 위한 서비스, 보육서비스, 가정위탁서비스, 입양서비스, 시설보호 등 다양하다.

라. 데모그란트

데모그란트(demogrant)는 개인이나 가족의 고용 상태 혹은 경제적 수준에 관계없이 특정 인구학적 범주에 속한 인구계층이면 누구나 가지게 되는 특별한 요구에 부응하기 위한 제도이다. 데모그란트는 보편주의적 기본원칙에 따라 모든 국민에게 조세에 의해 일정액의 현금이나 서비스를 제공하는 방법을 의미한다. 이는 경제적 효과보다는 사회적 통합효과를 추구한다. 데모그란트의 일반적인 예로 영국은 아동수당과 후견인제도를 두고 있다. 또한 스웨덴은 아동을 보호하는 가족을 대상으로 하는 가족수당이 있다.

3) 아동복지법제

(1) 아동복지법

아동복지법제에 있어서는 지난 1981년 4월 13일에 이전의 「아동복리법」이 법률 제3438호로서 「아동복지법」으로 전면 개정 · 공포되었으며 1982년 2월 22일에 동시행령(대통령령 제10741호)과 1983년 10월 10일 동시행규칙(보건사회부 제736호)이 각각 공포됨으로써 아동복지에 있어서의 보호대상이 이전의 제한된 요보호아동으로부터 18세 미만의 전체 일반아동으로 확대되었으며, 아동의 보호육성에 있어 보호자와 함께 국가 및 지방자치단체가 공동의 책임을 진다는 책임의 소재를 명시하고 있다. 또 시설아동이 18세가 되면 무조건 퇴원시키던 것을 심신장애아동이나 고등학교에 재학 중인 경우에 있어서는 그 기간을 연장하여 계속 보호를 받도록 함으로써 특수여건의 연장아동에 대한 보호와 사회진출의 길을 터놓았다.

이 밖에 아동복지시설 직원의 자격 및 직무를 별도로 규정하고 아동복지지도원의 별정직 공무원으로서의 전문화와 군 · 구 단위로의 확대 배치, 그리고 아동에 대한 악질적 행위에 대해서는 중벌의 규정을 두는 등 1961년에 제정되어 근 20년간 시행되어 온 「아동복리법」의 비현실적인 규정을 현실화함으로써 현대사회에 부합하는 아동복지의 법적인 근거가 마련되었다.

(2) 보육관련법

맞벌이 가정과 여성의 사회진출의 증가 추세에 따라 탁아에 대한 욕구가 높아지게 되자 탁아관련법에 관한 정비가 시급하게 요청되었다. 그런데 탁아사업은 1962년 「아동복리법」에 규정되어 1962년부터 1982년까지 보건사회부 주관으로 전국에 691개소의 탁아시설이 설치 · 운영되었으나, 1988년 「유아교육진흥법」에 의한 새마을 유아원으로 통합되어 유아교육 위주로 운영되어 왔다. 정부는 취업주부의 증가에 따른 탁아수요에 대응하여 전문적 보육서비스를 제공할 수 있는 탁아제도를 마련하기 위해서 「아동복지법 시행령」을 1989년 9월 19일 개정하여 탁아시설 설치근거를 마련하였다. 이에 따라 1990년 1월 「아동복지법 시행규칙」 개정과 탁아시설운영규정을 제정하였다.

그러나 이것으로 팽배하는 탁아요구에 미봉책이라는 여론에 부딪히자 「아동복지법 시행령」이 가진 문제점을 보완하여 효율적이고 체계적인 탁아사업을 추진하고 보호와 교육을 동시에 실시하겠다는 의도로 1991년 1월 14일에 「영유아보육법」을 제정하게 되었다.

2 아동복지법

1) 아동복지법의 개념

「아동복지법」은 아동이 건강하게 출생하여 행복하고 안전하게 자랄 수 있도록 아동의 복지를 보장하는 것을 목적으로 하는 법이다(동법 제1조). 이것은 구(舊)법인 「아동복리법」이 요보호아동을 위한 소극적인 대책을 중심으로 입법된 것을 보완하여 요보호아동뿐만 아니라 일반아동의 건전한 육성을 위한 적극적인 복지대책을 실시하려는 데에 그 실질적 의의가 있다.

1960년대 초부터 시작된 산업화 · 도시화 등은 사회 · 경제 · 문화 등 모든 면에서 그 구조와 기능의 변화를 초래하였고 이와 더불어 아동의 문제도 종래와는 다른 관심을 불러일으켰다. 이전까지만 해도 아동의 문제는 주로 요보호아동만의 문제였지만 이제는 부모가 버젓이 있고 가정 형편도 나쁘지 않은 일반가정의 아동문제도 사회적 주목을 받기 시작했다. 따라서 지금까지 소극적이고 사후적인 요보호아동의 구체적인 틀에서 벗어나 모든 아동의 건강한 출생과 건강한 양육을 기본이념으로 하여 본 법이 제정된 것이다.

오늘날 아동을 둘러싼 가족의 구조와 기능, 그리고 가족관계의 양식도 크게 달라졌고, 아동이 생활하는 이웃, 학교, 전체 사회의 구조 · 기능 · 양식도 크게 변화되었기 때문에 개개 가정에서 부모의 노력과 능력만으로는 아동의 건강한 양육과 건전한 육성이 불가능한 시대가 되었다.

따라서 전체 사회의 부모 · 전체 사회의 성원과 국가가 모두 함께 협력하여 공동의 노력과 책임으로 아동의 건강한 양육을 이루어 내지 않으면 안 되게 되었다. 특히 아동의 문제는 가급적 조기에 문제해결을 시도하는 쪽이 효과적이고 그래야만 다음 세대의 건강하고 진취적이며 창의적인 국민을 형성하고 육성할 수 있다는 이념이 본 법의 기초를 이루는 정신이라 볼 수 있다.

2) 법의 연혁

아동복지에 관한 최초의 법인 「아동복리법」은 1961년 12월 30일에 제정되었다. 그 이전에는 1923년 9월에 제정된 조선감화령과 1944년에 제정된 조선구호령에 의하여 아동복지 문제가 다루어졌다. 이것은 조선감화령 제1조에서 나타난 바와 같이 불량행위를 행하거나, 할 우려가 있는 아동, 친권을 행할 자가 없는 아동 등에 대한 대책으로서 복지라기보다는 사회질서 내지 치안적 의미를 지닌 법이라 할 수 있다. 이 법들은 해방과 함께 3년간 계속된 미군정하에서도 사회복지분야의 법령으로서 그 효력을 갖고 있었다. 「아동복리법」의 부칙 ②에 단기 4256년 9월 제령 조선감화령은 이를 금지한다는 규정이 있는 것으로 보아 이때까지 조선감화령에 의해 아동복지가 대처되고 있었음을 알 수 있다.

한국전쟁(1950. 6. 25.)은 사회복지분야에 대한 국민적 관심을 환기시키는 데 결정적

계기가 되었다. 특히 좁은 의미의 사회복지개념인 사회사업이 도입되어 전쟁으로 인하여 발생한 각종 사회문제의 치료에 전력을 기울이게 되었다. 또한 1957년 5월 5일 어린이날을 맞아 어린이헌장을 선포하여 어린이의 기본인권을 존중하고, 이들의 심신이 아울러 건전하게 자라도록 하기 위한 개인적 · 사회적 책무와 방안을 널리 선언하게 되었다.

그러나 이때까지의 아동복지란 고아에 대한 시설수용보호 및 긴급구호에 불과한 것이었고 어린이헌장에 규정된 아동복지의 이념은 실천되지 못하였다. 이러한 선언적인 아동복지는 제3공화국이 들어서고 사회복지사업에 있어서 최초의 법인 「아동복리법」이 제정되면서 새로운 전기를 맞이하게 되었다.

아동복지에 관한 입법논의가 계속되다가 5 · 16 군사정부 최고회의에 제안되어 1961년 12월 30일 법률 제912호로 「아동복리법」이 역사상 처음으로 제정되기에 이르렀다. 동법은 당초 법안에 있었던 모든 아동의 건전육성이란 규정이 국가재정의 어려움을 이유로 제외되어 버리고, 그 대신 법의 대상이 요보호아동으로만 제한되었다. 이렇게 입법된 「아동복리법」은 1981년 동법이 개정되기까지 요보호아동의 보호법으로서 큰 역할을 수행했다. 이 법은 요보호아동에 초점을 둔 정책을 발전시켜 국가운명을 짊어질 다음 세대의 건강한 국민형성과 육성이란 차원에서, 1981년 3월 26일 정부제안으로 당시 국가보위 입법회의 제25차 본회의에 상정되어 1981년 3월 31일 수정 · 의결되었고 1981년 4월 13일 법률 제3438호로 「아동복리법」의 명칭이 「아동복지법」으로 개칭되면서 전문개정되었다.

3) 내용

(1) 법의 목적 및 기본이념

가. 법의 목적

이 법은 아동이 건강하게 출생하여 행복하고 안전하게 자랄 수 있도록 아동의 복지를 보장하는 것을 목적으로 한다.

나. 기본이념

① 아동은 자신 또는 부모의 성별, 연령, 종교, 사회적 신분, 재산, 장애유무, 출생지역, 인종 등에 따른 어떠한 종류의 차별도 받지 아니하고 자라나야 한다.

② 아동은 완전하고 조화로운 인격발달을 위하여 안정된 가정환경에서 행복하게 자라나야 한다.

③ 아동에 관한 모든 활동에 있어서 아동의 이익이 최우선적으로 고려되어야 한다.

④ 아동은 아동의 권리보장과 복지증진을 위하여 이 법에 따른 보호와 지원을 받을 권리를 가진다.

(2) 용어의 정의

이 법에서 사용하는 용어의 뜻은 다음과 같다. 〈개정 2014. 1. 28.〉

1. "아동"이란 18세 미만인 사람을 말한다.
2. "아동복지"란 아동이 행복한 삶을 누릴 수 있는 기본적인 여건을 조성하고 조화롭게 성장 · 발달할 수 있도록 하기 위한 경제적 · 사회적 · 정서적 지원을 말한다.
3. "보호자"란 친권자, 후견인, 아동을 보호 · 양육 · 교육하거나 그러한 의무가 있는 자 또는 업무 · 고용 등의 관계로 사실상 아동을 보호 · 감독하는 자를 말한다.
4. "보호대상아동"이란 보호자가 없거나 보호자로부터 이탈된 아동 또는 보호자가 아동을 학대하는 경우 등 그 보호자가 아동을 양육하기에 적당하지 아니하거나 양육할 능력이 없는 경우의 아동을 말한다.
5. "지원대상아동"이란 아동이 조화롭고 건강하게 성장하는 데에 필요한 기초적인 조건이 갖추어지지 아니하여 사회적 · 경제적 · 정서적 지원이 필요한 아동을 말한다.

6. “가정위탁”이란 보호대상아동의 보호를 위하여 성범죄, 가정폭력, 아동학대, 정신질환 등의 전력이 없는 보건복지부령으로 정하는 기준에 적합한 가정에 보호대상아동을 일정 기간 위탁하는 것을 말한다.
7. “아동학대”란 보호자를 포함한 성인이 아동의 건강 또는 복지를 해치거나 정상적 발달을 저해할 수 있는 신체적 · 정신적 · 성적 폭력이나 가혹행위를 하는 것과 아동의 보호자가 아동을 유기하거나 방임하는 것을 말한다.

7의2. “아동학대관련범죄”란 다음 각 목의 어느 하나에 해당하는 죄를 말한다.

가. 「아동학대범죄의 처벌 등에 관한 특례법」 제2조 제4호에 따른 아동학대범죄

나. 아동에 대한 「형법」 제2편제24장 살인의 죄 중 제250조부터 제255조까지의 죄

8. “피해아동”이란 아동학대로 인하여 피해를 입은 아동을 말한다.
9. “아동복지시설”이란 제50조에 따라 설치된 시설을 말한다.
10. “아동복지시설 종사자”란 아동복지시설에서 아동의 상담 · 지도 · 치료 · 양육, 그 밖에 아동의 복지에 관한 업무를 담당하는 사람을 말한다.

(3) 국가와 지방자치단체의 책무

① 국가와 지방자치단체는 아동의 안전 · 건강 및 복지 증진을 위하여 아동과 그 보호자 및 가정을 지원하기 위한 정책을 수립 · 시행하여야 한다.

② 국가와 지방자치단체는 보호대상아동 및 지원대상아동의 권익을 증진하기 위한 정책을 수립 · 시행하여야 한다.

③ 국가와 지방자치단체는 아동이 태어난 가정에서 성장할 수 있도록 지원하고, 아동이 태어난 가정에서 성장할 수 없을 때에는 가정과 유사한 환경에서 성장할 수 있도록 조치하며, 아동을 가정에서 분리하여 보호할 경우에는 신속히 가정으로 복귀할 수 있도록 지원하여야 한다. 〈신설 2016. 3. 22.〉

④ 국가와 지방자치단체는 장애아동의 권익을 보호하기 위하여 필요한 시책을 강구하여야 한다. 〈개정 2016. 3. 22.〉

⑤ 국가와 지방자치단체는 아동이 자신 또는 부모의 성별, 연령, 종교, 사회적 신분, 재산, 장애유무, 출생지역 또는 인종 등에 따른 어떠한 종류의 차별도 받지 아니하도록 필요한 시책을 강구하여야 한다. 〈개정 2016. 3. 22.〉

⑥ 국가와 지방자치단체는 「아동의 권리에 관한 협약」에서 규정한 아동의 권리 및 복지 증진 등을 위하여 필요한 시책을 수립 · 시행하고, 이에 필요한 교육과 홍보를 하여야 한다. 〈개정 2016. 3. 22.〉

⑦ 국가와 지방자치단체는 아동의 보호자가 아동을 행복하고 안전하게 양육하기 위하여 필요한 교육을 지원하여야 한다. 〈신설 2014. 1. 28., 2016. 3. 22.〉

(4) 보호자 등의 책무

① 아동의 보호자는 아동을 가정에서 그의 성장시기에 맞추어 건강하고 안전하게 양육하여야 한다.

② 아동의 보호자는 아동에게 신체적 고통이나 폭언 등의 정신적 고통을 가하여서는 아니 된다. 〈신설 2015. 3. 27.〉

③ 모든 국민은 아동의 권익과 안전을 존중하여야 하며, 아동을 건강하게 양육하여야 한다. 〈개정 2015. 3. 27.〉

(5) 아동복지정책의 수립 및 시행 등

가. 아동정책기본계획의 수립

① 보건복지부장관은 아동정책의 효율적인 추진을 위하여 5년마다 아동정책기본계획(이하 "기본계획"이라 한다)을 수립하여야 한다.

② 기본계획은 다음 각 호의 사항을 포함하여야 한다.

1. 이전의 기본계획에 관한 분석 · 평가
2. 아동정책에 관한 기본방향 및 추진목표
3. 주요 추진과제 및 추진방법
4. 재원조달방안
5. 그 밖에 아동정책을 시행하기 위하여 특히 필요하다고 인정되는 사항

③ 보건복지부장관은 기본계획을 수립할 때에는 미리 관계 중앙행정기관의 장과 협의하여야 한다.

④ 기본계획은 제10조에 따른 아동정책조정위원회의 심의를 거쳐 확정한다. 이 경우 보건복지부장관은 확정된 기본계획을 관계 중앙행정기관의 장 및 특별시장 · 광역시장 · 도지사 · 특별자치도지사(이하 "시 · 도지사"라 한다)에게 알려야 한다.

나. 연도별 시행계획의 수립 · 시행 등

① 보건복지부장관, 관계 중앙행정기관의 장 및 시 · 도지사는 매년 기본계획에 따라 연도별 아동정책시행계획(이하 "시행계획"이라 한다)을 수립 · 시행하여야 한다.

② 관계 중앙행정기관의 장 및 시 · 도지사는 다음 연도의 시행계획 및 전년도의 시행계획에 따른 추진실적을 대통령령으로 정하는 바에 따라 매년 보건복지부장관에게 제출하고, 보건복지부장관은 매년 시행계획에 따른 추진실적을 평가하여야 한다.

③ 시행계획의 수립 · 시행 및 추진실적의 평가 등에 필요한 사항은 대통령령으로 정한다.

다. 계획수립의 협조

① 보건복지부장관, 관계 중앙행정기관의 장 및 시 · 도지사는 기본계획 또는 시행계획의 수립 · 시행을 위하여 필요한 경우에는 관계 기관 · 단체나 그 밖의 민간기업체의 장에게 협조를 요청할 수 있다.

② 제1항에 따른 요청을 받은 자는 정당한 사유가 없는 한 이에 따라야 한다.

다. 아동종합실태조사

① 보건복지부장관은 5년마다 아동의 양육 및 생활환경, 언어 및 인지 발달, 정서적 · 신체적 건강, 아동안전, 아동학대 등 아동의 종합실태를 조사하여 그 결과를 공표하고, 이를 기본계획과 시행계획에 반영하여야 한다. 다만, 보건복지부장관은 필요한 경우 보건복지부령으로 정하는 바에 따라 분야별 실태조사를 할 수 있다.

② 보건복지부장관은 제1항에 따른 실태조사를 위하여 관계 기관 · 법인 · 단체 · 시설의 장에게 필요한 자료의 제출 또는 의견의 진술을 요청할 수 있다. 이 경우 요청을 받은 자는 정당한 사유가 없으면 이에 협조하여야 한다. 〈신설 2016. 3. 22.〉

③ 제1항에 따른 아동종합실태조사의 내용과 방법 등에 필요한 사항은 보건복지부령으로 정한다. 〈개정 2016. 3. 22.〉

① 보건복지부장관은 5년마다 아동의 양육 및 생활환경, 언어 및 인지 발달, 정서적 · 신체적 건강, 아동안전, 아동학대 등 아동의 종합실태를 조사하여 그 결과를 공표하고, 이를 기본계획과 시행계획에 반영하여야 한다. 다만, 보건복지부장관은 필요한 경우 보건복지부령으로 정하는 바에 따라 분야별 실태조사를 할 수 있다.

② 보건복지부장관은 제1항에 따른 실태조사를 위하여 관계 기관 · 법인 · 단체 · 시설의 장에게 필요한 자료의 제출 또는 의견의 진술을 요청할 수 있다. 이 경우 요청을 받은 자는 정당한 사유가 없으면 이에 협조하여야 한다. 〈신설 2016. 3. 22.〉

③ 제1항에 따른 아동종합실태조사의 내용과 방법 등에 필요한 사항은 보건복지부령으로 정한다. 〈개정 2016. 3. 22.〉

라. 아동정책영향평가

① 국가와 지방자치단체는 대통령령으로 정하는 바에 따라 아동 관련 정책이 아동복지에 미치는 영향을 분석 · 평가(이하 "아동정책영향평가"라 한다)하고, 그 결과를 아동 관련 정책의 수립 · 시행에 반영하여야 한다.

② 국가와 지방자치단체는 제10조의2에 따른 보장원에 아동정책영향평가를 위탁할 수 있다. 〈신설 2019. 1. 15.〉

③ 그 밖에 아동정책영향평가의 방법과 절차, 위탁 등에 필요한 사항은 대통령령으로 정한다. 〈개정 2019. 1. 15.〉

[본조신설 2016. 3. 22.]

(6) 아동복지 전달체계

가. 아동정책조정위원회

① 아동의 권리증진과 건강한 출생 및 성장을 위하여 종합적인 아동정책을 수립하고 관계 부처의 의견을 조정하며 그 정책의 이행을 감독하고 평가하기 위하여 국무총리 소속으로 아동정책조정위원회(이하 "위원회"라 한다)를 둔다.

② 위원회는 다음 각 호의 사항을 심의 · 조정한다.

1. 기본계획의 수립에 관한 사항
2. 아동의 권익 및 복지 증진을 위한 기본방향에 관한 사항
3. 아동정책의 개선과 예산지원에 관한 사항
4. 아동 관련 국제조약의 이행 및 평가 · 조정에 관한 사항
5. 아동정책에 관한 관련 부처 간 협조에 관한 사항
6. 그 밖에 위원장이 부의하는 사항

③ 위원회는 위원장을 포함한 25명 이내의 위원으로 구성하되, 위원장은 국무총리가 되고 위원은 다음 각 호의 사람이 된다. 〈개정 2013. 3. 23., 2014. 11. 19., 2017. 7. 26.〉

1. 기획재정부장관 · 교육부장관 · 법무부장관 · 행정안전부장관 · 문화체육관광부장관 · 산업통상자원부장관 · 보건복지부장관 · 고용노동부장관 · 여성가족부장관
2. 아동 관련 단체의 장이나 아동에 대한 학식과 경험이 풍부한 사람 중 위원장이 위촉하는 15명 이내의 위원

④ 위원회는 제2항 제4호에 따른 국제조약의 이행확인을 위하여 필요한 업무를 관계 전문기관 또는 단체에게 위탁할 수 있다.

⑤ 위원회는 필요하다고 인정하는 때에는 관계 행정기관에 대하여 그 소속 직원의 출석 · 설명과 자료의 제출을 요구할 수 있다.

⑥ 제1항부터 제3항까지의 규정에서 정한 것 외에 위원회의 구성 및 운영 등에 필요한 사항은 대통령령으로 정한다.

나. 아동권리보장원의 설립 및 운영

① 보건복지부장관은 아동정책에 대한 종합적인 수행과 아동복지 관련 사업의 효과적인 추진을 위하여 필요한 정책의 수립을 지원하고 사업평가 등의 업무를 수행할 수 있도록 아동권리보장원(이하 "보장원"이라 한다)을 설립한다.

② 보장원은 다음 각 호의 업무를 수행한다. 〈개정 2020. 4. 7.〉

1. 아동정책 수립을 위한 자료 개발 및 정책 분석
2. 제7조의 기본계획 수립 및 제8조 제2항의 시행계획 평가 지원
3. 제10조의 위원회 운영 지원
4. 제11조의2의 아동정책영향평가 지원
5. 제15조, 제15조의2, 제15조의3, 제16조, 제16조의2의 아동보호서비스에 대한 기술지원
6. 아동학대의 예방과 방지를 위한 제22조 제6항 각 호의 업무
7. 가정위탁사업 활성화 등을 위한 제48조 제6항 각 호의 업무

8. 지역 아동복지사업 및 아동복지시설의 원활한 운영을 위한 지원
9. 「입양특례법」에 따른 국내입양 활성화 및 입양 사후관리를 위한 다음 각 호의 업무
   가. 입양아동 · 가족정보 및 친가족 찾기에 필요한 통합데이터베이스 운영
   나. 입양아동의 데이터베이스 구축 및 연계
   다. 국내외 입양정책 및 서비스에 관한 조사 · 연구
   라. 입양 관련 국제협력 업무
10. 아동 관련 조사 및 통계 구축
11. 아동 관련 교육 및 홍보
12. 아동 관련 해외정책 조사 및 사례분석
13. 그 밖에 이 법 또는 다른 법령에 따라 보건복지부장관, 국가 또는 지방자치단체로부터 위탁받은 업무

③ 보장원은 법인으로 하고, 주된 사무소의 소재지에 설립등기를 함으로써 성립한다.

④ 보장원에는 보장원을 대표하고 그 업무를 총괄하기 위하여 원장을 두며, 원장은 보건복지부장관이 임면한다.

⑤ 보건복지부장관은 보장원의 설립 · 운영에 필요한 비용을 지원할 수 있다.

⑥ 보장원에 관하여 이 법에서 정한 사항 외에는 「민법」 중 재단법인에 관한 규정을 준용한다.

⑦ 보장원은 「기부금품의 모집 및 사용에 관한 법률」에도 불구하고 기부금품을 모집할 수 있다.

⑧ 보장원의 설립 및 운영에 필요한 사항은 대통령령으로 정한다.

[본조신설 2019. 1. 15.]

다. 아동복지심의위원회

① 시 · 도지사, 시장 · 군수 · 구청장(자치구의 구청장을 말한다. 이하 같다)은 다음

각 호의 사항을 심의하기 위하여 그 소속으로 아동복지심의위원회(이하 "심의위원회"라 한다)를 각각 둔다.

1. 제8조에 따른 시행계획 수립 및 시행에 관한 사항
2. 제15조에 따른 보호조치에 관한 사항
3. 제16조에 따른 퇴소조치에 관한 사항
4. 제18조에 따른 친권행사의 제한이나 친권상실 선고 청구에 관한 사항
5. 제19조에 따른 아동의 후견인의 선임이나 변경 청구에 관한 사항
6. 지원대상아동의 선정과 그 지원에 관한 사항
7. 그 밖에 아동의 보호 및 지원서비스를 위하여 시 · 도지사 또는 시장 · 군수 · 구청장이 필요하다고 인정하는 사항

라. 아동복지전담공무원

① 아동복지에 관한 업무를 담당하기 위하여 특별시 · 광역시 · 도 · 특별자치도(이하 "시 · 도"라 한다) 및 시 · 군 · 구(자치구를 말한다. 이하 같다)에 각각 아동복지전담공무원(이하 "전담공무원"이라 한다)을 둘 수 있다.

② 전담공무원은 「사회복지사업법」 제11조에 따른 사회복지사의 자격을 가진 사람으로 하고 그 임용 등에 필요한 사항은 해당 시 · 도 및 시 · 군 · 구의 조례로 정한다.

③ 전담공무원은 아동에 대한 상담 및 보호조치, 가정환경에 대한 조사, 아동복지시설에 대한 지도 · 감독, 아동범죄 예방을 위한 현장확인 및 지도 · 감독 등 지역단위에서 아동의 복지증진을 위한 업무를 수행한다.

④ 관계 행정기관, 아동복지시설 및 아동복지단체(아동의 권리를 보장하고 복지증진을 목적으로 설립된 기관 및 단체를 말한다. 이하 같다)를 설치 · 운영하는 자는 전담공무원이 협조를 요청하는 경우 정당한 사유가 없는 한 이에 따라야 한다. 〈개정 2016. 3. 22.〉

마. 아동위원

① 시 · 군 · 구에 아동위원을 둔다.

② 아동위원은 그 관할 구역의 아동에 대하여 항상 그 생활상태 및 가정환경을 상세히 파악하고 아동복지에 필요한 원조와 지도를 행하며 전담공무원 및 관계 행정기관과 협력하여야 한다.

③ 아동위원은 그 업무의 원활한 수행을 위하여 적절한 교육을 받을 수 있다.

④ 아동위원은 명예직으로 하되, 아동위원에 대하여는 수당을 지급할 수 있다.

⑤ 그 밖에 아동위원에 관한 사항은 해당 시 · 군 · 구의 조례로 정한다.

(7) 아동보호서비스

가. 보호조치

① 시 · 도지사 또는 시장 · 군수 · 구청장은 그 관할 구역에서 보호대상아동을 발견하거나 보호자의 의뢰를 받은 때에는 아동의 최상의 이익을 위하여 대통령령으로 정하는 바에 따라 다음 각 호에 해당하는 보호조치를 하여야 한다. 〈개정 2014. 1. 28.〉

1. 전담공무원 또는 아동위원에게 보호대상아동 또는 그 보호자에 대한 상담 · 지도를 수행하게 하는 것
2. 보호자 또는 대리양육을 원하는 연고자에 대하여 그 가정에서 아동을 보호 · 양육할 수 있도록 필요한 조치를 하는 것
3. 아동의 보호를 희망하는 사람에게 가정위탁하는 것
4. 보호대상아동을 그 보호조치에 적합한 아동복지시설에 입소시키는 것
5. 약물 및 알콜 중독, 정서 · 행동 · 발달 장애, 성폭력 · 아동학대 피해 등으로 특수한 치료나 요양 등의 보호를 필요로 하는 아동을 전문치료기관 또는 요양소에 입원 또는 입소시키는 것
6. 「입양특례법」에 따른 입양과 관련하여 필요한 조치를 하는 것

② 시 · 도지사 또는 시장 · 군수 · 구청장은 제1항 제1호 및 제2호의 보호조치가 적합하지 아니한 보호대상아동에 대하여 제1항 제3호부터 제6호까지의 보호조치를 할 수 있다. 이 경우 제1항 제3호부터 제5호까지의 보호조치를 하기 전에 보호대상아동에 대한 상담, 건강검진, 심리검사 및 가정환경에 대한 조사를 실시하여야 한다. 〈개정 2016. 3. 22.〉

③시 · 도지사 또는 시장 · 군수 · 구청장은 제1항에 따른 보호조치를 하려는 경우 보호대상아동의 개별 보호 · 관리 계획을 세워 보호하여야 하며, 그 계획을 수립할 때 해당 보호대상아동의 보호자를 참여시킬 수 있다. 〈신설 2016. 3. 22.〉

④ 시 · 도지사 또는 시장 · 군수 · 구청장은 제1항 제3호부터 제6호까지의 보호조치를 함에 있어서 해당 보호대상아동의 의사를 존중하여야 하며, 보호자가 있을 때에는 그 의견을 들어야 한다. 다만, 아동의 보호자가 「아동학대범죄의 처벌 등에 관한 특례법」 제2조 제5호의 아동학대행위자(이하 "아동학대행위자"라 한다)인 경우에는 그러하지 아니하다. 〈개정 2014. 1. 28., 2016. 3. 22., 2017. 10. 24.〉

⑤ 시 · 도지사 또는 시장 · 군수 · 구청장은 제1항 제3호부터 제6호까지의 보호조치를 할 때까지 필요하면 제52조 제1항 제2호에 따른 아동일시보호시설에 보호대상아동을 입소시켜 보호하거나, 적합한 위탁가정 또는 적당하다고 인정하는 자에게 일시 위탁하여 보호하게 할 수 있다. 이 경우 보호기간 동안 보호대상아동에 대한 상담, 건강검진, 심리검사 및 가정환경에 대한 조사를 실시하고 그 결과를 보호조치 시에 고려하여야 한다. 〈개정 2016. 3. 22.〉

⑥ 시 · 도지사 또는 시장 · 군수 · 구청장은 그 관할 구역에서 약물 및 알콜 중독, 정서 · 행동 · 발달 장애 등의 문제를 일으킬 가능성이 있는 아동의 가정에 대하여 예방차원의 적절한 조치를 강구하여야 한다. 〈개정 2016. 3. 22.〉

⑦ 누구든지 제1항에 따른 보호조치와 관련하여 그 대상이 되는 아동복지시설의 종사자를 신체적 · 정신적으로 위협하는 행위를 하여서는 아니 된다. 〈개정 2016. 3. 22.〉

⑧ 시 · 도지사 또는 시장 · 군수 · 구청장은 아동의 가정위탁보호를 희망하는 사람에

대하여 범죄경력을 확인하여야 한다. 이 경우 본인의 동의를 받아 관계 기관의 장에게 범죄의 경력 조회를 요청하여야 한다. 〈개정 2016. 3. 22.〉

⑨ 보장원의 장 또는 제48조에 따른 가정위탁지원센터의 장은 위탁아동, 가정위탁보호를 희망하는 사람, 위탁아동의 부모 등의 신원확인 등의 조치를 시 · 도지사 또는 시장 · 군수 · 구청장에게 협조 요청할 수 있으며, 요청을 받은 시 · 도지사 또는 시장 · 군수 · 구청장은 정당한 사유가 없는 한 이에 응하여야 한다. 〈개정 2016. 3. 22., 2019. 1. 15.〉

⑩ 제2항 및 제5항에 따른 상담, 건강검진, 심리검사 및 가정환경에 대한 조사, 제8항에 따른 범죄경력 조회 및 제9항에 따른 신원확인의 요청 절차 · 범위 등에 필요한 사항은 대통령령으로 정한다. 〈개정 2016. 3. 22.〉

나. 사회보장정보시스템의 이용

시 · 도지사 또는 시장 · 군수 · 구청장은 「사회보장기본법」 제37조 제2항에 따라 설치된 사회보장정보시스템을 이용하여 제15조에 따른 보호대상아동에 대한 상담, 건강검진, 심리검사, 가정환경에 대한 조사 및 개별 보호 · 관리 계획 등 보호조치에 필요한 정보를 관리하여야 한다. [본조신설 2016. 3. 22.]

다. 보호대상아동의 양육상황 점검

① 시 · 도지사 또는 시장 · 군수 · 구청장은 제15조 제1항 제2호부터 제6호까지의 보호조치 중인 보호대상아동의 양육상황을 보건복지부령으로 정하는 바에 따라 매년 점검하여야 한다.

② 시 · 도지사 또는 시장 · 군수 · 구청장은 제1항에 따른 양육상황을 점검한 결과에 따라 보호대상아동의 복리를 보호할 필요가 있거나 해당 보호조치가 적절하지 아니하다고 판단되는 경우에는 지체 없이 보호조치를 변경하여야 한다.

[본조신설 2016. 3. 22.

다. 보호대상아동의 사후관리) 시 · 도지사 또는 시장 · 군수 · 구청장은 전담공무원 등 관계 공무원으로 하여금 보호조치의 종료로 가정으로 복귀한 보호대상아동의 가정을 방문하여 해당 아동의 복지 증진을 위하여 필요한 지도 · 관리를 제공하게 하여야 한다.

[본조신설 2016. 3. 22.

라. 친권상실 선고의 청구 등

① 시 · 도지사, 시장 · 군수 · 구청장 또는 검사는 아동의 친권자가 그 친권을 남용하거나 현저한 비행이나 아동학대, 그 밖에 친권을 행사할 수 없는 중대한 사유가 있는 것을 발견한 경우 아동의 복지를 위하여 필요하다고 인정할 때에는 법원에 친권행사의 제한 또는 친권상실의 선고를 청구하여야 한다.

② 아동복지시설의 장 및 「초 · 중등교육법」에 따른 학교의 장(이하 "학교의 장"이라 한다)은 제1항의 사유에 해당하는 경우 시 · 도지사, 시장 · 군수 · 구청장 또는 검사에게 법원에 친권행사의 제한 또는 친권상실의 선고를 청구하도록 요청할 수 있다. 〈개정 2016. 3. 22.〉

③ 시 · 도지사, 시장 · 군수 · 구청장 또는 검사는 제1항 및 제2항에 따라 친권행사의 제한 또는 친권상실의 선고 청구를 할 경우 해당 아동의 의견을 존중하여야 한다.

④ 시 · 도지사, 시장 · 군수 · 구청장 또는 검사는 제2항에 따라 친권행사의 제한 또는 친권상실의 선고 청구를 요청받은 경우에는 요청받은 날부터 30일 내에 청구 여부를 결정한 후 해당 요청기관에 청구 또는 미청구 요지 및 이유를 서면으로 알려야 한다.

⑤ 제4항에 따라 처리결과를 통보받은 아동복지시설의 장 및 학교의 장은 그 처리결과에 대하여 이의가 있을 경우 통보받은 날부터 30일 내에 직접 법원에 친권행사의 제한 또는 친권상실의 선고를 청구할 수 있다. 〈개정 2014. 1. 28., 2016. 3. 22.〉

(8) 아동 안전 및 건강지원

가. 안전기준의 설정

국가는 대통령령으로 정하는 바에 따라 아동복지시설과 아동용품에 대한 안전기준을 정하고 아동용품을 제작 · 설치 · 관리하는 자에게 이를 준수하도록 하여야 한다.

나. 아동의 안전에 대한 교육

① 아동복지시설의 장, 「영유아보육법」에 따른 어린이집의 원장, 「유아교육법」에 따른 유치원의 원장 및 「초 · 중등교육법」에 따른 학교의 장은 교육대상 아동의 연령을 고려하여 대통령령으로 정하는 바에 따라 매년 다음 각 호의 사항에 관한 교육계획을 수립하여 교육을 실시하여야 한다. 〈개정 2015. 12. 29.〉

1. 성폭력 및 아동학대 예방
2. 실종 · 유괴의 예방과 방지
3. 감염병 및 약물의 오남용 예방 등 보건위생관리
4. 재난대비 안전
5. 교통안전

② 아동복지시설의 장, 「영유아보육법」에 따른 어린이집의 원장은 제1항에 따른 교육계획 및 교육실시 결과를 관할 시장 · 군수 · 구청장에게 매년 1회 보고하여야 한다.

③ 「유아교육법」에 따른 유치원의 원장 및 「초 · 중등교육법」에 따른 학교의 장은 제1항에 따른 교육계획 및 교육실시 결과를 대통령령으로 정하는 바에 따라 관할 교육감에게 매년 1회 보고하여야 한다.

다. 아동보호구역에서의 영상정보처리기기 설치 등

① 국가와 지방자치단체는 유괴 등 범죄의 위험으로부터 아동을 보호하기 위하여

필요하다고 인정하는 경우에는 다음 각 호의 어느 하나에 해당되는 시설의 주변 구역을 아동보호구역으로 지정하여 범죄의 예방을 위한 순찰 및 아동지도 업무 등 필요한 조치를 할 수 있다. 〈개정 2012. 10. 22., 2020. 4. 7.〉

1. 「도시공원 및 녹지 등에 관한 법률」 제15조에 따른 도시공원
2. 「영유아보육법」 제2조 제3호의 어린이집, 같은 법 제7조에 따른 육아종합지원센터 및 같은 법 제26조의2에 따른 시간제보육서비스지정기관
3. 「초·중등교육법」 제38조 따른 초등학교 및 같은 법 제55조에 따른 특수학교
4. 「유아교육법」 제2조에 따른 유치원

② 제1항에 따른 아동보호구역의 지정 기준 및 절차 등에 필요한 사항은 대통령령으로 정한다.

③ 국가와 지방자치단체는 제1항에 따라 지정된 아동보호구역에 「개인정보 보호법」 제2조 제7호에 따른 영상정보처리기기를 설치하여야 한다. 〈신설 2012. 10. 22.〉

④ 이 법에서 정한 것 외에 영상정보처리기기의 설치 등에 관한 사항은 「개인정보 보호법」에 따른다. 〈개정 2012. 10. 22.〉

라. 아동안전 보호인력의 배치 등

① 국가와 지방자치단체는 실종 및 유괴 등 아동에 대한 범죄의 예방을 위하여 순찰활동 및 아동지도 업무 등을 수행하는 아동안전 보호인력을 배치·활용할 수 있다.

② 제1항에 따라 순찰활동 및 아동지도 업무 등을 수행하는 아동안전 보호인력은 그 권한을 표시하는 증표를 지니고 이를 관계인에게 내보여야 한다.

③ 국가와 지방자치단체는 아동안전 보호인력으로 배치하고자 하는 사람에 대하여 본인의 동의를 받아 범죄경력을 확인하여야 한다.

④ 제1항에 따른 아동안전 보호인력의 업무범위·활용 및 제2항에 따른 범죄경력 확인의 절차·범위 등에 필요한 사항은 대통령령으로 정한다.

마. 건강한 심신의 보존

① 아동의 보호자는 아동의 건강 유지와 향상을 위하여 최선의 주의와 노력을 하여야 한다.

② 국가와 지방자치단체는 아동의 건강 증진과 체력 향상을 위하여 다음 각 호에 해당하는 사항을 지원하여야 한다.

1. 신체적 건강 증진에 관한 사항
2. 자살 및 각종 중독의 예방 등 정신적 건강 증진에 관한 사항
3. 급식지원 등을 통한 결식예방 및 영양개선에 관한 사항
4. 비만 방지 등 체력 및 여가 증진에 관한 사항

③ 국가와 지방자치단체는 아동의 신체적 · 정신적 문제를 미리 발견하여 아동이 제때에 상담과 치료를 받을 수 있는 기반을 마련하여야 한다.

④ 제2항 및 제3항에 따른 지원서비스의 구체적인 내용은 대통령령으로 정한다. 다만, 제2항 제3호에 따른 급식지원의 지원 기준 · 방법 및 절차 등에 필요한 사항은 대통령령으로 정하는 기준에 따라 해당 지방자치단체의 조례로 정한다.

(9) 취약계층 지원

가. 취약 계층 아동에 대한 통합서비스지원

① 국가와 지방자치단체는 아동의 건강한 성장과 발달을 도모하기 위하여 대통령령으로 정하는 바에 따라 아동의 성장 및 복지 여건이 취약한 가정을 선정하여 그 가정의 지원대상아동과 가족을 대상으로 보건, 복지, 보호, 교육, 치료 등을 종합적으로 지원하는 통합서비스를 실시한다.

② 제1항에 따른 통합서비스지원의 대상 선정, 통합서비스의 내용 및 수행기관 · 수행인력 등에 필요한 사항은 대통령령으로 정한다.

③ 보건복지부장관은 통합서비스지원사업의 운영지원에 관한 업무를 법인, 단체 등에 위탁할 수 있다.

나. 자립지원

① 국가와 지방자치단체는 보호대상아동의 위탁보호 종료 또는 아동복지시설 퇴소 이후의 자립을 지원하기 위하여 다음 각 호에 해당하는 조치를 시행하여야 한다.

1. 자립에 필요한 주거 · 생활 · 교육 · 취업 등의 지원
2. 자립에 필요한 자산의 형성 및 관리 지원(이하 "자산형성지원"이라 한다)
3. 자립에 관한 실태조사 및 연구
4. 사후관리체계 구축 및 운영
5. 그 밖에 자립지원에 필요하다고 대통령령으로 정하는 사항

② 제1항에 따른 자립지원의 절차와 방법, 지원이 필요한 아동의 범위 등에 필요한 사항은 대통령령으로 정한다.

다. 자립지원계획의 수립 등

① 보장원의 장, 가정위탁지원센터의 장 및 아동복지시설의 장은 보호하고 있는 15세 이상의 아동을 대상으로 매년 개별 아동에 대한 자립지원계획을 수립하고, 그 계획을 수행하는 종사자를 대상으로 자립지원에 관한 교육을 실시하여야 한다. 〈개정 2019. 1. 15.〉

② 제1항에 따른 자립지원계획의 수립 · 시행 등에 필요한 사항은 보건복지부령으로 정한다.

(10) 방과 후 돌봄서비스 지원 〈신설 2019. 1. 15.〉

가. 다함께돌봄센터

① 시 · 도지사 및 시장 · 군수 · 구청장은 초등학교의 정규교육 이외의 시간 동안 다음 각 호의 돌봄서비스(이하 "방과 후 돌봄서비스"라 한다)를 실시하기 위하여 다함께돌봄센터를 설치 · 운영할 수 있다.

1. 아동의 안전한 보호
2. 안전하고 균형 있는 급식 및 간식의 제공
3. 등 · 하교 전후, 야간 또는 긴급상황 발생 시 돌봄서비스 제공
4. 체험활동 등 교육 · 문화 · 예술 · 체육 프로그램의 연계 · 제공
5. 돌봄 상담, 관련 정보의 제공 및 서비스의 연계
6. 그 밖에 보건복지부령으로 정하는 방과 후 돌봄서비스의 제공

② 시 · 도지사 및 시장 · 군수 · 구청장은 다함께돌봄센터의 설치 · 운영을 보건복지부장관이 정하는 법인 또는 단체에 위탁할 수 있다.

③ 국가는 다함께돌봄센터의 설치 · 운영에 필요한 비용의 일부를 지방자치단체에 지원할 수 있다.

④ 다함께돌봄센터의 장은 시 · 도지사 및 시장 · 군수 · 구청장이 정하는 바에 따라 아동의 보호자에게 제1항 각 호의 방과 후 돌봄서비스 제공에 필요한 비용의 일부를 부담하게 할 수 있다.

⑤ 다함께돌봄센터의 설치기준과 운영, 종사자의 자격 등에 관한 사항은 보건복지부령으로 정한다.

[본조신설 2019. 1. 15.]

(11) 아동복지시설 〈개정 2016. 3. 22.〉

가. 아동보호전문기관의 설치

지방자치단체는 학대받은 아동의 치료, 아동학대의 재발 방지 등 사례관리 및 아동학대예방을 담당하는 아동보호전문기관을 시 · 도 및 시 · 군 · 구에 1개소 이상 두어야 한다. 다만, 시 · 도지사는 관할 구역의 아동 수 및 지리적 요건을 고려하여 조례로 정하는 바에 따라 둘 이상의 시 · 군 · 구를 통합하여 하나의 아동보호전문기관을 설치 · 운영할 수 있다. 〈개정 2014. 1. 28., 2019. 1. 15., 2020. 4. 7.〉

나. 가정위탁지원센터의 설치

① 지방자치단체는 보호대상아동에 대한 가정위탁사업을 활성화하기 위하여 시 · 도 및 시 · 군 · 구에 가정위탁지원센터를 둔다. 다만, 시 · 도지사는 조례로 정하는 바에 따라 둘 이상의 시 · 군 · 구를 통합하여 하나의 가정위탁지원센터를 설치 · 운영할 수 있다. 〈개정 2019. 1. 15.〉

② 가정위탁지원센터는 다음 각 호의 업무를 수행한다. 〈개정 2019. 1. 15.〉

1. 가정위탁사업의 홍보 및 가정위탁을 하고자 하는 가정의 발굴
2. 가정위탁을 하고자 하는 가정에 대한 조사 및 가정위탁 대상 아동에 대한 상담
3. 가정위탁을 하고자 하는 사람과 위탁가정 부모에 대한 교육
4. 위탁가정의 사례관리
5. 친부모 가정으로의 복귀 지원
6. 가정위탁 아동의 자립계획 및 사례 관리
7. 관할 구역 내 가정위탁 관련 정보 제공
8. 그 밖에 대통령령으로 정하는 가정위탁과 관련된 업무

(12) 아동복지시설의 종류

아동복지시설의 종류는 다음과 같다. 〈개정 2016. 3. 22., 2017. 10. 24., 2019. 1. 15.〉

1. 아동양육시설: 보호대상아동을 입소시켜 보호, 양육 및 취업훈련, 자립지원 서비스 등을 제공하는 것을 목적으로 하는 시설
2. 아동일시보호시설: 보호대상아동을 일시보호하고 아동에 대한 향후의 양육대책수립 및 보호조치를 행하는 것을 목적으로 하는 시설
3. 아동보호치료시설: 아동에게 보호 및 치료 서비스를 제공하는 다음 각 목의 시설

가. 불량행위를 하거나 불량행위를 할 우려가 있는 아동으로서 보호자가 없거나 친권자나 후견인이 입소를 신청한 아동 또는 가정법원, 지방법원소년부지원에

서 보호위탁된 19세 미만인 사람을 입소시켜 치료와 선도를 통하여 건전한 사회인으로 육성하는 것을 목적으로 하는 시설

나. 정서적 · 행동적 장애로 인하여 어려움을 겪고 있는 아동 또는 학대로 인하여 부모로부터 일시 격리되어 치료받을 필요가 있는 아동을 보호 · 치료하는 시설

4. 공동생활가정: 보호대상아동에게 가정과 같은 주거여건과 보호, 양육, 자립지원 서비스를 제공하는 것을 목적으로 하는 시설
5. 자립지원시설: 아동복지시설에서 퇴소한 사람에게 취업준비기간 또는 취업 후 일정 기간 동안 보호함으로써 자립을 지원하는 것을 목적으로 하는 시설
6. 아동상담소: 아동과 그 가족의 문제에 관한 상담, 치료, 예방 및 연구 등을 목적으로 하는 시설
7. 아동전용시설: 어린이공원, 어린이놀이터, 아동회관, 체육 · 연극 · 영화 · 과학실험전시 시설, 아동휴게숙박시설, 야영장 등 아동에게 건전한 놀이 · 오락, 그 밖의 각종 편의를 제공하여 심신의 건강유지와 복지증진에 필요한 서비스를 제공하는 것을 목적으로 하는 시설
8. 지역아동센터: 지역사회 아동의 보호 · 교육, 건전한 놀이와 오락의 제공, 보호자와 지역사회의 연계 등 아동의 건전육성을 위하여 종합적인 아동복지서비스를 제공하는 시설
9. 아동보호전문기관
10. 제48조에 따른 가정위탁지원센터
11. 제10조의2에 따른 보장원

(13) 아동복지시설의 사업

제1항에 따른 아동복지시설은 각 시설 고유의 목적 사업을 해치지 아니하고 각 시설별 설치기준 및 운영기준을 충족하는 경우 다음 각 호의 사업을 추가로 실시할 수 있다.

1. 아동가정지원사업: 지역사회아동의 건전한 발달을 위하여 아동, 가정, 지역주민에게 상담, 조언 및 정보를 제공하여 주는 사업
2. 아동주간보호사업: 부득이한 사유로 가정에서 낮 동안 보호를 받을 수 없는 아동을 대상으로 개별적인 보호와 교육을 통하여 아동의 건전한 성장을 도모하는 사업
3. 아동전문상담사업: 학교부적응아동 등을 대상으로 올바른 인격형성을 위한 상담, 치료 및 학교폭력예방을 실시하는 사업
4. 학대아동보호사업: 학대아동의 발견, 보호, 치료 및 아동학대의 예방 등을 전문적으로 실시하는 사업
5. 공동생활가정사업: 보호대상아동에게 가정과 같은 주거여건과 보호를 제공하는 것을 목적으로 하는 사업
6. 방과 후 아동지도사업: 저소득층 아동을 대상으로 방과 후 개별적인 보호와 교육을 통하여 건전한 인격형성을 목적으로 하는 사업

(14) 아동복지시설의 종사자

가. 종사자

① 아동복지시설에는 필요한 전문인력을 배치하여야 한다.

② 아동복지시설 종사자의 직종과 수, 그 자격 및 배치기준은 대통령령으로 정한다.

나. 아동복지시설 종사자의 교육훈련

① 시 · 도지사 또는 시장 · 군수 · 구청장은 아동복지시설 종사자의 양성 및 자질향상을 위한 교육 · 훈련을 실시하여야 한다.

② 시 · 도지사 또는 시장 · 군수 · 구청장은 제1항의 교육훈련을 대학(전문대학을 포함한다) 또는 아동복지단체나 그 밖의 교육훈련시설(이하 "교육훈련시설"이라 한다)에 위탁하여 실시할 수 있다.

4) 법의 문제점과 개선방안

(1) 일반가정의 아동보호대책의 개선

사회복지의 대상이 특수한 문제를 가진 사람에서 일반적인 사람으로 확대되는 것과 같이 아동복지의 주요대상도 요보호아동에서 일반가정의 아동의 보호문제로까지 그 개입의 폭을 확대하여야 한다.

아동의 복지를 증진하고 인권을 증진하기 위하여 동법 제18조에 규정되어 있는 금지조항은 형법의 특별법으로서 성격을 갖는 규정이다. 그런데 오늘날 우리사회는 이혼율의 증가, 부부불화 등으로 인하여 아동이 유기 방임되거나 학대당하는 사례가 급증하고 있다. 이러한 아동복지의 불모지가 사라져 진정한 의미의 아동복지를 증진하여야 한다. 따라서 외국과 같이 사회사업가에게 준사법권을 주어 아동복지의 파수꾼이 될 수 있도록 하는 것도 아동복지증진의 한 방법이 될 수 있을 것이다. 그리고 학대당하는 아동이 일시적으로 쉴 수 있는 공간, 즉 중간시설이 필요하다.

또한 학대받는 아동을 보호하고 이들의 복지를 증진하기 위해서는 법제도적인 장치가 필요한데, 한 방안으로 아동학대방지법의 제정도 고려해 볼만하다 하겠다.

(2) 탈시설화에 따른 아동복지시설의 변화

가정은 아동의 양육과 성장을 책임지고 있는 가장 중요한 기관이다. 아동이 가정에서 보호되고 양육될 때 아동은 심신의 발달과 건전한 가치관을 가진 성인으로 성장하게 된다. 따라서 가정이 해체되지 않도록 지원하는 것은 아동복지를 위해서 매우 중요한 일이 아닐 수 없다. 왜냐하면 아동문제는 가족지원서비스를 통하여 건전한 가정에서 성장하도록 지원하고 그를 통해 해결하는 것이 가장 효과적이기 때문이다. 불가피하게 아동을 아동복시설에 수용하여 보호하게 되는 경우에는 가정에서 양육받는 것과 비슷한 분위기를 갖추어 아동을 보호하는 것이 절대적으로 필요하다.

(3) 아동상담소의 활성화

아동상담은 아동이나 가족을 대상으로 그들의 문제와 욕구가 무엇인지를 사전에 파악하여 아동이나 가족이 문제로 인하여 고통받는 것을 예방하자는 목적하에 설치된 아동복지시설이다. 그런데 우리나라에서는 아동상담소에 대한 인식이 되어 있지 않아 시설수도 현저히 적고 시설을 이용하는 아동이나 가족도 그다지 많지 않다고 한다. 일반적으로 시설을 이용하는 자는 요보호아동들이 대부분이라고 한다. 아동복지의 출발점으로서 아동상담소가 본래의 기능을 발휘할 수 있도록 체계적인 홍보가 필요하며, 지역사회 기관과 유기적으로 관계를 갖도록 노력하여야 한다.

(4) 가정위탁보호의 활성화

아동복지법에 의한 위탁보호는 1985년부터 실시되고 있다. 이는 정부가 시설수용보다 위탁보호가 더 바람직하다는 판단에 의해서 시행된 사업이다. 그러나 가정위탁보호사업은 부진을 면치 못하고 있는 실정이다. 따라서 가정보호위탁보호사업을 활성화시키기 위해서는 다음과 같은 노력이 필요하다.

전문위탁기관을 설치하고 이 기관에서 전문적으로 가정위탁보호문제를 연구하고 위탁희망가족을 발굴하며 위탁가정을 지원하도록 해야 한다. 또한 전문사회복지사가 활동할 수 있도록 하는 제도적인 장치를 마련해야 하고 위탁양육비용을 현실화해서 위탁가정으로 하여금 어려움을 겪게 해서는 안된다.

3 한부모가족지원법

1) 입법배경

산업화 · 도시화 등으로 인한 사회 · 경제적 여건의 변화와 함께 의식의 변화로 말미암아 이혼, 유기, 별거 그리고 남편과 사별 등 여러 가지 이유로 배우자가 없는 여성의 수가 급증하고 있다. 또 배우자가 있다고 하더라도 장애나 나태 등의 이유로 여성이 가계를 책임져야 하는 가정이 날로 늘어나게 되었다.

우리사회에서 모 · 부자가정은 경제적으로 곤경에 처해 있는 경우가 대부분이다. 또 사회적으로도 보이지 않는 차별의 대상이 되고 있어 자녀양육문제와 그들의 정서적 문제 등에 직면해 있다.

「모 · 부자복지법」이 제정되기 이전에는 모 · 부자가정의 어머니와 아버지 및 자녀는 각각 「아동복지법」과 「국민기초생활 보장법」에 의해 보호되었는데 이 법의 제정으로 모 · 부자가정의 세대주의 자격으로 그 자녀와 함께 보다 종합적이고 체계적으로 생활안정서비스와 복지서비스를 받을 수 있게 되었다.

모 · 부자가족에 대한 서비스의 제공은 「아동복지법」과 「국민기초생활 보장법」에 근거하여 이뤄져 왔다. 그러나 혜택의 범위가 제한적이었고 모 · 부자가정에 대한 우선조항도 없었으며 모 · 부자보호시설에의 입소도 「아동복지법」에 근거하였다. 이같은 상황에서 1980년대 들어 영세모자가정을 대상으로 하는 독자적 성격의 법률 제정에 대한 논의가 이뤄지게 되었다. 이러한 추세에 따라 보다 종합적이고 체계적으로 모자가정의 생활안정과 복지를 향상시키기 위한 「모자복지법」의 입법을 한국여성개발원 등 여성단체 등에 의해 추진되어 오다가 비로소 1989년 제정되었고 1998년 제1차 개정이 있었으며, 「모 · 자복지법」으로 개정되었다가 「한부모가족지원법」으로 바뀌었다.

2) 내용

(1) 목적 및 책임

가. 목적

「한부모가족지원법」의 목적은 한부모가족이 안정적인 가족 기능을 유지하고 자립할 수 있도록 지원함으로써 한부모가족의 생활 안정과 복지 증진에 이바지함을 목적으로 하고 있다(동법 제1조). 「한부모가족지원법」은 소득보장뿐만 아니라 심리 사회적 보호와 아동의 교육보호까지 포괄함으로써 한부모가족을 보호하고 육성하려는 적극적인 이념을 구체화하고 있다.

나. 책임

한부모가족의 모 또는 부와 아동은 그가 가지고 있는 자산과 노동능력 등을 최대한 활용하여 자립과 생활 향상을 위하여 노력하여야 한다.

(2) 지원대상

가. 지원대상자

가) 지원대상자로서의 '모 · 부'라 함은 다음 각 경우에 해당되는 자로서 아동을 양육하는 자를 말한다(동법 제4조).

① 배우자와 사별 또는 이혼하였거나 배우자로부터 유기된 자
② 정신 또는 신체장애로 인하여 장기간 노동능력을 상실한 배우자를 가진 자
③ 교정시설 · 치료감호시설에 입소한 배우자 또는 병역복무 중인 배우자를 가진 사람
④ 미혼자(사실혼 관계에 있는 자는 제외)

⑤ ①~④까지에 규정된 자에 준하는 자로서 여성가족부령으로 정하는 자

나) 한부모가족이란 모자가족 또는 부자가족을 말한다.

다) 모자가족이란 모가 세대주인 가족을 말한다.

라) 부자가족이란 부가 세대주인 가족을 말한다.

마) 지원대상자로서의 '아동'이라 함은 위의 '모 · 부'에 의하여 양육되는 18세 미만(다만, 취학 시에는 22세 미만)의 자를 말한다(동법 제4조).

나. 지원대상자 범위

지원대상자의 범위는 여성가족부부부장관이 매년 지원대상자의 최저생계비, 소득수준 및 재산정도 등을 고려하여 보호의 종류별로 정하는 기준에 해당하는 한부모가족으로 하며(동법 제5조, 동법 시행규칙 제3조 제1항), 구체적인 범위는 여성가족부령으로 정한다.

다. 지원대상자의 범위에 대한 특례

가) 출산 후 해당 아동을 양육하지 아니하는 미혼모는 미혼모 공동생활가정을 이용할 때에는 지원대상자가 된다.

나) 다음 각 호에 해당하는 아동과 그 아동을 양육하는 조부 또는 조모

① 부모가 사망하거나 생사가 분명하지 아니한 아동

② 부모가 정신 또는 신체의 장애 · 질병으로 장기간 노동능력을 상실한 아동

③ 부모의 장기복역 등으로 부양을 받을 수 없는 아동

④ 부모가 이혼하거나 유기하여 부양을 받을 수 없는 아동

다) 국내에 체류하고 있는 외국인 중 대한민국 국적의 아동을 양육하고 있는 모 또는 부로서 대통령령으로 정하는 사람으로 「한부모가족지원법」에 해당하는 자

(3) 실시기관

가. 한부모가족복지상담소

한부모가족복지상담소에는 소장과 상담에 필요한 한부모가족복지상담원을 두어야 하고, 한부모가족복지상담소를 설치하는 기관의 장이 필요하다고 인정할 때에는 동 상담소의 분소 또는 아동상담소를 설치 운영할 수 있다. 한부모가족복지상담소에 상담실을 두어야 하며 피보호자를 일시적으로 보호하기 위한 일시보호실을 운영할 수 있다.

나. 한부모가족복지 상담원

한부모가족복지상담원은 사회복지사 3급 이상의 자격증 소지자 중에서 모 · 부자복지상담소를 설치하는 기관의 장이 임용한다(동법 시행령 제12조). 모 · 부자복지상담원의 직무는 다음과 같다.

① 모 · 부자가정에 대한 신상 및 고충상담
② 지원대상자의 실태조사 및 통계작성
③ 모 · 부자가정에 대한 취업상담 및 지원
④ 모 · 부자가정에 대한 보호내용의 구분
⑤ 피보호자의 일시보호
⑥ 피보호자에 대한 사후관리
⑦ 기타 모 · 부자복지상담에 필요한 사항 등이다(동법 시행령 제13조).

(4) 복지급여

가. 급여의 신청

지원대상자 또는 그 친족 기타 이해관계임이 복지급여를 관할 시장 · 군수 · 구청장에게 신청할 수 있다(동법 제11조 제1항).

나. 급여의 내용과 수준

① 국가 또는 지방자치단체가 한부모가족의 지원대상자에 대하여 실시하는 복지급여의 종류는 ㉠ 생계비, ㉡ 아동교육지원비, ㉢ 삭제〈2011. 4. 12.〉, ㉣ 아동양육비, ㉤ 그 밖에 대통령령으로 정하는 비용 등이다(동법 제12조).

② 지원대상자에 대한 복지급여의 내용과 수준은 모자가정의 실태와 국민생활 수준에 따라 예산의 범위 안에서 매년 여성가족부장관이 정한다(동법 시행령 제14조).

다. 시설보호

한부모가족복지시설에 입소하고자 하는 지원대상자는 복지급여(시설보호)신청서에 관계서류를 첨부하여 관할 시장 · 군수 · 구청장에게 신청하여야 한다(동법 제19조, 동법 시행규칙 제7조).

라. 고용의 촉진

국가 또는 지방자치단체는 한부모가족의 모와 아동의 고용을 촉진하기 위하여 적합한 직업훈련이 실시와 취업주선에 노력하여야 하고 각종 사업장에 모자가정의 모와 아동이 우선 고용되도록 노력하여야 한다(동법 제14조).

마. 공공시설에 매점 및 시설설치

국가 또는 지방자치단체가 운영하는 공공시설의 장은 그 공공시설안에 각종 매점 및 시설의 설치를 허가하는 경우 이를 한부모가족 또는 한부모가족복지단체에 우선적으로 허가할 수 있다(동법 제15조).

바. 시설 우선이용

국가 또는 지방자치단체는 한부모가족의 아동이 공공의 아동편의시설과 기타 공공시설을 우선적으로 이용할 수 있도록 노력하여야 한다(동법 제16조).

사. 가족지원서비스

국가 또는 지방자치단체는 한부모가족에게 가족복지서비를 제공하도록 노력하여야 한다(동법 제17조).

아. 국민주택의 분양 및 임대

국가 또는 지방자치단체는 「주택법」이 정하는 바에 의하여 국민주택을 분양하거나 임대하는 경우에 한부모가족에게 일정비율을 우선 분양될 수 있도록 노력하여야 한다(동법 제18조).

(5) 복지시설

한부모가족복지시설의 종류는 다음과 같다(동법 제19조).

① **모자가족복지시설:** 모자가족에게 다음 각 목의 어느 하나 이상의 편의를 제공하는 시설

- **기본생활지원:** 생계가 어려운 모자가족에게 일정 기간 동안 주거와 생계를 지원
- **공동생활지원:** 독립적인 생활이 어려운 모자가족에게 일정 기간 동안 공동생활을 통하여 자립을 준비할 수 있도록 주거 등을 지원
- **자립생활지원:** 자립욕구가 강한 모자가족에게 일정 기간 동안 주거를 지원

② **부자가족복지시설:** 부자가족에게 다음 각 목의 어느 하나 이상의 편의를 제공하는 시설

- **기본생활지원:** 생계가 어려운 부자가족에게 일정 기간 동안 주거와 생계를 지원

- **공동생활지원:** 독립적인 생활이 어려운 부자가족에게 일정 기간 동안 공동생활을 통하여 자립을 준비할 수 있도록 주거 등을 지원
- **자립생활지원:** 자립욕구가 강한 부자가족에게 일정 기간 동안 주거를 지원

③ **미혼모자가족복지시설:** 미혼모자가족과 출산 미혼모 등에게 다음 각 목의 어느 하나 이상의 편의를 제공하는 시설

- **기본생활지원:** 미혼 여성의 임신 · 출산 시 안전 분만 및 심신의 건강 회복과 출산 후의 아동의 양육 지원을 위하여 일정 기간 동안 주거와 생계를 지원(제5조에 따른 지원대상자 중 미혼이 아닌 여성의 임신 · 출산 시 안전 분만과 출산 후 양육 지원을 포함한다)
- **공동생활지원:** 출산 후 해당 아동을 양육하지 아니하는 미혼모 또는 미혼모와 그 출산 아동으로 구성된 미혼모자가족에게 일정 기간 동안 공동생활을 통하여 자립을 준비할 수 있도록 주거 등을 지원

④ **일시지원복지시설:** 배우자(사실혼 관계에 있는 사람을 포함한다)가 있으나 배우자의 물리적 · 정신적 학대로 아동의 건전한 양육이나 모의 건강에 지장을 초래할 우려가 있을 경우 일시적 또는 일정 기간 동안 모와 아동 또는 모에게 주거와 생계를 지원하는 시설

⑤ **한부모가족복지상담소:** 한부모가족에 대한 위기 · 자립 상담 또는 문제해결 지원 등을 목적으로 하는 시설

3) 개선점

(1) 한부모가족 개념의 확대와 재조정

「한부모가족지원법」은 나름대로 다양한 한부모가족의 지원에 대한 내용을 포함하고 있다. 그러나 앞으로 모자가족과 부자가족을 포함한 다양한 한부모가족이 발생하게 될 것이다. 그러므로 이런 다양한 가족을 포함할 수 있는 법적 장치를 마련하여야 할 것이다. 그리고 한부모가족에 대한 법적 개념의 확대와 재조정이 이루어져야 할 것이다.

(2) 한부모가족복지자금의 확대 및 제도개선

동법 제13조에서는 한부모가족의 경제적 빈곤을 타파하기 위한 하나의 복지조치로서 한부모가족복지자금의 대여에 관한 규정을 마련하고 있다. 그러나 자금대부의 까다로움 및 액수의 불충분함 그리고 상환조건의 어려움 등으로 그 원래의 목적을 달성하지 못하고 있다. 실질적으로 모자가정의 생활안정과 자활에 도움이 되도록 제도의 간소화와 대여자금의 확대 등이 요구된다.

(3) 한부모가족복지시설의 확충과 서비스의 전문화

한부모가족복지시설의 보호를 받고 있는 모자가족은 전체 요보호 모·부자세대의 1% 내외로 극히 소수에 불과하다. 따라서 모·부자가정 보호를 위한 모·부자복지시설 확충이 시급한 실정이다. 또한 모·부자보호시설에 입소한 모·부자가정을 사회에 복귀시키기 위해서는 생계비, 아동교육지원은 물론이고 이들 모자가정에 대한 수준 높은 직업훈련이나 직업알선이 필요하다. 이를 위해 전문적이며 내실 있는 복지서비스가 제공되어야 한다.

4 포용국가 아동정책

보건복지부 · 교육부 · 법무부 · 여성가족부 등이 2019년 5월 23일 발표한 아동복지 방안으로, 이 방안은 「민법」에 허용된 부모의 체벌권을 없애고 의료기관이 출생 사실을 국가기관에 알리는 출생통보제 도입 등의 내용 등을 핵심으로 한다.

1) 추진방향

① 부모로부터 제대로 돌봄받지 못하는 아동은 국가가 확실하게 책임지는 체계 구축
② 양육의 대상이 아닌 권리주체로서의 아동에 대한 인식을 높이고, 주체적 참여기반 확대
③ 건강한 몸과 마음으로 자신의 꿈을 마음껏 펼칠 수 있도록 적극적인 예방과 치료를 위한 국가와 사회적 자원 집중 투자
④ 놀 권리를 위한 가정, 학교, 지역사회의 노력 강화

미래를 위한 투자	▶	현재와 미래의 아동 행복
나의 아이	▶	우리 모두의 아이
가정 내에서 부모가	▶	가정, 학교, 동네에서 함께
양육과 훈육의 대상	▶	권리의 주체
민간의존형 아동보호	▶	아동보호에 대한 국가책임 강화

[그림 4-1] 포용국가 아동정책 추진방향

2) 추진과제

(1) 민법의 부모 체벌권 제외

「민법」 915조는 '친권자는 자녀를 보호 또는 교육하기 위해 필요한 징계를 할 수 있다.'고 규정하고 있는데, 법무부는 이 조항을 2021년 1월 8일 삭제하기로 의결하였다 이로써 민법 915조 자녀 체벌 근거조항은 62년만에 완전히 사라지게 되었다.

이 조항은 아동 체벌을 정당화하는 사유로 인용되고, 「아동복지법」상 체벌 금지 조항과 상충하는 면이 있어 개정 필요성이 제기돼 왔다. 실제로 2015년부터 시행된 「아동복지법」에는 부모를 비롯한 보호자가 아동에게 신체적 · 정신적으로 고통을 주는 행위를 금지하는 내용이 있지만, 「민법」은 친권자 징계권의 범위가 명확하지 않아 훈육을 빌미로 한 가정 내 학대를 용인하는 것으로 해석될 우려가 많았기 때문이다.

(2) 출생통보제 도입

정부는 「가족관계의 등록 등에 관한 법률」 개정을 통해 의료기관이 출생하는 모든 아동을 누락 없이 국가 기관 등에 통보하도록 하는 출생통보제 도입을 추진하기로 했다. 현재는 아이가 태어나면 부모에게 출생신고 의무가 있지만, 부모가 이를 외면하거나 지연해도 예방책이 없는 상황이다.

다만, 출생통보제 도입 시 미성년 등의 위기 임산부가 의료기관에서의 출산을 기피하는 부작용을 막기 위해 보호(익명)출산제가 함께 도입될 수 있도록 할 예정이다. 보호출산제는 아이 어머니가 일정한 상담 등 엄격한 요건하에 자신의 신원을 감춘 채 출산 후 출생등록을 하는 제도이다.

(3) 아동학대 대응체계 전면 개편

정부는 학대나 입양 의뢰, 빈곤으로 인한 대리보호 의뢰, 유기 등의 이유로 보호가 필요한 아동이 생기면 지자체가 직접 상담하고 가정환경을 조사하기로 했다. 만약 불가피하게 아동을 원가정으로부터 분리해야 하는 경우에는 아동복지심의위원회 산하 사례결정위원회가 아동에게 가장 적합한 보호 방식(가정위탁, 그룹홈, 시설, 입양 등)을 결정한다. 담당 인력도 보강해 2020년 하반기부터는 지자체 책임하에 상담 · 가정조사 · 보호결정 · 사례관리가 이루어지도록 할 계획이다.

(4) 아동 건강 관리 강화

스마트폰으로 아동의 영양, 운동량 등을 모니터링하고 상담해 주는 등 아동의 건강관리도 강화한다. 또 현재 생후 4개월에 처음 받는 영아 건강검진은 생후 4~6주로 앞당겨진다. 이 밖에 2020년에 시 · 군 · 구 20곳을 놀이혁신 선도지역으로 선정해 혁신놀이터 설치 등을 지원하며, 2022년까지 초등학교 저학년 교육과정에 놀이시간을 포함시킬 계획이다.

3) 포용국가 아동정책의 4대 영역과 10대 핵심과제

포용국가 아동정책의 4대 영역과 10대 핵심과제는 다음의 〈표 4-1〉과 같다.

〈표 4-1〉 4대 영역과 10대 핵심과제

영역	과제
인권 · 참여권	• 누락 없는 출생 등록 • 아동에 대한 체벌 금지 노력 • 아동의 목소리에 귀 기울이는 정부
건강권	• 아동발달단계에 맞는 건강지원 강화 • 예방부터 치료지원까지 마음건강 돌봄 지원 강화

영역	과제
보호권	• 보호가 필요한 아동은 국가가 확실히 책임지도록 시스템 혁신 • 아동학대 대응체계 전면 개편 • 보호 종료 후 지역사회 내 건강한 시민으로 정착 지원
놀이권	• 아동이 맘껏 뛰어놀 수 있는 지역사회 • 창의적 놀이를 통해 잠재력을 키우는 학교

(1) 인권과 참여권

가. 누락 없는 출생 등록

① 출생통보제 도입

- 의료기관이 출생하는 모든 아동을 누락 없이 국가기관에 통보(「가족관계등록법」 개정)

② 보호(익명)출산제 병행

- 보호 출산제: 산모가 일정한 상담 등 엄격한 요건하에 산모와 신원을 감춘 채 출산 후 출생등록
- 위기임산부가 의료기관에서 출산을 기피하는 부작용 방지

나. 아동에 대한 체벌 금지 노력

① 아동체벌 인식 개선 캠페인 추진

- 아동 체벌에 관대한 사회 분위기를 바꾸는 캠페인 진행

② 민법상의 '징계권' 범위에서 체벌을 제외하는 방안 검토

- UN 아동권리위원회는 2011년 대한민국 정부에 가정, 학교 및 모든 여타 기관에서 체벌을 명백히 금지하라는 국가인권위원회의 권고 이행을 촉구함

다. 아동의 목소리에 귀 기울이는 정부

① '아동총회'를 통해 아동정책에 아동의 의견 반영

- 아동총회: 아동이 운영하는 아동참여권 실현을 위해 2004년부터 매년 개최
- 아동총회의 제안을 아동정책주정위원회(총리 주재)에 보고

(2) 건강권

가. 아동발달단계에 맞는 건강지원 강화

① 임신–출산–생애초기까지 맞춤형 정보 · 서비스 제공

- 온라인(모바일)으로 임산부 등록 서비스 제공
- 임신 시기에 따라 보건소에서 맞춤형 정보와 서비스 제공(2020년 시스템 구축)
- 생애 초기 건강관리 서비스: 고위험군 임산부를 대상으로 출산 전과 후에 상담, 건강관리, 교육 등 제공

② 영 · 유아기 아동 주요질환 예방 및 맞춤 지원

- 영아 검진항목 추가
- 유아기 난청검사, 안과검사 등을 통해 주요 질환 예방
- 만 12세 전후 '아동 치과주치의 제도' 도입(2020년 시범사업 실시)
- '모바일 헬스케어'로 비만 등 건강위험 아동 맞춤지원
- 지역 1차 의료기관의 집중 관리로 아토피 · 천식 등 만성질환 아동 맞춤지원

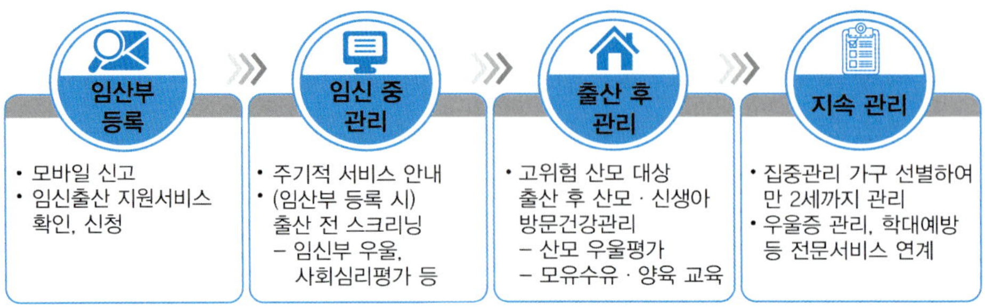

[그림 4-2] 생애 초기부터 돌보는 아동건강

나. 예방부터 치료지원까지 마음건강 돌봄 지원 강화

① 마음건강 위기아동 관리 강화

- 학생 정서행동특성검사 항목 보완으로 마음건강 위기아동 조기발견, 진단 정확도 개선
- 복지부-교육부 간 협의체 구성·운영으로 치료연계
- 학교 전문상담교사 확충
- 마음건강 위기 아동을 Wee센터, 정신건강복지센터 등 유관기관으로 연계하여 적기에 치료 지원

② 고위험군 아동 관리 강화

- 국립병원-정신건강복지센터-아동보호전문기관이 연계하여 학대받은 아동에게 즉시 전문서비스 연계
- 자살유족 원스톱 서비스: 가족의 자살을 경험한 아동·청소년에게 심리상담·학자금 등 통합 지원
- 자살 위기 고위험군 발견 및 조기개입 등 자살예방 강화

(3) 보호권

가. 보호가 필요한 아동은 국가가 확실히 책임지도록 시스템 혁신

① 국가와 지자체가 보호 대상 아동을 책임지는 보호 시스템 구축

- 지자체가 직접 상담, 가정환경 조사 → '아동에게 최선의 이익'이 되는 보호조치 판단
- 아동을 원가정으로부터 분리하는 경우, '아동에게 가장 적합한 보호방식'으로 결정

② 대리보호되는 아동과 친부모의 정기적 면접 지원

- 원가정 복귀 지원을 위한 프로그램 개발 및 보급 예정(2020년)

③ 영아 · 학대 피해아동의 전문가정위탁제도 법제화

- 가정 위탁 양육보조금 인상, 초기 정착금, 의료비 등 실질적인 지원 확대

④ 입양 지원 강화

- 입양을 보내려고 고민하는 친생부모: 직접 양육에 필요한 경제적 · 심리적 · 법률적 지원
- 입양가정: 입양아동과 입양부모의 심리적 적응을 위한 입양 휴가제 도입, 사후 지원 강화

나. 아동학대 대응체계 전면 개편

① 공공기관에서 직접 학대조사

- 학대조사 업무를 시 · 군 · 구로 이관
- 시 · 군 · 구와 경찰이 학대조사업무를 직접 수행
- 시 · 군 · 구 사례결정위원회에서 학대 여부 판단

② 위기아동 전수조사

- 연 1회 만 3세 유아 전체에 대해 전수조사 실시(2019년 10월 예정)
- 매년 모든 사망사건을 분석하고 재발방지 시스템 강화

③ 가족관계 회복 지원

- 아동학대 고위험 가정에 전문상담사 및 임상심리사 파견하는 맞춤형 프로그램 확대

다. 보호 종료 후 지역사회 내 건강한 시민으로 정착 지원

① 보호아동의 보호종료 전 지원

- 기술 취득 및 학습지원 강화
- 진로와 적성을 탐색할 기회 제공, 단계적 자립지원프로그램 내실화

② 보호아동의 보호종료 후 지원

- 소득지원: 자립수당 월 30만 원, 기초생활보장 기준 완화
- 주거지원: 주거 제공 및 맞춤형 사례관리
- 취업지원 연계: 청년자립도전자활사업단, 고용부 청년 구직활동 지원금 등
- 보호종료 아동의 연락체계를 구축하여 자립지원에 필요한 정보 제공

(4) 놀이권

가. 아동이 맘껏 뛰어놀 수 있는 지역사회

① 국가차원의 놀이혁신 정책

- 혁신놀이터, 자연 · 살림 체험프로그램 개발 등 「놀이혁신 행동지침」 수립(2019년 하반기)
- 지자체 단위의 지역여건에 맞는 「놀이혁신 행동계획」 마련

② 놀이혁신 선도지역 선정

- 놀이혁신 선도지역에 아동친화적 환경 조성 사업 집중 지원

[그림 4-3] 순천시 기적의 놀이터

나. 창의적 놀이를 통해 잠재력을 키우는 학교

① 학교 놀이시간 확보

- 초등학교 저학년 아동의 놀이시간 운영 및 놀이시간을 포함한 교육과정 개발

② 학교 놀이공간 확보

- 저학년 교실은 모둠활동이 쉬운 아동친화공간으로 개선
- 교내 자투리 공간에 실내 놀이실 마련
- 운동장 · 체육관 등 놀이공간으로 변화

[그림 4-4] 학교공간 리모델링을 통한 놀이친화 환경

5 아동복지정책의 과제와 정책방향

지난 30년간 비교적 단기간에 걸친 공업화, 도시화, 핵가족화란 급격한 일련의 사회변동이 우리나라의 아동 및 청소년 문제에 미친 심각성은 전술하였거니와 전 절에서 분석하였다. 오늘날 우리나라 아동복지의 실체를 아동복지정책의 차원에 따라 2000년대에 있어서 아동복지정책의 과제와 정책방향을 모색해 보면 다음과 같다.

1) 가정 · 학교 · 지역사회 연계의 기능강화

현대사회에서 아동 및 청소년의 생활과 성장 및 인격형성의 중요한 장으로서 가정, 학교 및 지역사회를 들 수 있다. 오늘날 공업화, 도시화 및 핵가족화에 수반하는 급격한 사회변동과 더불어 이와 같이 아동 및 청소년의 성장과 생활의 장에 있어서도 많은 변화와 문제가 발생하게 되었다. 즉, 핵가족화는 가족지능의 변화와 더불어 그 약화를 초래하는 가운데 부모와 자식 간 소통의 결여나 이혼의 증가 등 개인화가 갖는 성질이 아동복지상의 커다란 문제로 대두되었다. 특히 모자가정에 있어서는 경제적 곤란 및 모 취업의 문제와 더불어 부성결손에 따른 문제들이 발생하였다.

따라서 정부의 재가보호사업과 사회복지기관의 가정복지사업을 통한 재가보호사업을 적극 추진해 나가는 한편, 앞으로 오늘날 선진 복지국가에 있어서와 같이 가족수당의 급여 등 사회보장제도를 통한 경제적 원조를 하도록 해야 할 것이다. 이와 더불어 가정복지기관을 중심으로 다양한 프로그램을 통한 가정복지서비스를 적극적으로 추진함으로써 결손가족이나 문제 가정의 아동 및 청소년의 건전한 육성 발달과 아울러 그 복지를 도모하여야 할 것이다.

학교에 있어서는 오늘날 교육의 보편화에 따른 교육인구의 양적 팽창과 교육의 질적인 저하, 교사 대 학생 수의 비율 과대와 그로 인한 생활교육의 불철저, 교사권위의 상대적 하락과 더불어 참다운 교육자상의 퇴색 또는 결여, 사제 간에 있어서의 진정한 대화의 단절, 지나친 입시준비 위주의 교육과 그로 인한 전인적 교육의 부실 내지 결여, 그리고 학교에서 아동 및 청소년의 욕구충족을 위한 다양한 과외활동 클럽이나 프로그램의 부족 등으로 말미암아 아동 및 청소년의 건전육성이란 관점에서 볼 때 다양한 문제를 내포하고 있다.

따라서 건전하고 다양한 과외활동의 프로그램을 통하여 아동 및 청소년의 욕구를 건전하며 생산적으로 발휘할 수 있는 통로를 마련해 주지 않으면 안 될 것이다. 아동 및 청소년의 학교생활에 있어서 적응상의 곤란 요인으로서의 경제적, 사회적, 정서적 및 행동적 문제 등 학업이나 학교생활에 있어 장애를 지니고 있는 학생들의 문제해결과 욕구를 충족시켜 줌으로써 그들로 하여금 학교생활에 최대한의 능력을 발휘하게 하며, 아울러 예방적인 서비스도 겸하는 학교사회사업제도를 조속히 도입 시행할 필요가 있다.

가정 및 학교와 더불어 아동 및 청소년의 생활과 성장에 있어 또 하나의 중요한 장인 지역사회에 있어서는 오늘날 핵가족화로 인한 가족성원의 상실된 가족기능의 가족 외적 생활에서의 희구와 사회적 관심, 생활태도와 행동 및 생활지향의 개인화, 그리고 학교에서의 정서함양과 여가선용을 위한 제반 시설과 활동 프로그램의 부족 내지 결여 등으로 말미암은 아동 및 청소년의 건전육성과 발달에서 지역사회 또는 사회가 갖는 사회교육적 기능과 역할의 중요성이 점차 높아져 가고 있다.

따라서 지역사회에 있어서의 아동 및 청소년에게 유해한 지역사회 환경의 정화와 선도는 지역사회복지조직을 통하여 유관기관이나 시설과의 유기적인 협조하에 그 효율적 운영을 기하도록 지역사회의 전체 주민들이 상호 협조하며 노력하지 않으면 안 될 것이다.

2) 재가아동복지시설의 확충

아동복지정책이 효율적인 추진을 위해서는 전술한 바와 같이 가정, 학교, 지역사회의 기능강화 복지시책을 통하여 대다수 일반아동의 복지향상을 도모해야 한다. 한편, 시설수용아동의 복지를 위해서는 오늘날 아동복지의 방향이 시설보호 중심에서 가정보호 중심으로 지향하는 현대적 추세에 따라 영·유아시설의 단위를 축소하는 한편, 지역사회 내에서의 양육을 지향하면서 지역사회 내에 아동 및 청소년을 위한 각종 복지시설을 지방자치단체가 중심이 되어 확충·증설해 나가야 할 것이다.

더욱이 장차 한층 심화될 것으로 보이는 산업화에 따른 도시화 및 핵가족화의 추세에 그 수요가 증대될 것으로 보이는 보육시설과 심신장애아시설 및 모자복지시설 등의 시설 증설에 대한 정부의 적극적인 지원과 아울러 정부와 지방자치단체가 지원하고 있는 아동복지시설 운영비의 현실화 내지 그 인상을 도모하여야 할 것이다. 나아가서는 그 수가 절대적으로 부족한 어린이 공원, 어린이 놀이터, 아동회관 등을 지방자치단체가 중심이 되어 점차 증설해 나가지 않으면 안 될 것이다. 또 아동복지시설에 있어 그 운영과 효율화를 기하기 위해서는 유자격 전문요원의 확보와 더불어 이직률을 방지하기 위해서도 아동복지 종사자에 대한 대우를 획기적으로 개선할 수 있도록 하는 정책적 조치가 요망된다.

3) 시설 수용 불우아동 대책

영·유아시설에 수용보호되고 있는 불우아동을 위해서는 전술한 바와 같이 요보호아동에 있어 그 경향이 이전의 시설보호 중심으로부터 가족보호 위주로 지향해 나감에 따라 1977년 이래 별다른 진전을 보지 못하고 있는 국내 입양사업 및 가정위탁보호사업을 적극적으로 추진해 나가야 할 것이다. 아울러 불우아동결연사업도 국민의 자발적인 참여를 유도하여 지속적이며 효율적으로 운영해 나가도록 해야 할 것이다. 나아가서는 성장아동의 자립을 위하여 직장알선운동의 활발한 전개를 통한 취업대책을 적극적으로 해 나가게끔 정책적인 지원을 해 나가지 않으면 안 될 것이다.

4) 관련법률과 전달체계의 정비 및 예산의 증대

「아동복지법」이 그 실효를 거둘 수 있도록 하기 위해서는 기존 관계법률의 보완과 더불어 사회보장 프로그램으로서의 아동수당 또는 가족수당제도의 생활보호대상가정 내지 영세가정으로부터의 단계적인 도입 실시가 아동의 가정이탈방지라는 예방적 측면과 아울러 아동을 가정 내에서의 건전육성이란 아동복지의 현대적 관점에서 볼 때 바람직하다고 하겠다.

아동복지의 전달체계에 있어서는 여러 부처가 아동복지관계의 정책과 계획수립에 관여함으로써 부처 간의 횡적인 협조와 조정의 곤란으로 인하여 그 실효를 거두지 못하고 있는 실정이다. 따라서 아동문제는 그 성격상 무리한 단일행정조식으로서의 일원화는 어렵다고 하더라도 보건복지부를 중심으로 아동복지행정운영의 주체적인 행정부서로 하여 그 기능의 강화와 더불어 중앙부처 수준에서 아동복지행정의 통합 및 조정을 도모해 나갈 필요가 있다.

아울러 전달체계에 있어 단편적인 아동복지행정전달체계를 지양하고 아동복지서비스를 위시한 사회복지서비스가 신속 정확하게 효율적으로 수혜자에게 전달될 수 있게끔 일본 등 여러 선진국에서 볼 수 있는 것과 같이 사회복지업무의 독립적인 일선 전담행정기구로서의 사회복지사무소의 시 · 구 · 군 단위로의 설치 운영을 통한 아동복지의 효율적인 전개가 요망된다.

이상에서 몇 가지 아동복지의 중요과제와 아울러 그 정책방향에 대하여 논급하였다.

그러나 이와 같은 과제를 해결하기 위한 정책을 수행하는 데 있어서 무엇보다도 중요하며 필수불가결한 것은 아동복지 부문의 예산확보일 것이다. 따라서 복지국가 건설을 지향하는 현시점에 있어 사회복지의 중핵적인 분야로서 아동복지의 확충 발전을 기하기 위해서는 이전의 정부 예산 요구에 있어서의 실적주의를 과감히 벗어나 획기적인 예산의 증액이 있어야 할 것이다.

Chapter

05 아동복지의 행정

1 아동복지행정의 특징

1) 아동복지행정의 정의

「아동복지법」에서 국가의 아동복지에 대한 근간을 제시하고, 이 법을 바탕으로 아동복지정책이 아동복지의 방향성과 계획, 그리고 규칙들을 제공해 준다면, 아동복지행정은 실제적으로 복지서비스가 수혜자에게 어떻게 전달되는지에 대한 과정과 전달체계를 의미한다.

'행정'이라는 단어는 정부가 공공의 목적을 달성하기 위하여 행하는 여러 가지 활동 및 내부적 관리를 의미하기에 아동복지의 행정은 보건복지부를 통하여 광역자치단체, 그리고 기초자치단체로 아동복지서비스에 대한 계획과 지시, 그리고 지원과 관리 및 감독이 전달되거나 행해지는 것을 의미할 수 있다. 게다가 행정의 의미를 보다 확대한다면 읍 · 면 · 동의 사회복지 및 아동복지 관련부서 행정담당관 및 공공복지시설과 민간사회 복지시설을 통하여 아동복지서비스 수혜를 받는 아동과 아동의 가정에 실제적으로 서비스가 제공되는 집행체제를 포함한다.

「아동복지법」의 전신은 1961년 11월 29일에 제정된 「아동복리법」이었으나, 1981년 4월 13일 「아동복지법」으로 명칭이 바뀌고 내용도 대폭 개편 및 보완되었다. 「아동복지법」 제1조에서 그 제정 목적을 "아동이 건강하게 출생하여 행복하고 안전하게 자랄 수 있도록 아동의 복지를 보장하는 것을 목적으로 한다."라고 하였다. 이를 위한 기본이념으로 제2조에서 아동이 자신 또는 부모의 성별, 연령, 종교, 사회적 신분, 재산, 장애유무, 출생지역, 인종 등에 따른 어떠한 종류의 차별도 받지 않고 자라나야 할 것을 명시하고 있다. 그리고 제4조 제1항에서는 "국가와 지방자치단체는 아동의 안전 · 건강 및 복지 증진을 위하여 아동과 그 보호자 및 가정을 지원하기 위한 정책을 수립 · 시행"할 것을 밝히고 있다.

「아동복지법」의 보호대상은 제3조 제1호에서 18세 미만인 사람을 의미하는데, 동 복지법이 개정되면서 보호대상이 전체 아동으로 확대되었다.

아동복지의 개념은 광의의 개념과 협의의 개념으로 구분할 수 있다. 광의의 개념에서는 행정을 조직의 모든 활동과정에 다양하게 기여하는 조직 구성원들의 협동적 · 조정적 노력으로 보는데, 즉 아동복지행정은 아동복지정책을 아동복지서비스로 전환시키는 데 필요한 아동복지조직에서의 총체적인 활동을 의미한다. 한편, 협의의 개념에서는 행정을 하나의 실천방법으로 본다. 이러한 의미에서의 아동복지행정은 아동복지조직의 목표 달성을 용이하게 하기 위해 관리자에 의해 수행되는 상호의존적인 과업과 기능 및 관련 활동 등의 체계적 개입과정을 의미한다(최성재, 남기민, 1998).

따라서 사회복지조직 내의 모든 활동은 그것이 개인적 차원이든, 조직적 차원이든 행정과정에서 매우 중요하다는 것을 강조함으로써 행정의 개념을 보다 민주화에 두고 있다. 오늘날 사회복지는 국가의 주요한 제도로 발전하고 있고, 이에 따라 사회복지서비스도 공적, 사적 사회복지조직을 통해 전달되고 있다(김이영 외, 2017). 또한 아동복지행정의 영역에서 아동복지행정 관리자들이 담당하는 활동은 구체적으로 기획, 정보처리, 통제, 통합, 조정, 평가, 협상, 옹호 인력배치, 모니터링, 공급, 대외활동, 직접서비스 예산활동 등이다(김영종, 1998).

2) 아동복지행정의 특징

아동복지행정의 특징을 정리해 보면 다음과 같다.

첫째, 아동복지행정은 「아동복지법」에서 제시한 국가가 담당해야 하는 아동복지의 책임 범위에 따라 아동 및 가정이 원하는 사회복지서비스를 받을 수 있도록 아동복지정책에서 설정한 방향과 목표를 이용 가능한 자원을 동원하여 충족하고자 하는 수단과 방법을 의미한다. 따라서 「아동복지법」을 근거로 실행되며, 아동복지정책의 계획과 목표를 달성하고자 행정업무를 진행하게 된다.

둘째, 아동복지행정은 아동복지정책의 목표를 달성하기 위하여 어떠한 수단과 방법을 선택하는지, 그리고 그 선택과정과 계획을 포함한 일련의 과정을 모두 포함하는 포괄적인 행동을 의미한다. 따라서 행동을 계획하는 조직이나 실제 서비스를 제공하는 기관의 운영도 아동복지행정의 중요한 요소로서 간주한다.

셋째, 아동복지행정은 최종적으로 아동과 가정에 직접 서비스가 직접 전달됨으로써 그 효과가 나타나야 한다. 따라서 수혜를 받는 아동 및 가정에 서비스를 제공하는 사람들은 각종 서비스 분야의 전문가들이어야 하며, 서비스는 체계적으로 제공되어야 하고, 또한 그 효과에 대하여 조사 및 연구를 통하여 보다 발전적인 방향으로 개선될 수 있도록 지속적인 관리 및 감독이 필요하다.

아동복지행정은 정책이 정한 계획과 목표를 향하여 업무가 주로 진행되며, 행동과 계획이 모두 포함된 포괄적인 업무이다. 게다가 최종적으로 서비스가 전달되는 과정이 효율적인지 파악하고 개선방향에 대한 연구도 포함되어 있어 모든 서비스의 실제적인 부분을 담당하고 있는 것이 아동복지의 행정이라고 할 수 있다.

3) 아동복지행정의 전제조건

아동복지행정의 전제조건은 효과성, 효율성, 공평성 및 편익성으로 구분할 수 있다 (김이영 외, 2017).

첫째, 효과성은 행정의 욕구충족 또는 해결에 어느 정도 유효한가를 의미하는 것이다. 욕구충족을 위해 선택된 서비스가 어느 정도 적합한가의 관점에서 판단되는 것이다. 아동복지서비스가 대상자에게 의존성을 조장하게 된다면 자주성, 주체성에 위배되는 것이므로 효과성이 없는 것으로 평가를 받게 된다.

둘째, 효율성은 최소의 자원으로 최대의 효과를 어떻게 거둘 것인가 하는 것이다. 이 개념은 자원의 유한성을 전제로 하는 경우 문제가 되는 것으로서, 제한성이 있는 아동복지서비스의 공급과 관련하여 중요시되는 개념이다.

셋째, 공평성은 동일한 욕구를 가진 대상자는 동일한 혜택을 받아야 한다는 것이다. 특히 아동복지서비스의 공급에서 공평성이 배려되지 않으면 안 된다. 공평성은 서비스를 받는 기회와 내용뿐만 아니라, 그 비용 등을 포함한 측면에서 고려되어야 한다. 공평성은 융통성 있게 유동적으로 판단할 필요가 있다.

넷째, 편익성(접근성)은 대상자가 서비스를 쉽게 이용하는 것으로 아동복지욕구 중 특히 비화폐적 욕구충족의 경우에 문제가 된다. 비화폐적 욕구 충족은 금전 급여와는 달리 현물 또는 상담서비스이기 때문에, 이용자들이 쉽게 이용할 수 있어야 한다.

2 아동복지행정 전달체계

1) 아동복지행정 전달체계의 주요 원칙

아동복지서비스 전달체계를 할 때 고려해야 할 주요한 원칙에 대해서 길버트, 슈페흐트, 테럴(Gilbert, Specht, & Terrell, 1993)은 사회복지 전달체계 구축의 원칙을 다음과 같이 제시하고 있다.

첫째, 전문성의 원칙이다. 아동복지서비스의 핵심적인 주요 업무는 반드시 전문가가 담당해야 한다. 아동복지 분야의 종사자는 전문성 정도에 따라 전문가, 준전문가, 비전문가인 자원봉사자로 구분된다. 이 외에도 의사, 간호사, 보육교사, 물리치료사, 작업치료사, 영양사 등 여러 분야의 전문가들도 아동복지 분야에 참여하고 있다.

둘째, 적절성의 원칙이다. 아동복지서비스는 그 양과 질 그리고 제공하는 기간이 소비자의 욕구 충족과 서비스의 목표 달성에 충분해야 한다. 그러나 이 원칙은 재정 형편상 제대로 지키기 어려운 경우가 많으며, 적절성의 수준에 대한 논란이 있을 수 있다.

셋째, 포괄성의 원칙이다. 서비스의 포괄성을 달성하기 위해서는 한 사람의 전문가가 여러 문제를 다루거나, 각각 다른 전문가가 한 사람의 각각 문제를 다룰 수 있고, 여러 전문가가 한 팀이 되어 문제를 해결할 수도 있다.

넷째, 지속성의 원칙이다. 한 개인의 문제나 욕구를 해결하는 과정에서 필요한 서비스의 종류와 질이 달라져야 하는 경우가 많은데, 한 개인이 필요로 하는 다른 종류의 서비스와 질적으로 다른 서비스를 지역사회 내에서 계속적으로 받을 수 있도록 서비스들이 상호 연계되어야 한다. 이 원칙이 잘 적용되기 위해서는 같은 조직 내의 서비스 프로그램 간의 상호협력이 잘 이루어져야 할 뿐만 아니라, 지역사회 내의 아동복지서비스 조직 간에도 유기적인 연계가 잘 이루어져야 한다.

다섯째, 통합성의 원칙이다. 아동복지서비스가 통합적으로 제공되기 위해서는 한 행정책임자 아래 서비스들이 제공되고, 서비스 조직들이 지리적으로 상호근접되고 서비스 프로그램 간 또는 조직 간에 상호 유기적인 연계와 협조체계가 구비되어야 한다.

여섯째, 평등성의 원칙이다. 특별한 경우를 제외하고는 성별, 연령, 소득, 지역, 종교, 지위에 관계없이 아동에게 아동복지서비스를 제공해야 한다.

일곱째, 책임성의 원칙이다. 아동복지 조직은 사회가 아동의 권리로 인정한 복지서비스를 전달하도록 위임받은 조직이므로 서비스의 전달에 책임을 져야 한다. 책임성이 강조되어야 할 주요 업무는 서비스가 수혜자의 욕구에 적절히 대응하는 것인가, 서비스의 전달절차가 적합한가, 서비스가 효과적이고 효율적인가, 서비스 전달과정에서의 불평과 불만의 수렴장치는 적합한가에 대한 것이어야 한다.

여덟째, 접근 용이성의 원칙이다. 아동복지서비스는 그것을 필요로 하는 사람들이면 누구나 쉽게 받을 수 있어야 하기 때문에 수요자가 접근하기에 용이해야 한다.

2) 아동복지행정 전달체계 현황

아동복지행정 전달체계를 중앙정부, 지방자치단체, 복지기관 및 시설(공공 및 민간, 미등록 시설 포함) 그리고 자원봉사 부문으로 나누어 살펴본다(이순형 외, 2016).

(1) 중앙정부

중앙정부의 아동복지업무는 보건복지부에서 담당하고 있다. 보건복지부 인구정책실 산하에 2개의 정책관이 설치되어 있다. 이 외에도 아동과 청소년에 관한 업무를 수행하는 중앙정부로 국가청소년위원회와 여성가족부, 교육부, 문화체육관광부, 고용노동부, 법무부와 검찰청 등을 들 수 있다.

(2) 지방자치단체

우리나라는 중앙에서 기본정책과 계획을 수립하여 이를 수행하기 위한 지침을 하달하고, 지방자치단체는 지침업무를 수행하는 전달체계를 갖고 있다. 이 경우 지방자치단체에 있는 아동복지 담당부서의 업무 수행과 관련된 문제점이 피드백을 통해 중앙정부에 전달되기 쉬우며, 중앙정부 역시 일선기관의 행정편의로 정책을 수립하기가 쉽다.

(3) 복지기관 및 시설(아동복지 민간조직)

아동복지 전달체계의 민간조직으로는 아동복지시설(생활시설, 이용시설), 보육시설, 아동보호 전문기관, 입양 기관, 가정위탁지원센터, 실종아동전문기관 등이 설치되어 각 영역의 전문 아동서비스를 제공하고 있으며, 지역의 종합사회복지관에서 아동복지 서비스를 제공하기도 한다.

일시쉼터는 가출청소년 등 도움이 필요한 청소년에게 24시간 이내의 생활지원을 제공하는 곳으로 단기쉼터는 3개월 이내의 일시 보호 및 숙식 제공을 통해 가출청소년의 학업 및 직업훈련을 지원하는 곳이다. 중장기쉼터는 가출청소년을 대상으로 3개월 이상 생활지원과 가정복귀 및 자립을 지원하는 곳으로 운영되고 있다.

그리고 청소년의 방과후 활동을 지원하기 위한 기관으로는 청소년 방과후 아카데미, 지역아동센터, 청소년 공부방 등을 들 수 있다.

(4) 자원봉사

자원봉사활동은 재정과 인력 부족에 따른 복지제도의 불완전성을 보완 및 강화하며, 자원이 부족한 공적·민간복지기관의 인력을 보충해 준다. 그리고 자원봉사자는 제도적 시책과는 달리 수혜자나 지역사회가 안고 있는 인권상의 문제나 복지상의 문제에 대해 원인을 찾아내며, 공명하게 행동하는 자유가 있다. 이와 같은 자원봉사자의 독자적인 성격과 입장에서 사회복지 전달체계의 공·사 역할을 분담하는 의의가 있다(신섭

중, 1993).

정부는 청소년의 자원봉사를 지원하기 위해 한국청소년자원봉사센터를 설치하고 전국 16개 시 · 도에서 7,300여 기관의 청소년자원봉사센터를 설치하여 운영하고 있다. 한국청소년자원봉사센터는 봉사활동검색, 신청, 확인서 출력이 가능한 청소년자원봉사 전문 사이트로서 개인별 봉사활동 관리 시스템 및 자기기입식 활동 내역 기입 시스템이 구축되어 있어 청소년봉사활동 동영상 강의 및 연구자료 등의 정보를 제공하고 있다. 또한 16개 시 · 도 청소년자원봉사센터는 청소년자원봉사활동 수급연계 및 정보제공, 해외 청소년봉사단 파견사업, 청소년봉사활동 터전 인증, 청소년자원봉사대회, 청소년지도자 인력제 등의 역할을 담당하고 있다(한국청소년활동진흥원, 2012; 이순형 외, 2016).

아동과 청소년을 위한 자원봉사의 목표는 아동과 청소년이 현실에 안주하려는 '작은 자아'에서 탈피하여, 공동체적 삶을 실천하는 전인적 민주시민이 되게 하는 '생태적 자아'로 발전시키는 데 있다(김성이 외, 1997). 아동과 청소년을 위한 자원봉사 프로그램은 아동 및 청소년시설 업무보조로부터 또래상담, 불우청소년 결연, 각종 캠페인 참여에 이르기까지 매우 다양하게 실시되고 있는데 향후 더 확대될 필요가 있다.

3) 아동복지행정 부서

우리나라의 아동복지를 담당하고 있는 주무부처는 보건복지부이며, 그 외에 여성가족부와 교육부, 고용노동부와 행정안전부 등 대부분의 부처가 아동복지에 관여하고 있다.

1948년 정부 수립과 동시에 사회부가 발족하였고, 이듬해에 보건부가 신설되었다. 1955년에 이르러 보건사회부로 조직이 통합되었으며, 1994년 보건복지부, 2008년 보건복지가족부, 그리고 2010년 이후 보건복지부로 개편되어 지금까지 운영되고 있다.

(1) 보건복지부 행정부서

가. 아동복지정책과

보건복지부의 아동복지 관련 부서를 설명하면 인구정책실의 아동복지정책과이며 대부분의 아동복지 관련 정책을 총괄하고 종합계획을 수립하며 시행한다. 또한 아동복지 법령을 제정하거나 개정에 관한 업무와 아동정책조정위원회, 아동복지서비스의 조사, 연구, 홍보 및 통계, 아동복지관련 업무의 중앙부처와 지방자치단체 간 협의 및 조정, 빈곤아동 종합대책의 수립 및 조정, 가정위탁, 소년소녀가정에 관한 사항, 아동복지시설, 그룹홈 등 운영 · 지원에 관한 사항, 입양특례법령 제정 · 개정에 관한 사항, 국내외 입양 제도 개선 및 활성화 종합대책 수립 · 시행에 관한 사항, 아동발달 지원계좌에 관한 사항, 아동관련법인 및 단체에 관한사항, 한국아동복지협회, 한국아동그룹홈 협의회에 관한 사항 등을 담당하고 있다.

나. 보육정책관

보육 관련 정책을 담당하는 보육정책관이 있어 중앙행정기관 및 지방자치단체의 영유아 정책의 협의 · 조정 총괄, 영유아 정책에 대한 평가 및 제도 개선, 보육예산의 편성 및 집행의 관리, 보육행정 전산화 및 보육서비스 이용권 제도 운영 · 관리, 보육교직원의 양성 및 자격관리, 영유아보육료 · 양육수당 지원 및 가정양육 지원에 관한 사항, 영아 · 장애아 · 다문화가족 영 · 유아 등 취약보육서비스등의 지원에 관한 사항, 표준보육과정 및 보육프로그램의 개발 · 보급, 어린이집의 평가인증, 국공립어린이집 등의 확충 및 환경개선, 어린이집의 설치 및 인가 기준에 관한 사항, 어린이집의 지원 및 지도 · 감독 등의 업무를 맡고 있다.

(2) 기타

가. 여성가족부 청소년 가족 정책실

보건복지부 외의 기타 관련 부처로는 여성가족부의 청소년가족정책실이 있으며 주로 미혼모와 한부모 지원과 관련된 정책 및 지원이나 양육비 지원, 다문화가족 지원, 부모교육 등을 담당하고 있다. 또한 아동청소년보호과에서는 아동 및 청소년의 보호를 위한 정책 등을 담당하고 있다.

나. 교육부

유아교육정책과와 방과후 돌봄 정책과, 그리고 특수교육 정책과아동복지와 관련된 행정업무를 진행하고 있다.

다. 고용노동부

근로기준정책과에서 청소년 근로권익에 대한 업무를 담당하고 있다.

4) 공공 아동복지의 전달체계

공공 아동복지의 전달체계를 살펴보면 앞서 제시한 각 부처의 기본정책과 계획, 지침 업무들이 행정안전부를 거쳐 특별시 · 광역시 · 도의 여성가족정책실이나 여성가족국 등으로 전달된다. 따라서 각 시 · 도별 사업지침과 시달사항을 받고 또한 예산을 국고와 도비로 구성하여 자치시 · 군 · 구로 다시 하달하게 된다. 자치시 · 군 · 구의 복지보건국, 또는 복지환경국 등에서 다시 지역에 맞는 사업지침을 시달하게 되고, 국고와 도비, 그리고 시 · 군 · 구비를 합쳐서 예산을 배정하고 사업을 집행 및 지도하게 된다.

시 · 도 및 시 · 군 · 구에는 아동복지심의위원회를 두어 연도별 동정책 시행계획에 대한 사항과 아동의 보호조치 및 퇴소조치, 친권행사의 제한이나 친권상실 선고, 후견인의 선임이나 변경 청구, 지원대상 아동의 선정과 지원에 관한 사항을 심의한다(「아동복지법」 제12조).

다시 읍 · 면 · 동의 주민생활지원계나 사회복지계로 내려오면 사회복지 전담공무원을 통하여 서비스보호 대상자를 선정하고 아동복지서비스를 제공해 주며, 사무집행 및 사후관리를 하게 된다. 이러한 과정은 사회복지 전담공무원을 거치지 않고 직접 공공시설로 전달되기도 하며, 또는 민간 시설단체를 통하여 아동복지 수혜자로 서비스가 제공되기도 한다.

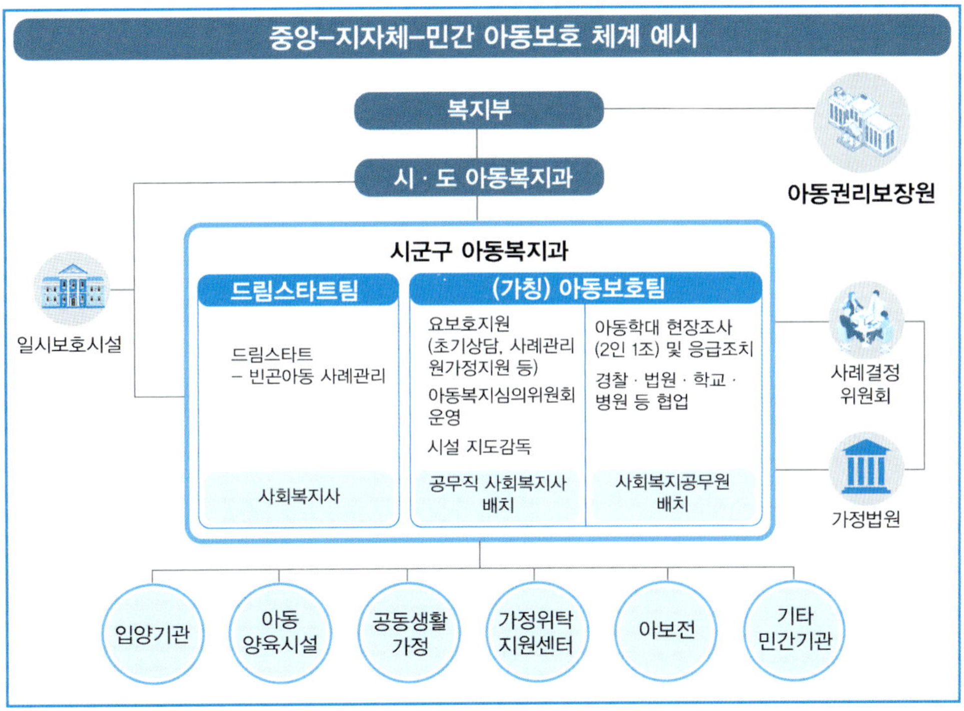

출처: 보건복지부, 2019.

5) 복지기관 및 시설(아동복지 민간조직)

(1) 아동양육시설

보호대상 아동을 입소시켜 보호, 양육 및 취업훈련, 자립지원서비스 등을 제공하는 것을 목적으로 하는 시설이다. 그 대상은 18세 미만의 보호가 필요한 아동(보호자가 없거나 보호자로부터 이탈된 아동), 보호자로부터 학대받은 아동, 보호자의 질병, 가출 등으로 가정 내에서 보호하기 어려운 아동, 시 · 도지사 또는 시장, 군수, 구청장이 특별히 보호가 필요하다고 인정하는 아동을 대상으로 한다.

(2) 공동생활가정

보호대상 아동에게 가정과 같은 주거 여건과 보호, 양육, 자립지원서비스를 제공하는 것을 목적으로 하며, 가정해체, 방임, 학대, 빈곤, 유기 등의 요보호아동, 18세가 되어 퇴소하는 그룹홈 아동을 대상으로 지원하고 있다.

(3) 아동일시보호시설

보호대상 아동을 일시보호하고 아동에 대한 향후의 양육대책 수립 및 보호조치를 행하는 것을 목적으로 하는 시설이다. 보호자가 있거나 보호자로부터 이탈된 아동, 보호자로부터 학대받은 아동, 보호자의 질병, 가출 등으로 가정 내에서 보호하기 어려운 아동을 대상으로 한다.

(4) 자립지원시설

아동복지시설에서 퇴소한 사람에게 취업 준비 기간 또는 취업 후 일정 기간 동안 보호함으로써 자립을 지원하는 것을 목적으로 하는 시설이다. 대상은 가정위탁보호가 종료되거나 시설에서 퇴소한 지 5년이 지나지 아니한 아동자립지원시설아동, 아동양육시설에서 퇴소한 사람 또는 국민기초생활수급권자이며, 이들에게 취업 준비 기간 또는 취업 후 일정 기간 동안 숙소를 제공하여 안정된 자립기반을 조성하기 위해서 제공되는 서비스이다.

(5) 아동전용시설

어린이공원, 어린이놀이터, 아동회관, 체육, 연극, 영화, 과학실험전시 시설, 아동휴게 숙박시설, 야영장 등 아동에게 건전한 놀이와 오락 그 밖의 각종 편의를 제공하여 심신의 건강유지와 복지 증진에 필요한 서비스를 제공하는 것을 목적으로 하며, 18세 미만의 아동을 대상으로 한다.

(6) 지역아동센터

지역사회 아동의 보호 · 교육, 건전한 놀이와 오락의 제공, 보호자와 지역사회의 연계 등 아동의 건전육성을 위한 종합적인 아동복지서비스를 제공하는 시설로서 맞벌이 가정 등의 지역 내 방과 후 돌봄서비스를 필요로 하는 18세 미만의 아동들을 대상으로 서비스를 제공한다.

(7) 아동보호전문기관

국가는 아동학대 예방사업을 활성화하고 지역 간 연계체계를 구축하기 위해 중앙아동보호전문기관을 두었으며, 지방자치단체는 학대받은 아동의 발견, 보호, 치료에 대한 신속한 처리 및 아동학대 예방을 담당하는 지역아동보호전문기관을 시 · 군 · 구에 1개소 이상 설치하고 있다. 18세 미만의 아동학대 피해아동, 학대 행위자 및 피해아동이 포함된 가족이 대상이다.

(8) 아동보호치료시설

아동에게 보호 및 치료서비스를 제공하는 시설이며, 법원의 소년 재판에 의해 소년 보호처분 6호를 받은 아동 · 청소년, 학교 밖 청소년 등을 대상으로 한다.

(9) 가정위탁지원센터

지역 가정위탁지원센터는 가정위탁을 하고자 하는 가정의 발굴, 가정위탁을 하고자 하는 가정에 대한 조사 및 가정위탁 대상 아동에 대한 상담, 가정위탁을 하고자 하는 사람과 위탁가정 부모에 대한 교육, 위탁가정의 사례관리, 친부모 가정으로의 복귀 지원, 가정 위탁아동의 자립계획 및 사례 관리, 관할 구역 내 가정위탁 관련 정보 등을 제공한다.

(10) 다함께돌봄센터

시 · 도지사 및 시장 · 군수 · 구청장은 초등학교의 정규교육 이외의 시간 동안 "방과후 돌봄서비스"를 실시하기 위하여 다함께돌봄센터를 설치 · 운영하며 국가는 다함께돌봄센터의 설치 · 운영에 필요한 비용의 일부를 지방자치단체에 지원할 수 있다.

1. 아동의 안전한 보호
2. 안전하고 균형 있는 급식 및 간식의 제공
3. 등 · 하교 전후, 야간 또는 긴급상황 발생 시 돌봄서비스 제공
4. 체험활동 등 교육 · 문화 · 예술 · 체육 프로그램의 연계 · 제공
5. 돌봄 상담, 관련 정보의 제공 및 서비스의 연계있다.

Chapter

06 아동복지의 실천

1 아동복지 실천의 이해

아동은 온전한 발달을 이루며 성장하기 위하여 부모의 보호와 사회의 특별한 정책이 필요하다. 아동발달 시기에 적합한 아동복지정책과 서비스를 실천하기 위해서는 아동복지의 기본 원칙에 근거하여 이루어져야 한다. 아동복지의 원칙을 구체적으로 살펴보면 다음과 같다.

1) 권리와 책임의 원칙

아동, 부모, 사회의 조화 속에서 각각의 권리와 책임의 확립에 기반을 두고 있어야 한다는 원칙이다. 그것은 각종 아동복지 관계법에 아동, 부모, 가정, 사회 및 국가의 책임을 각각 명시한 것에서도 찾아볼 수 있다.

(1) 아동 책임과 권리의 원칙

아동은 보호의 대상에서 복지의 주체로서 단순히 성인의 보호를 필요로 하는 의존적이고 수동적인 존재가 아니라, 독립된 개체로서 자신의 생을 능동적으로 받아들이고 행동하여야 한다는 점을 의미한다. 이는 아동 관점의 변화와 함께 아동복지서비스에도 큰 영향을 미치게 되었다. 아동은 부모와 사회로부터 의식주의 제공을 받아 안정된 생활과 학대와 착취로부터 보호되어야 한다. 아동은 교육을 받을 권리와 문화적인 혜택을 누릴 권리가 있으며 신체적, 정신적으로 건강하게 발달할 권리가 있다.

아동은 아동복지의 주체로서 아동에게도 일련의 책임이 있다는 원칙이다. 스스로 자녀 자신의 발달을 위해 노력해야 하며, 독립된 개체로서 능동적으로 행동해야 한다.

(2) 부모의 권리와 책임의 원칙

오늘날, 사회적으로 많은 변화가 일어나 아동복지에 대한 책임과 기능이 사회화되긴 하였으나, 자녀 양육에 대한 일차적 책임은 부모에게 있다. 세계 아동의 권리선언(1959)에서도 아동은 가능한 한 양친의 보호와 책임 아래서 자라날 권리가 있다고 선언한 바 있다.

부모의 책임은 크게 자녀의 사회화와 양육으로 구분한다. 사회화를 위해 부모는 자녀의 성장 과정에서 필요한 지식과 기술을 위해 교육하고 지원해야 하며, 성장 과정에서 건강하고 안전하게 생활할 수 있도록 정서적인 안정과 환경을 마련해 주어야 한다. 부모의 양육역할의 문제가 있을 경우는 아동 최우선의 원칙에 의거하여 사회적인 지원이 개입되고 부모의 권리가 제한될 수 있다.

(3) 사회와 국가의 권리와 책임

국가는 아동복지정책 개발을 위해 입법 권한과 실제적인 대책을 수행할 권리와 책임이 있다. 국가는 아동의 권리증진을 위해 부모가 양육의 역할을 잘 수행하고 있는지 개입할 수 있으며, 필요에 따라서는 국가가 공권력을 행사하여 부모의 권리를 제한할 수 있다.

특히 부모가 아동을 학대하거나, 친권을 남용하는 경우에는 위탁가정이나 시설보호를 받도록 조치하여야 한다. 아동권리의 인식이 사회적으로 높아지는 시대에 맞춰 국가의 권리와 책임이 강화되어야 한다.

2) 보편성과 선별성의 원칙

보편성의 원칙은 전체 아동을 대상으로 하는 포괄적이고 기회 균등한 제도이다. 이는 아동복지 원칙에서 가장 중요하게 고려해야 할 사항 중에 하나이다.

선별성의 원칙은 조건이나 기준을 정하여 서비스 대상을 제한하는 것으로 특수아동을 대상으로 하는 보충적이고 열등 처우를 개선하는 서비스 제공이다.

보편성의 원칙은 소득에 관계가 없이 모든 아동을 대상으로 급여나 서비스를 제공하는 것을 말한다. 이러한 보편성의 원칙은 사회문제란 불완전하고 불공평한 사회체계가 요인이라고 보고 사회문제는 개인의 결함이나 잘못으로 발생하는 것이 아니라는 관점에서 출발한 서비스 원칙이다.

기존의 아동복지사업은 특수한 아동을 중심으로 보충적 서비스가 중심이 되어 왔으나, 앞으로는 전체 아동을 위한 보편적인 수준으로 고려되어야 하며, 아동에 대한 복지대책은 선별성에 의해 도움이 필요한 아동의 보호는 물론, 예방과 치료를 모두 고려한 보다 광범위한 차원의 보편적 아동복지가 이루어져야 한다.

3) 개발적 기능의 원칙

아동의 문제 발생 후 사후대책 적인 대응 자세에서 나아가 적극적인 아동의 변화를 유도하는 데 그 의미를 두는 적극적이고 예방적인 개발 지향적 아동복지체계이다. 사회의 부정적인 문제들에 대해 의도적인 변화를 가져와서 개발 체계와 보조를 맞추는 일련의 활동을 의미한다. 이러한 개발적 기능은 아동의 사회적 자립과 함께 사회적 기여의 창출이라는 관점이 내포되고 경제적인 이익도 관련된다. Kendal은 개발적 기능에 대해 "목적에 적극성을 띠고, 접근방법에서 포괄성을 가지며, 대상 인구의 각 부분에 관련되어야 하고, 종전까지의 순수한 치료적 혹은 미시적 수준에서 지역사회적, 국가적, 거시적 수준까지의 제 복지기능의 관여"라고 주장하고 있다.

모든 아동이 이 원칙의 적용을 받고 있으나 특수한 욕구를 지닌 장애아동, 결손가정아동, 빈곤가정아동이 주된 대상이 된다. 예를 들면, 장애가 있는 아동의 경우 그가 가진 잠재능력이 개발되지 않으면 사회적 자립이 거의 불가능하며, 빈곤가정에서 자란 아동일 경우에는 열악한 환경이 학업성취를 저해하고, 이로 인해 장래에 직업적 성공이 어려워서 빈곤의 악순환이 되풀이될 가능성이 크기 때문이다.

아동은 사회적으로 소속이 없는 소외된 대상이 아니라, 국가발전에 능동적으로 참여하여 활동하는 기회를 제공함으로써 건전하게 성장할 수 있도록 각별한 관심을 두어야 한다. 앞으로 더욱 적극적이고 예방적인 차원에서 의도적 변화를 가져오는 아동복지가 실천되어야 한다.

4) 포괄성의 원칙

포괄성의 원칙이란 아동복지정책을 수립할 때 아동복지를 달성하기 위해서는 경제, 교육, 보건, 주택, 노동, 오락 등의 포괄적인 서비스 대책이 마련되어야 그 효과를 거둘 수 있다는 것이다. 즉, 아동의 발달은 신체, 정서, 인지, 사회발달이 분리되어 나타나는 것이 아니라 상호관련성 안에서 역동적으로 발달하는 것이므로 아동의 욕구에 대하여 통합적인 관점으로 접근해야 한다는 것이다.

예를 들어, 가정의 안정과 부모 역할 수행을 위한 경제적 지원, 의무교육의 확대, 노동력 착취로부터의 보호를 위한 법령 등의 재정을 들 수 있다. 이 원칙은 아동을 전인으로 파악하고 있음이 전제되며, 대표적인 예로서 심신장애아동을 대상으로 한 복지대책을 들 수 있다. 즉, 장애아동의 사회적 자립을 위해서 의료재활, 교육재활, 심리재활 및 직업재활이 종합적으로 제공되는 점이 그것이다. 그러므로 관련 분야 간의 상호유기적인 이해와 협조는 아동복지의 증진에 이바지한다고 볼 수 있다.

5) 전문성의 원칙

아동복지 사업의 성과를 결정하는 중요한 원칙 방향으로 전문기관과 전문가의 지식에 의해 이루어져야 한다는 원칙이다. 아동의 문제와 욕구는 가정이 겪는 급격한 사회문제로 인해 점점 복잡해지고 다루기 어려워지고 있어 아동에 관한 전문지식과 기술 없이는 아동을 제대로 이해하지 못하며 오히려 2차적인 피해를 줄 수 있다. 따라서 아동발달을 고려한 아동 관련 프로그램을 직접 기획하고 실천할 수 있는 능력 있는 전문가가 필요하다. 특히 아동학대나 아동폭력에 관계된 문제는 더욱더 아동 전문치료사의 개입이 반드시 이루어져야 한다.

아동기의 문제는 그 개입이 빠를수록 문제해결도 빠르다는 것을 고려하여 전문가의 지식이 개입되고 문제의 해결 시기를 조정한다면 그 효과가 높고 노력과 시간 및 경비를 줄일 수 있다.

2 아동복지사업의 접근방법

아동복지사업은 아동정책과 함께 가족복지의 한 방법으로 개별적, 심리적, 미시적 접근을 아동으로 하여금 생활에서 원만한 인간관계를 맺도록 하는 서비스를 말한다. 일반적으로 특수한 욕구를 가진 아동들의 특별한 문제를 취급하는 아동복지서비스 활동으로 다분히 아동복지의 제도적 개념을 보완하는 잔여적 성격을 띠고 있다.

아동복지서비스는 카두신(A. Kadushin)의 3S모델에 입각하여 아동지원서비스, 아동보완서비스, 아동대리서비스로 분류할 수 있다. 지원서비스는 상담, 아동사회사업, 치료, 생활교육, 옹호 등을 들 수 있으며, 보완서비스는 가족해체예방기금마련, 가족보존과 가정기반서비스, 가족보호서비스, 가족폭력 예방 및 치료서비스, 가정조성사업 등이 있고, 대리서비스에는 그룹홈, 단기쉼터, 휴일가정위탁보호 등을 들 수 있다.

또한 아동복지서비스적 접근은 예방적 접근, 사후 치료적 접근으로도 분류할 수 있으며, 예방적 접근은 아동문제 발생을 사전에 방지할 수 있도록 가족을 강화하는 가족생활교육이 있고, 치료적 접근에는 가족치료가 있다.

1) 아동복지서비스 접근방법

(1) 예방적 접근방법

일반적으로 예방적 접근방법이란 개인의 사회생활상의 장애나 곤란, 부적응에 대하여 그 발생을 예방하고, 동시에 사회의 제도나 가족복지서비스에 문제나 모순에 의해 문제가 발생하는 경우 그 제도의 구조나 서비스의 내용을 변경하여 개선하는 것을 목적으로 하고 있다. 아동복지의 예방적 접근은 아동문제 발생을 사전에 방지할 수 있도록 강화하는 것으로 사전예방 차원에서 아동복지사업은 가족생활교육으로 대표될 수 있다.

아동복지에 있어 예방적 성격은 아동을 기본적인 가족제도에 연계시켜 가족제도로부터의 탈락을 예방하고 또한 일반적 가족복지서비스를 쉽게 이용할 수 있게 정비하는 것이다. 그리고 기본적인 가족제도란 경제, 의료, 교육, 고용, 주택, 문화 오락 등을 포함하고 있다. 구체적으로 예방적 접근방법의 특징을 살펴보면 다음과 같다.

① 사회생활에서 발생하는 아동문제의 예방

모든 개인은 아동복지서비스에 연결시켜서 공통적이고 평균적인 개인의 요구나 관심에 부응하기 위해 평등하게 이용하고 활용할 수 있는 기회를 보장하고 가족제도상의 보장에서 탈락하는 것을 예방한다.

② 아동생활의 건전성의 유지

건전한 아동생활은 지역사회에 존재하는 사회제도와 효과적인 관계를 맺음으로써 달성될 수 있을 것이다. 즉, 아동이 가진 기본적인 생활욕구는 기회균등하게 보장되는 사회제도를 이용함으로써 충족하고 건전한 생활이 가능하게 된다.

③ 가족제도와 가족서비스의 강화와 확충

사회생활에서 발생하는 아동문제의 예방과 생활의 건전성의 유지를 위해서는 가족제도나 서비스가 정비되어야 하고 활성화시켜야 한다. 그리고 이런 목적을 달성하기 위해서는 과학적이고 조직적인 정책을 통하여 시설이나 단체를 개발하여 아동의 사회관계를 발전시켜야 한다.

④ 사회자원의 준비

예방적인 아동복지는 모든 아동이 보편적으로 사용할 수 있는 사회자원을 준비해야 한다. 치료적이고 보호적인 아동복지가 대상을 한정하여 일정의 자격 조건을 갖춘 자에게 한정적으로 서비스를 제공하는 것과는 차이가 있다.

예방적 아동복지사업이 성립하는 사상이나 배경은 최근 들어 특히 강조되어 정상화 이념에 입각하여 생활의 질을 중시하는 경향과도 관계가 있다.

(2) 치료적 접근방법

치료적 접근방법은 아동문제를 가족시스템으로 생각하여 해결을 촉구하는 접근방법이다. 그리고 치료적 접근방법은 아동문제가 발생한 후 접근하는 방식이라 하겠다. 현재 가족치료는 정신분석학적인 측면에서 출발했지만 지금은 다양한 부분에서 접근하고 있다.

(3) 예방과 치료의 통합

아동복지사업에서 예방적인 접근과 치료적 접근은 통합적인 차원에서 접근해야 한다. 아동문제의 특징상 예방적인 측면이 있는 동시에 사후 치료적인 측면도 지니고 있기 때문이다. 그러므로 앞으로 과학적이고 전문적인 아동복지사업을 실시하려면 예방과 치료를 포괄적으로 포함할 수 있는 프로그램을 개발해야 할 것이다.

2) 접근방법의 유형

(1) 치료

치료는 가족기능의 회복을 목적으로 실시되는 개입전략이다. 치료는 가족구성원이 이해하거나 혹은 그렇지 않더라도 또는 그들의 문제에 동의하든 동의하지 않든 치료적 개입은 아동문제의 해결을 위해 계획된다. 그리고 치료는 집단지도로 동시에 여러 아동에게 적용한 경우도 있지만 개별면담에서 개입을 하는 경우도 있다.

(2) 교육

교육을 어떻게 정의하든지 교육은 개입의 중요한 요소이다. 초등학교 교사, 대학교수 그리고 다른 전문가들은 아동과 그들 구성원에 대한 풍부한 정보를 제공한다. 가족 관련 분야에서 또 다른 활동 영역은 가족생활 교육이다.

많은 사람이 치료적 프로그램보다 교육적 프로그램에 쉽게 적용되더라도 교육을 직접 받는 사람들은 종종 아동의 개별 구성원이다. 교육은 아동들이 그들 자체를 돕는데 유용한 정보를 많이 제공하지만 변화를 강조하지는 않는다. 교육은 치료에 비해 문제에 덜 치중한다. 이러한 유형에는 가족생활교육과 부모교육 등이 포함된다.

(3) 사회정책

사회정책은 일반적인 원칙 혹은 목표 그리고 그런 목표를 달성하기 위한 행동의 프로그램 둘 다 포함하고 있다. 지방, 지역, 국가 혹은 국제적 영역 등 어떤 위치에 있든지 정부는 아동에게 영향을 주는 법과 규칙을 만들고 집행한다. 그러므로 사회정책으로서의 아동복지정책은 각국의 아동의 개념에 따라 접근하는 방법이 달라진다. 정책변화에 의해서 정책이나 프로그램이 변화될 때마다 개입도 발생한다.

(4) 사회운동

개입의 네 번째 유형은 사회운동이다. 일반적으로 사회운동은 공통적인 관심을 나누는 많은 다양한 가족으로 조직된다. 사회운동이 조직적이고 성공적이라 하더라도 운동의 목적은 그들의 행동과 모든 가족 혹은 어떤 종류의 가족에 대한 그들의 태도가 변화하도록 영향을 미치는 것이다. 사회운동의 방법들도 어느 정도 치료적이지만 보편적으로 교육과 정치운동을 결합시킨 것이 많다.

(5) 아동복지서비스

아동복지서비스와 관련한 아동연구의 역사는 깊다. 또한 아동복지서비스는 아동복지실천과정의 변화와도 비슷한 맥락에서 변하고 있다. 아동복지서비스는 아동복지실천에서 가장 보편적으로 사용되는 유형이다.

(6) 아동에 대한 직접적 개입

아동복지서비스에서 가족에 대한 직접적인 개입으로 대표적인 분야는 아동복지사업이다. 아동복지사업은 주로 사회복지기관과 아동복지 관련기관에서 다양한 아동문제를 해결하기 위하여 전문 사회복지사가 개입하는 것이다.

(7) 아동보호

아동보호는 가정 내에서 발생하는 각종 장애문제를 포함한 아동문제에 대해 각종 보호를 지원해 줌으로써 아동의 역할 수행과 능력을 향상시키는 기능을 수행한다.

3 아동복지 실천기술의 이해

1) 아동복지 실천기술의 의의

사회복지 실천기술은 전문성과 과학성을 전제로 한 실천활동으로서 사회복지 원조활동에 기대되는 과제이다. 복지의 목표를 실행하는 활동은 풍족한 가치관과 깊고 넓은 지식에 의한 원조기술로 가능해지며, 사회복지 원조활동의 전문성과 과학성을 원조자(사회복지사)의 원조기술에 의해 성립된다고 해도 과언이 아니다.

사회복지 실천기술의 의의에 대하여 이해하자면 기술이란 가치, 지식, 재능, 훈련 등에서 생겨나는 수단, 역량, 솜씨 등을 의미하고 기능, 기예, 기(技) 등도 같은 의미로 쓰이는 일이 많다. 기예가 미술과 공예, 예술세계의 가치실천 기술을 의미한다면 사회복지 실천기술은 대인 원조기술로, 숙달된 경험, 재능만이 아니고 인간과 사회생활에서의 가치 실현을 추구하는 목적으로서 과학적인 것에 깊은 의의가 있다. 역사적으로 기술은 노동수단의 체계가 있다고 하는 노동수단설과 생활이라는 생산적 활동에서의 수단과 목적으로 논하여 왔다.

따라서 아동복지사업 실천기술이란 아동복지를 실천하는 가치를 위한 기술적 방법으로 이해되어야 할 것이다. 한편, 대인 원조기술이란 실천에 필요한 원조기술이고 인간을 조작하는 수단은 아니며, 이용자 스스로 목표로 하고 있는 사회적인 생활에 접근하여 그 실현을 가능케 하는 목적을 갖는 원조의 전개과정 그 자체이다.

원조기술이란 이용자를 인식하며 통찰하는 것을 의미하고 있다. 즉, 이용자가 있는 그대로 지각하고 체험해 있는 과정을 소중하게 하는 것으로 이용자의 실제적 가능성과 진실한 인내의 발견과 변용을 가능하게 하여 가치를 인식해 가는 과정이다.

2) 아동복지 실천기술의 유형

아동복지 실천기술은 대인적 · 대면적, 구체적인 이용자 중심의 직접실천기술과 간접실천기술 그리고 관련 실천기술이 있다.

(1) 직접실천기술

가. 의의

직접원조활동방법과 기술을 총칭하여 직접실천기술이라고 하며, 직접실천활동이란 사회복지의 목표를 이용자의 생활 속에 직접 개별적으로 실현하는 실천기술이다. 대상구성은 개인일 수도 있고 가족과 구성원에 대한 소집단일 수도 있으며 개별사회사업의 원리와 집단사회사업의 원리를 중심으로 한다.

직접실천기술은 원조활동 대상이 개인과 가족에 대응하는 경우는 개별원조기술(케이스워크), 개인과 가족원으로 구성되는 소집단에 대응하는 경우 집단원조기술(그룹워크)을 기반으로 체계화되어 왔다. 양자는 지금까지 따로따로 다루어져 왔지만 현재는 양쪽 모두 서비스 이용자의 직접적인 대인관계를 매개로 해서 전개하고 있고 통합화되어 있다.

즉, 직접원조기술은 정비된 간접원조하에서 실시되고, 간접원조가 제공하는 자원을 활용해서 비로소 효과적인 원조과정을 전개할 수 있는 것이며 간접원조도 또한 직접원조과정에서부터의 끊임없는 피드백에 근거하여 자원동원 등에 의해서 그 존재의의를 가진다. 원래 사회복지 원조기술의 역사에 있어서 원조과정의 과정화는 직접원조과정에서 시작되었다.

자의적이고 비효율적인 자선적 운영에서 자선조직화운동(COS운동)을 거쳐서 영국을 중심으로 가족복지 기반으로라는 직접원조의 과학화 · 합리화가 이루어졌는데, 그 과정에서 간접원조기술도 점차 체계화의 길을 걸어왔다. 구체적인 직접원조기술으로서는 전통적인 케이스워크, 그룹워크를 중심으로 하고 최근에는 재가복지를 바탕으로 그 필요성이 증가하고 있는 사례관리 등의 기반도 포함된다고 보는 경향이 있다. 직접원조기술과 유사한 개념으로 대인복지서비스라는 용어가 있는데, 대인복지서비스는 보다 광범위한 의미를 내포하고 있다.

나. 특징

직접원조기술의 특색은 아동복지사와 아동과의 직접적인 인간관계, 특히 전문적 원조관계에 있다. 이 일정한 관계를 구축하기 위해서는 몇 개의 기본원리가 인정되고 있는데 그중 많은 부분은 종래의 케이스워크나 그룹워크의 연구와 실천의 영향이 강했다고 볼 수 있다.

(2) 간접실천기술

가. 의의

간접실천기술은 아동의 구체적인 기본적 요구의 해결에 직접 속하는 것은 아니어도 클라이언트에게 있어서는 자기의 인간으로서의 가능성을 추구하는 데에 잠재적 가치를 갖는 기회를 얻는 환경상의 수단을 포함하고 있거나 또는 환경상의 압력이나 장애를 제거하거나 클라이언트에 대한 타인의 태도를 개선시키는 개입 등에 의해 성립하고 있는 것이다.

간접실천기술은 지역사회와 복지시설 등에 있어서 사회복지운영의 개선을 도모하고 직접실천기술의 기반 조성을 하는 조직적 · 계획적인 제도와 행정이 필요하며 가족이 가족문제를 스스로 해결하고자 하는 활동이다. 간접적 기술에는 아동욕구조사, 아동복지행정과 정책, 사회계획 등이 속하며 서비스를 제공하는 제도나 기구 정책 개선에 초점을 두고, 전개해 나가는 방법으로서 경영관리, 정보 분석기술 등의 체계화를 포함하는 지역사회조직 등이 이에 속한다.

나. 특징

간접원조기술은 사회복지의 원조기술로서 직접원조기술과 함께 사용되고 있는 아동복지실천에 있어서 절차상의 개념이다. 간접원조기술은 가족의 구체적인 기본적 욕구의 해결에 직접 속하는 것은 아니더라도 가족에게 있어서는 인간으로서의 가능성을 추구하는 데에 잠재적 가치를 갖는 기호를 얻는 환경상의 수단을 포함하고 있거나 또는 환경상의 압력이나 장애를 제거하거나 가족에 대한 타인의 태도를 개선시키는 개입 등에 의해 성립하고 있는 것이다.

(3) 아동복지 실천기술의 통합화와 특성화

가. 통합화

직접원조기술과 간접원조기술을 단지 직접원조기술은 단순히 심리적인 것으로 생각하고 간접원조기술은 심리사회적인 것으로 생각하는 것은 잘못된 것이다. 환경상의 원조도 또한 인간에 대해서 행하여지는 것이므로 양자는 기법(技法)의 차이에 의한 것이라기보다는 오히려 기법에 의해 영향을 받는 인간과 관계된다는 인식이 중요한 전제이다. 지금까지의 원조방법들이 별개로 전문 · 분화되어 발달해 왔기 때문에 원조활동이 분단되는 불합리한 점이 있다는 반성에서 상호관련성을 명확하게 하는 일과 그 공통기반을 확립할 필요성이 있다는 점에서 원조활동에 대한 재편성의 움직임이 나타나고 있다.

즉, 아동문제를 일으키는 주된 원인, 부차적 원인, 유인 등의 판별과 함께 긴급을 요하는 원조와 비교적 긴급을 요하지 않는 원조 등 직접원조, 간접원조를 막론하고 처우기법에 대해서는 워커가 가족의 문제해결 원조에 있어서 그것이 대상자에게 어떠한 의미를 갖고 있는가에 초점을 맞추는 것이 중요하다.

아동복지사업에 필요한 여러 가지의 실천기법을 살펴보았지만, 이들은 상호 관련이 있는 것으로, 단독의 기법으로 초점화하는 것은 바람직하지 않다. 이용자의 인간성이나 문제상황에 따른 적절한 조합이 효과를 나타낼 수 있는 원조실천방법인 것이다. 기법은 결코 지침서가 아니기 때문에 사고를 하지 않고, 거기에 무지각적으로 맹종하는 것만은 피해야 할 것이다.

아동복지사업의 목적은 가족이 도움을 받기 위하여 최초로 아동복지사를 만날 때부터 시작하여 아동복지사와 가족의 관계가 종결될 때까지 계속되는 다양한 아동사회복지 기술을 통해서 달성될 수 있는 것이다. 그리고 가장 숙련된 기술은 면접자와 피면접자 간에 부드럽고 자연스러운 교류를 통해서 이루어진다. 이러한 방법은 주의 깊은 연구와 다년간의 실천경험을 통해서 얻어질 수 있는 것이다. 또한 다양한 사회복지 실천기술이 통합적으로 실시될 때 더욱 좋은 결과를 가져올 것이다.

나. 특성화

아동복지사업의 기술은 먼저 다양한 유형과 문제에 대한 전제가 이루어져야 한다. 현재 우리는 가족유형에 따른 가족문제를 구체적으로 고찰하지 못하고 있다. 그리고 아동복지사업의 기술은 각국의 가족문화 가족특성, 가족구조 등에 따라 다르게 접근해야 할 것이다. 이러한 전제조건이 완성되었을 때 우리 현실에 맞는 특성화된 아동복지사업의 기술이 개발될 수 있을 것이다.

3) 아동복지 실천기술의 원칙

(1) 재가복지 실시의 원칙

아동복지사업에 있어 가장 기본이 되는 곳이 가정이기 때문에 원칙적으로 가정에서 서비스를 실시하는 것이 가장 좋은 가족복지사업이다. 즉, 재가복지란 자신이 살아온 생활공간인 자기집에서 생활을 유지하기를 원하면서 자립조건의 결여, 타인의 원조를 필요로 하는 아동에 대하여 가능한 한 주택에서 생활을 유지할 수 있도록 제공되는 각종 아동복지 형태를 말한다.

(2) 개별화된 아동복지사업의 실시

사회복지실천에 있어 개별화란 각 클라이언트의 독특한 자질을 인정하고 이해하는 것이며, 클라이언트가 보다 나은 적응을 하도록 원리와 방법을 다르게 적응하여 돕는 것이다. 즉, 개별화의 원리는 인간은 개별적이고 같은 인간이 아니라 개인차를 가진 인간으로서 취급해야 한다는 것이다.

이러한 원리는 아동복지사업에도 적용된다. 아동도 한 개인처럼 다양한 가족형태를 이루고 있으므로 아동을 개별화시켜 접근해야 하는 것이다. 아동을 개별화하기 위해서는 아동과 가족에 대한 철저한 사전조사를 통해 접근해야 할 것이다.

(3) 아동 전체에 초점을 둔 아동복지사업의 실시

아동은 하나의 사회체계로 볼 수 있으므로 아동복지사업을 실시하기 위해서는 아동 개인이 아니라 가족 전체로 접근해야 한다. 이것은 한가족에 대한 개입은 다른 가족구성원에게도 영향을 미치기 때문이다. 그러므로 아동복지사업은 가족 전체의 노력이 전제되어야 한다.

4 아동발달의 측면에서 바라본 아동복지의 실천방향

1) 아동발달의 원리와 문제행동

(1) 기초성의 원리

아동기는 성인기의 기초를 형성하는 시기로 인간발달의 과업이 초기에 이루어지는 데 이 발달이 제대로 이루어지지 못하는 경우 이 시기를 만회하거나 극복하고 고치기가 매우 어렵다. 지적, 정서적, 사회적, 도덕적 발달을 위한 문화적 자극의 부족, 실조나 불협화는 어릴 때 관계되는 일일수록 그것이 발달에 주는 기초적 장애와 후유증이 크다. 그러나 아동이 회복되도록 지속적인 관심과 사랑을 보이며 믿어 줄 때 그 회복이 더디더라도 극복된다는 믿음을 가지고 바라보아야 할 것이다.

(2) 적기성의 원리

아동은 발달하기에 가장 적절한 시기가 있어서 그 시기에 그 발달과업이 이루어지지 못하면 어떤 발달이든 다음 발달에 지장을 초래하여 정상적인 수준을 갖기 힘들다. 적기성이란 그때가 그 과업, 그 학습, 그 경험을 성취할 수 있는 가장 적기적인 기회라 하겠다. 신체, 인지, 언어, 도덕, 사회성 등은 적기가 각각 다르다고 보고되는데 아동기의 적기를 잘 파악하지 않고 발달을 조기에 이루려고 하면 오히려 역효과를 볼 수 있으며, 또는 방임하며 그 시기를 놓치면 발달이 지연되는 지연 현상을 초래하게 된다.

(3) 누적성의 원리

아동이 성장하면서 환경의 결함으로 그의 성장과 발달에 한번 결손이 생기면, 그 결손이 다음 단계의 성장 발달에도 영향을 준다. 지속적인 부정적 영향은 심한 결손으로 이어지는데 이러한 누적적인 결손을 누적성이라 한다. 아동 초기 가족 관계의 어려움은 사회 속에서 만나게 되는 다양한 동료와의 어려움을 초래하기도 하고 지적인 결여나 신체의 결여, 정서의 결여도 누적적인 파급이 지속된다.

(4) 불가역성의 원리

아동 초기에 이루어져야 하는 모든 발달에 그 적기가 있는 것처럼 그 적기를 놓치면 그다음 단계에서 아무리 잘 보충한다고 하여도 그 전 단계의 잘못에 영향을 주거나 이를 교정, 보충하는 데 한계가 있다는 것이 불가역성의 원리이다.

이는 신체, 정서, 성격적 발달 및 기타 여러 발달영역에 걸쳐 작용된다.

2) 아동발달의 측면에서 바라본 아동복지의 실천방향

아동기에 나타나는 발달상의 문제는 개인 내의 신체적, 인지적, 언어적, 사회정서적 영역에서의 발달 속도가 다르게 나타나는 경우와 같은 연령대와 비교했을 때 개인차가 크게 나타날 때 문제로 본다. 또한 유전적 요인, 환경적 요인이 개인차에 큰 영향을 준다. 그러나 이 시대에 나타나는 다양한 아동기의 문제행동은 정상범주냐, 정상범주에서 벗어났느냐의 사고 행동뿐 아니라 정상범주 내에서 벗어난 행동이나 사고 반응에 대해서도 세밀하게 관찰하고 주의를 기울여야 할 필요가 너무 많은 시대가 되었다. 특히 미디어의 발달과 스마트폰의 생활화가 가져다주는 문제는 인간의 발달 구조를 근본적으로 위협하고 가정의 기능까지 해체하는 시대가 되었다.

아동의 문제행동과 의도를 파악하는 관점은 다양하다. 아동의 문제행동을 자세히 들여다보면 그 배후에 어떤 갈등이나 불만, 욕구가 깔려 있다. 문제 상황에만 대응할 경우 1차 문제는 해결되겠지만 그 이후 근본적인 문제해결이 이루어지지 않아 다른 문제로 이어질 수도 있다. 아동이 문제를 일으키는 데는 그 의도가 있다고 바라보는 세심한 관심이 필요하다. 또한 아동의 문제는 성장하는 과정에서 나타나는 것으로 자연스럽게 바라보거나, 오히려 성장을 가져오는 과정일 수 있다는 점에서 기다림이 필요하다.

아동 문제는 인적, 물리적 환경의 문제로 나타날 수 있다. 아동의 문제가 발생하는 배후의 환경이 어떠한지 다시 파악하여 아동이 아니라 그 문제를 극복할 수 없기 때문은 아닌지 다시 살펴보아야 한다.

생각해 보기

발달의 문제를 가진 아동 사례

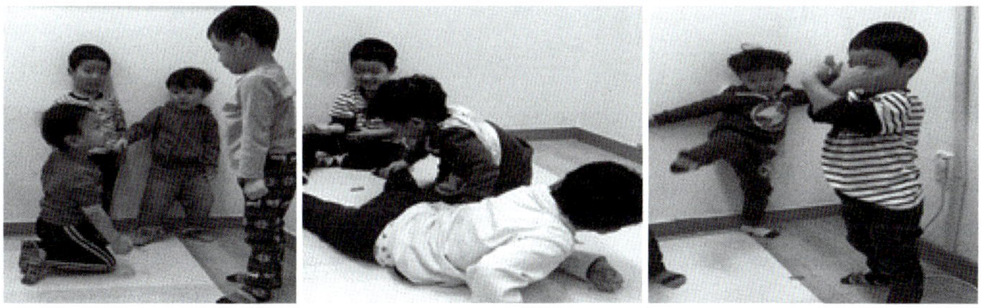

〈공격적인 문제 행동을 보이는 아동〉

- 로봇이 되어 싸움 놀이를 하면서 주변 친구들을 공격하는 아이
- 이 과정에서 유아들이 다치게 될까 봐 우려되어 교사는 갈등하게 된다.

질문 1: 내성적인 아이지만 과격한 신체놀이를 좋아하고 친구를 다치게 하는 경우가 있는데 이럴 때 어떻게 하면 좋은가?

질문 2: 아동이 공격성을 보이는 인적, 물리적 원인을 환경적 측면에서 생각해 보자.

질문 3: 마음을 표현하는 방법을 알려 주기 위하여 어떻게 지도하면 좋을까?

5 아동복지 실천과정 사례

1) 접수 및 준비

(1) 접수 및 계약

가. 접수

이 단계의 주된 목표는 도움을 구하러 아동의 욕구가 기관의 목적과 서비스 내용에 적합한지 아닌지를 판단하여 접수하고 클라이언트와 긍정적인 원조관계를 맺어 앞으로의 개입과정에 클라이언트의 참여를 유도하는 것이다.

접수단계에서의 구체적인 활동은 아동의 문제와 욕구, 그리고 원조의 목적을 명확히 하고 원조과정에서 기대되는 바를 명확히 하여 아동의 욕구가 기관의 자원과 정책에 부합되는지의 여부를 판단하는 것이다.

나. 계약

아동들에게 아동복지사업을 전개하기 위한 전제조건은 다음과 같은 것들이 있다(이화여자대학교 사회복지연구회, 2001).

① 아동의 동의

아동들이 특별한 문제에 대해 외부에서 개입하는 것에 동의해야 한다. 그리고 가족원 모두와 계약을 해야 한다.

② 기관과의 연계와 결정

아동문제를 해결하기 위한 기관과 연계하여야 한다. 그리고 기관은 그 아동문제가 적합한지를 결정하여야 한다. 즉, 아동문제를 가진 아동의 욕구와 기관의 아동문제 해결 능력이 일치해야 한다.

다. 계약내용

계약서를 문서로 작성할 때에는 구체적으로 서술해야 한다. 계약서에 포함될 내용을 살펴보면 다음과 같다.

① 인적사항
② 상담 및 치료시간과 장소
③ 상담 및 치료과정 참여동의(부모참여, 작업 참여, 부모교육 등)
④ 새로운 문제해결을 위한 동의

이상의 내용 이외에도 아동특성과 문제해결을 위해 필요한 사항들을 계약해야 한다.

(2) 자료준비와 수집

자료수집이란 아동복지사가 가족의 문제에 개입하기 위해 그의 상황에 대한 사실을 수집, 관찰하여 이를 기초로 그에 대한 이해를 하는 과정으로서 문제해결을 위해 필수 불가결한 과정이다. 자료준비와 수집은 원조과정 전체를 통해 지속되지만 이 단계에서 가장 집중적으로 이루어진다.

2) 사정

(1) 아동사정의 의의와 방법

가. 의의

아동복지사업에서 사정은 매우 중요하다. 아동문제를 정확히 사정해야만 적절한 개입을 할 수 있기 때문이다. 아동사정은 아동을 하나의 단위로 보면서 아동과 관련된 내·외부 요인의 상호작용을 파악하기 위해 자료를 수집하고 분석하여 아동에 대한 개입을 계획하는 것이다. 그리고 아동사정을 정확히 하기 위해서는 다양한 방법을 통하여 접근해야 한다. 그리고 아동사정은 아동을 둘러싸고 있는 객관적 사실을 포함하여 주관적 사실까지도 잘 활용하여야 한다.

나. 방법

자료수집과 사정이 끝나면 문제해결을 위한 사전준비가 완료된 것이며, 그다음 단계로서 실질적인 문제해결 과정의 시작인 계획단계로 이어진다. 이 단계에서 아동복지사와 클라이언트는 개입목표를 설정하고 이를 달성하기 위한 계획을 수립하여야 한다.

아동을 사정하는 것은 고도의 기술과 지식이 요구되는 것이다. 또한 이론이나 모델에 따라 달라질 수 있다. 그리고 아동을 사정하기 위한 방법은 다양한 방법에서 접근해야 한다. 아동사정도 일반 사정과 같이 양적인 접근과 질적인 접근으로 나누어 볼 수 있다. 아동사정을 위한 양적인 방법으로는 표준화된 척도나 목록을 사용하고, 질적인 방법으로는 면접방법이나 그래픽을 사용하는 방법, 그리고 아동을 관찰하는 방법 등이 있다.

(2) 아동사정의 유형

아동사정의 유형으로 면접방법, 그림 그리기, 관찰, 목록 등으로 나누어 살펴보면 다음과 같다(조흥식 외, 2002).

가. 면접

면접은 아동사정을 위한 가장 기본적이고 중요한 방법이다. 면접은 생태도나 가계도를 활용할 수도 있고, 아동뿐만 아니라 가족에 대해 잘 알고 있는 자를 대상으로도 정보를 알 수 있다.

나. 그림 그리기

그림 그리기는 면접을 통해 알아낸 자료를 보다 알기 쉽게 표현하기 위하여 그림 등으로 나타내는 방법이다. 구체적으로는 생태도와 가계도 및 사회적 관계망 등이 있다.

① 생태도

생태도는 아동과 가족의 생활공간 내에 있는 사람 및 기관 간의 연계를 그림으로 나타내는 것이다. 이런 연계는 그림으로 상호영향, 자원관계 등을 포함하여 다양한 관계를 알 수 있다. 그림을 그릴 때에는 자기 나름대로 특정기호를 사용하여 표현할 수 있다.

② 가계도

생태도가 가족체계와 환경체계 간의 관계를 보여 주는 것이고, 가계도는 특정기간 동안의 아동의 역사와 그 과정에서의 주된 사건을 볼 수 있게 해 주는 사정도구이다.

③ 사회적 관계망 도표

사회적 관계망 도표는 그림이나 표로 보여 주는 것을 사회적 관계망을 통해 더욱더 자세하게 설명할 수 있다. 사회적 관계망 도표는 내용에 따라 적절하게 작성해야 한다.

다. 관찰

면접과 더불어 아동을 관찰하는 것은 가족기능을 사정하는 데 매우 유용하다. 즉, 관찰을 통하여 아동의 가족구성원 간 관계, 가족사항, 가족환경 등의 가족문제를 사정할 수 있다.

(3) 아동사정의 예

일반적으로 아동 및 가족사정을 위한 구성된 도구표를 살펴보면 다음과 같다(Jordan & Franklin, 1995; 이화여자대학교 사회복지연구회, 2001: 102-107 재인용).

• 인적사항

이름, 주소, 전화번호, 생년월일, 가족관계, 직업, 수입, 성별, 종교, 현재 문제

• 현재 문제의 특성

1. 아동 또는 아동복지사에 의해 파악된 문제
2. 문제내용
   ① 내력: 언제 문제가 발생했는가, 풀리지 않는 최근의 문제는 무엇인가
   ② 기간: 문제의 지속기간
   ③ 빈도
   ④ 크기
   ⑤ 선행사건: 문제가 발생하기 전에 발생한 문제
   ⑥ 결과: 문제가 발생하고 난 뒤 어떤 일이 발생했는가
   ⑦ 도움의 원인
   ⑧ 문제해결 노력: 문제해결을 위해 어떤 노력을 했는가
   ⑨ 가족자원: 문제해결을 위한 자원
   ⑩ 문제의 우선순위: 가족과 협의를 통하여 우선순위를 정한다.

• 가족

1. 개인내부문제
   ① 인지문제: 문제인지 및 해결능력
   ② 행동문제: 개인 신체 특성 및 장애
   ③ 기능수행문제: 진찰여부 및 마약 등의 사용 여부, 약물치료 여부 등

④ 정신상태: 외모, 사고장애(환상, 망상), 인식장애(기억력 등), 논리성
⑤ 문화적 고려사항
⑥ 동기부여: 변화에 대한 인식정도 및 동기부여요인
⑦ 역할과 역할수행: 가정 내에서의 역할, 역할수행과 관련된 문제, 성과 관련된 문제
⑧ 아동의 발달력

2. 대인관계
① 아동과 가족간의 관계: 가족협력, 상호작용, 의사소통 유형, 가족범위
② 가족구성원의 특성: 가족유형, 가족특징

3. 아동외 대인관계
① 부모직업
② 생활만족도와 영향
③ 친구관계

• **환경과 사회적 지지망**
① 사회서비스 기관의 고려사항: 기관과의 관계, 의뢰의 적합성 등
② 아동환경: 의식주, 이웃, 친지, 부족한 자원

• **측정**
① 가족기능수행
② 아동기능수행
③ 사회적 지지

• **요약 및 결론**
① 아동복지사의 생각
② 개입할 표적 문제(우선순위 결정)
③ 진행과정(다른 기관 의뢰 여부, 변화를 위한 관계)

3) 개입

개입단계는 상담사와 아동이 상호 합의하여 결정한 문제해결을 위한 계획을 구체적인 행동으로 실천하는 단계로서 이를 통해 의도하는 변화를 유발하는 단계이다. 즉, 상담사의 원조활동이란 바로 개입활동을 의미하는 것으로 이 단계가 바로 아동상담

실천과정의 핵심적 단계이다. 이러한 개입활동의 적절성과 효과를 검토하기 위해 상담사는 개입과 동시에 이 개입과정을 평가하여야 하며, 또한 개입으로 유도된 변화를 지속시키는 것도 이 단계에서 상담사가 수행해야 하는 과제이다.

4) 평가와 종결

(1) 의의

아동복지사업의 최종단계는 종결이다. 종결은 개입을 끝마치는 것이므로 간단하게 보이지만 사실은 아동상담 과정에서 매우 중요한 단계이다. 종결작업은 아동의 사회적 기능을 강화시키는 동시에 상담사와 클라이언트가 개입의 전 과정을 통해 같이 발전시켜 온 성과를 이해시키는 과정이기도 하다.

종결에는 개입활동 전반에 걸친 평가가 병행된다. 평가는 아동상담의 전 과정에서 계속적으로 일어나는 일로서 아동복지실천의 목적과 목표의 달성 정도를 결정하며, 동시에 목적과 목표를 성취하기 위해 사용된 수단의 적합성을 심사하는 과정이기도 하다.

평가는 개입의 전 과정에서 지속적으로 시행되지만 특히 개입이 끝날 때 더욱 중요하다. 종결단계에서의 평가는 일어나도록 기대되었던 일들이 정말로 일어났는가를 보는 것이다. 평가는 상담사와 그들을 고용하고 있는 기관들이 클라이언트와 지지자원, 그리고 사회구성원에게 책임성을 증명하기 위한 필수불가결한 작업이다.

(2) 종결의 유형

아동복지사업 종결의 유형은 다양하게 분류해 볼 수 있다. 그러나 종결의 가장 중요한 요인은 아동문제를 얼마나 해결했느냐에 초점을 맞추어야 할 것이다. 구체적으로 종결의 유형을 살펴보면 다음과 같다(이화여자대학교 사회복지연구회, 2001: 300).

① 성공적으로 종결된 경우

이 경우는 해결하고자 목적이 완성되어 가족과 상호 동의하에 종결하는 경우이다.

② 계약기간의 종료

이 경우는 계약기간이 종료되는 시점에 가족의 요구에 의해 종결하는 경우이다.

③ 문제해결의 진전이 없는 경우

이 경우는 아동문제의 해결에 별로 진전이 없어 가족과 공동으로 동의히여 종결하는 경우이다.

④ 아동복지사업에 문제가 발생한 경우

이 경우는 아동이 문제해결에 도움을 주지 않거나, 비협조적이고 반항하여 더 이상 아동복지사업을 진행할 수 없는 경우이다.

(3) 평가

아동복지사업이 종결되고 나면 평가를 실시해야 한다. 즉, 아동복지사가 가족문제 해결을 위해 실시한 사업에 대해 평가를 하는 것이다. 그리고 평가 시에는 실시된 아동상담의 기능과 한계, 종결 후의 반성을 포함하여 가족의 특징과 문제해결에서 나타난 문제점과 특성 등에 대해 평가한다. 아동상담 종결을 위한 체크리스트의 한 예를 살펴보면 다음과 같다(이화여자대학교 사회복지연구회, 2001).

〈표 6-1〉 **아동복지실천을 종결하기 위한 체크리스트**

		예	아니오
1	제시된 문제가 해결되었다.		
2	아동이 다룰 수 있거나 참을 수 있게 되었다		
3	달성된 변화를 효과적으로 측정할 수 있다.		
4	심리사회적 기능 수행 면에서 긍정적인 변화가 이루어졌다.		
5	아동이 더 효과적으로 의사소통을 하고 있다.		
6	아동이 학대로부터 안전하다.		
7	공식적인 지원망이 유용하고 아동과 가족이 이용방법을 알고 있다.		
8	아동이 필요할 때 전화할 수 있는 적절한 비공식망을 가지고 있다.		
9	아동이 지역사회 내 전문서비스에 의뢰되었다.		
10	아동이 전문서비스로 의뢰하는 데 동의한다.		
11	아동이 일상생활에서 기능하는 기술을 배웠다.		
12	아동이 기본적인 욕구가 충족되고 있다.		
13	아동상담사와 아동은 현재까지의 과정을 평가해 오고 있다.		
14	아동이 실시된 서비스에 만족한다.		
15	아동이 개입의 결과로 더 나아졌다.		
16	아동이 그들의 변화에 대해 인식을 경험할 수 있다.		
17	아동이 변화에 대한 그들의 역할을 알고 있다.		

5) 아동상담의 기록

(1) 기록의 의의 및 목적

아동복지실천을 효과적으로 실시하려면 아동복지사업 과정을 과학적으로 기록해야 한다. 기록은 면접 내용의 기억과 정확한 진단 및 치료를 위한 기초자료가 된다. 또한 면접의 기본적 기술을 배우는 데 필요하며, 아동복지사의 자기평가와 행정가 및 프로그램 계획자들이 기관의 실적과 프로그램의 효율성을 평가하는 자료가 된다.

기록의 목적은 상담사의 교체(전근, 휴가, 퇴직 등)와 클라이언트를 타기관으로 의뢰할 경우에 대응하기 위함이다. 그리고 기관의 서비스에 대한 적격한 수혜자격의 입증근거를 마련하기 위함이다.

(2) 기록의 유형

① 항목기록

면접의 전개 과정을 시간적으로 기술하지 않고 이야기의 내용을 항목별로 기술하는 방식으로 주로 객관적인 자료를 얻는 방향으로 초점이 정해진 면접에서 사용된다.

② 요약기록

1회 면접에서 파악한 것을 전체적으로 요점을 정리하여 기술하는 방식으로 압축기록이라고도 한다.

③ 과정기록

상담사와 아동관계의 전개과정을 시간적인 흐름에 따라 구체적으로 기술하는 방식이다.

(3) 기록의 방식

① 서술체

일기형식, 단계적 기술로서 누구나 알아볼 수 있는 장점이 있다.

② 요약체

주제별로 요약, 시간순서에 의한 서술체 양식인 치료요약이 이에 해당된다.

③ 설명체

진단과 평가에 사용된다.

④ 대화체

일문일답으로 정신의료사회사업에서 주로 사용되며, 클라이언트의 사고변화, 태도, 의지 등의 관찰에 효과적이다.

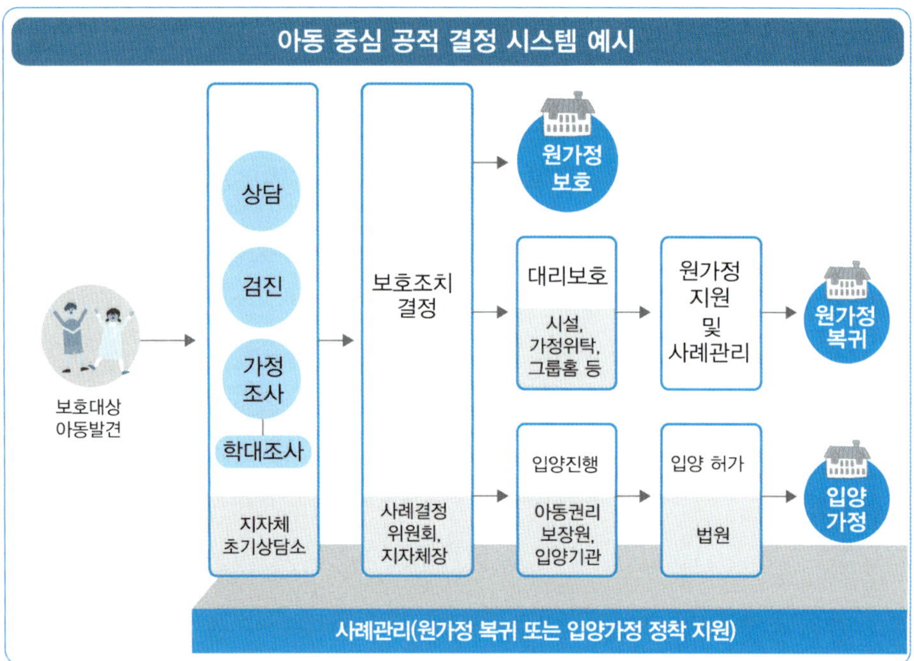

[그림 6-1] **아동중심 사례관리 예시**

PART

2

아동권리와 아동복지의 실제

07. 빈곤아동 복지서비스

08. 장애아동 복지서비스

09. 아동학대 예방을 위한 복지서비스

10. 아동보육 복지서비스

11. 다문화아동 복지서비스

12. 시설보호아동 및 입양아동 복지서비스

Chapter

07 빈곤아동 복지서비스

1 빈곤의 개념

빈곤은 기본 욕구를 충족시킬 수 있는 생활수단이 부족한 상태를 말한다. 여기서 기본 욕구는 좁은 의미에서 생물학적 생존을 위해 필수적인 것을 의미하지만 넓은 의미로는 공동체 생활수준에 미치지 못하는 것을 포함한다. 즉, 개인이 어떤 기준으로 가난을 정의하느냐에 따라 시대나 문화, 지역별로 다양하게 나타난다고 볼 수 있다.

따라서 빈곤은 인간이 살아가는 데 절대적으로 필요한 최소한의 자원을 수치나 지수로 계량화하여 측정하는 절대적 빈곤과 자신이 다른 사람과 비교하여 상대적으로 적게 가진 상태를 사회의 평균소득수준 또는 표준생활수준과 비교하여 규정하는 상대적 빈곤으로 구분할 수 있다.

1) 절대적 빈곤

절대적 빈곤은 인간의 기본적인 생존욕구에 필요한 최소한의 자원을 충족시키지 못하는 상태를 말한다. 최저생활에 필요한 기본수용을 추정하는 빈곤선을 중심으로 한 가구의 소득(또는 지출)이 최저생활을 유지하는 데 필요한 생계비에 미달했을 때를 의미하는 것이다. 우리나라의 경우 최저생계비에 따라 기초생활수급대상자 선정과 급여의 수준을 결정하고 있다. 우리나라의 최저생계비 이하의 소득을 가진 경우 빈곤가정이라고 정의할 수 있으며 2015년 이후에는 「국민기초생활 보장법」 개정에 따라 그간 수급자 선정 및 급여 기준으로 활용되어 온 '최저생계비'를 상대적 빈곤 개념을 도입하여 '기준 중위소득'으로 개편하였다.

〈표 7-1〉 **2015~2020년 최저생계비**

기준 중위소득 (단위: 원/월)

	2015	2016	2017	2018	2019	2020
1인가구	1,562,337	1,624,831	1,652,931	1,672,105	1,707,008	1,757,194
2인가구	2,600,196	2,766,603	2,814,449	2,847,097	2,906,528	2,991,980
3인가구	3,441,364	3,579,019	3,640,915	3,683,150	3,760,032	3,870,577
4인가구	4,222,533	4,391,434	4,467,380	4,519,202	4,613,536	4,749,174
5인가구	5,003,702	5,203,849	5,293,845	5,355,254	5,467,040	5,627,771
6인가구	5,784,870	6,016,265	6,120,311	6,191,307	6,320,544	6,506,368

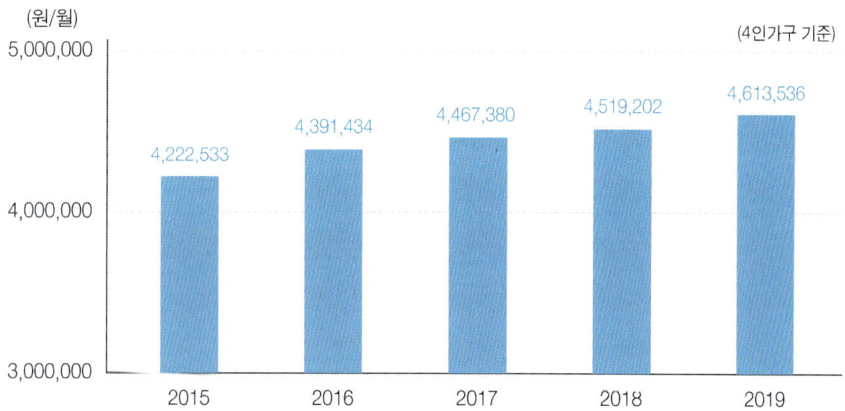

[그림 7-1] **연도별 중위소득**

출처: 통계청, 가계동향조사, 가계금융복지조사
(http://www.index.go.kr/potal/main/EachDtlPageDetail.do?idx_cd=2762)

2) 상대적 빈곤

상대적 빈곤은 자기가 다른 사람과 비교하여 주관적으로나 객관적으로 소득, 교육, 권력, 기회 등이 박탈되었을 때 나타나는 상대적 박탈과 불평등의 개념을 강조하여 한 사회의 기준 생활수준과 직접 비교하여 정의한다. 특히 우리나라의 계층 간 소득차이는 빈부격차의 심화현상이 두드러지게 나타나고 있어 빈곤한 가족의 해체가 증가하고 아울러 교육현장에서 교육적 불평등이 생겨나고 있다. 이러한 빈곤문제를 통해 조손가정의 증대, 이혼과 재혼 등 빈곤아동이 출현할 수 있는 가족의 유형이 증가하고 있음을 알 수 있으며, 교육적 불평등으로 인한 빈곤의 대물림이 사회문제가 되고 있다는 것도 알 수 있다. 따라서 개인이 느끼는 빈곤 상태가 일반적인 생활이나 건강을 위협할 만한 상태는 아니지만 그 사회의 평균적인 소득과 비교하여 낮은 소득으로 생활하는 상태일 경우에는 전체 사회의 전반적인 생활수준과 밀접히 관련되어 있으므로 상대적 빈곤은 복지정책을 위한 중요한 지표가 되고 있다.

상대적 빈곤을 추정하는 방법으로는 전체 사회의 계층별 소득순위에서 하위층에 해당하는 일정한 비율을 빈곤층으로 정의하는 방식이 있다. 예를 들어, 소득 순으로 하위 20% 또는 하위 40% 이하일 때 빈곤층으로 구분하는 것이다. 그리고 전체 사회에서 평균소득에 해당되는 일정한 비율을 빈곤층으로 정의하는 방식이 있다. 예를 들어, 개발도상국의 경우 평균 소득의 1/3을 빈곤계수로 정의하는 것이다.

우리나라의 상대적 빈곤율은 중위소득의 50% 이하에 해당하는 가구의 비율을 말하는데, 이는 곧 빈곤가구의 규모를 나타낸다. 통계청 '가계금융 · 복지조사' 자료로 계산한 상대적 빈곤율은 2017년 17.4%로 지난 2011년의 18.6%에서 크게 개선되지 않았다. OECD 자료로 보면, 한국의 상대적 빈곤율(17.4%)은 미국(17.8%)에 비해 낮지만 영국(11.1%), 독일(10.4%), 프랑스(8.3%) 등에 비해서는 높다.

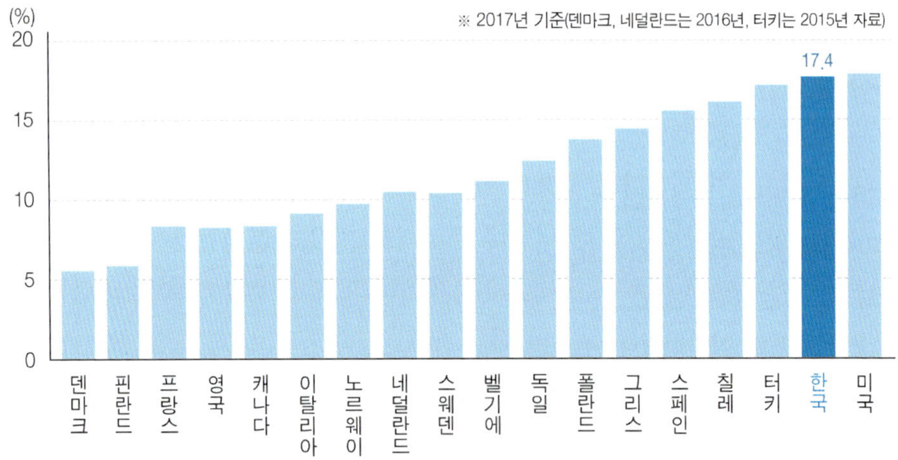

[그림 7-2] OECD 주요국의 상대적 빈곤율

출처: OECD, http://stats.oecd.org, Income Distribution and Poverty, 2019. 8. (http://www.index.go.kr/potal/stts/idxMain/selectPoSttsIdxSearch.do?idx_cd=5056&stts_cd=505602)

1960년대 이전에 우리나라의 빈곤문제는 생존수준의 보장이었다고 한다면 고도성장 이후에는 빈곤문제가 부의 불평등 분배의 결과로서의 상대적 빈곤이라 할 수 있을 것이다. 따라서 오늘날에 있어서는 사회복지의 대상도 상대적 빈곤의 기준에 따라 파악하지 않으면 안 되게 되었으며 이와 같은 대상에 저소득층의 다수가 포함되어 있다는 데 문제의 심각성이 있다(김익균, 2011: 312-313). 부유한 지역에서 오히려 상대적 빈곤을 느끼는 현상에서 알 수 있듯이 상대적 빈곤은 경제적인 특성만으로 정의하기는 어렵다. 특히 현대사회의 빈곤은 소득, 권력, 기회 등 포괄적인 가치에서 적절한 삶의 질을 규정하는 사회의식을 반영한다는 점에서 각 국가와 그 사회 및 개인이 가지고 있는 가치와 기준에 따라 달라질 수 있고, 다양한 관점으로 정의되고 있다.

2 빈곤이 아동에게 미치는 영향

모든 아동은 건강하고 안전하게 성장하기 위한 권리가 있다. 가정의 경제적 안정은 아동의 건강한 발달을 위해 가장 기본적인 요소로 빈곤의 직접적인 영향을 받기보다 부모의 양육행동이나 태도, 또래집단과의 상호작용, 지역사회 특성 등을 통해 영향을 받는다(Jung & Oh, 2008). 빈곤은 그 영향이 아동기에서 전 생애로 이어지며 성인기의 빈곤에 비해 부정적인 영향력이 크다. 빈곤가정에서 자란 아동은 빈곤하지 않은 가정에서 자란 아동보다 신체발달, 정서발달, 인지발달에서 낮은 수준의 성취를 보이고 있다. 또한 사회의 구성원으로서 건강하게 성장하기 위한 경제적, 사회적 기회의 박탈 가능성이 높아 빈곤의 부정적인 영향이 성인기에도 이어져 빈곤이 대물림될 가능성이 높다(정은희 외, 2013). 구체적으로 빈곤이 아동에게 미치는 영향을 영역별로 살펴보면 다음과 같다.

1) 신체적 성장

빈곤가정의 신생아는 빈곤하지 않은 가정에 비해 저체중으로 출산하거나 출생 후 사망률이 높다. 영아기 동안에도 신장이나 체중이 평균에 미치지 못하는 비율이 높고, 아동기의 영양부족은 성인기에 다양한 질병으로 나타나고 있다. 2014년 보건복지부 보도자료에 따르면 우리나라 아동의 8%, 빈곤가구 아동의 42.2%가 경제적 어려움으로 먹을 것이 떨어졌는데도 더 살 돈이 없었던 상태인 '식품빈곤' 상태를 경험하였다. 아동의 영양상태는 아동발달에 있어 적기성과 불가역성의 원리에 의해 지속적으로 인간발달에 영향을 미치게 된다는 점에서 정책적인 보완이 필요하다.

2) 사회정서적 발달

빈곤가정에서 발생되는 부모의 부적절한 양육방식, 부모의 낮은 교육수준, 열악한 가족환경 등이 아동의 정서 및 행동발달에 나쁜 영향을 미칠 수 있다. 빈곤이 아동의 정서문제에 영향을 미치는 요인들로는 식습관, 부모의 불화, 부모의 건강문제가 확인되었다(신인순, 2012: 112). 특히 빈곤아동은 그렇지 않은 아동에 비해 가족폭력이나 갈등 및 해체, 거주적 불안성 등의 위험 요인에 노출되는 것으로 보고되고 있다(장희선, 2017: 41). 이러한 요인들로 인해 빈곤아동은 자아존중감이 낮으며 불안감, 의존성, 충동성 등이 높게 나타난다. 또한 또래관계에서 부적응을 보이며, 문제행동을 유발하는 비율이 높다. 따라서 빈곤 문제는 아동이 부모로부터 방임될 확률이 높고 부정적인 부모-자녀 상호작용을 더 많이 경험하게 한다는 사실을 알 수 있다.

3) 인지적 발달

빈곤으로 인한 신체적 성장의 저하는 아동의 뇌발달 및 인지발달에 부정적인 영향을 미치며, 이것이 학령기의 학업성취 저하로 연결되는 경향이 있다. 빈곤가정의 부모가 아동에게 인지적 자극을 위한 환경을 조성하거나 탐색적 체험을 위한 자원이 부족하기 때문에 아동의 인지능력이 떨어지고, 학업성취가 낮으며 학교적응력이 떨어지는 경우가 많은 것으로 나타나고 있다(오승환, 2000). 또한 빈곤지역 학교는 교육청과 지역사회로부터 지원이 낮고 교사가 기피하는 경향이 있으며, 빈곤아동은 학업성취가 낮을 것이라는 교사의 편견이 아동의 학업성취를 방해하고 학교부적응을 증대시킨다(송정애, 2016).

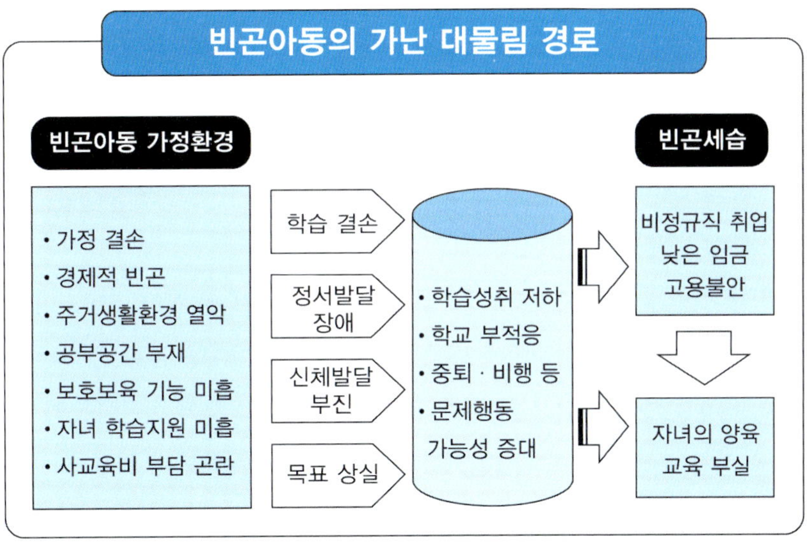

[그림 7-3] **빈곤아동의 가난 대물림 경로**

출처: 빈부격차 · 차별시정위원회(2004).

앞에서 살펴본 바와 같이 빈곤아동의 가정환경은 아동의 발달을 저해하고 성인이 되었을 때 빈곤한 성인이 되는 빈곤세습의 결과를 낳을 가능성이 크다. 하지만 빈곤가정 속에서도 역경을 이겨 내고 위기를 긍정적으로 대처하는 역량을 발휘하는 아동들이 있다. 이 아동들이 가진 독특한 자질을 탄력성(resilience)이라고 부르는데, 개인이 경험하게 되는 스트레스나 역경을 효과적으로 예방하고 극복하는 긍정적인 자원을 의미한다. 개인적 인성, 부모, 교사, 조부모, 친구와 같이 아동과 특별한 관계를 유지하는 사람의 존재 등이 아동의 탄력성 요인이 될 수 있다. 또한 탄력성의 개념은 가정에도 적용할 수 있는데, 건강한 가정이란 문제가 없는 가정이 아니라 가족이 역경에 대응함으로써 위기와 도전을 다루는 능력이 점차 강화되어 문제 대처와 해결능력을 가지는 데 초점을 둔다(황해익 외, 2017: 200).

3 빈곤아동을 위한 복지서비스

우리나라 빈곤아동에 대한 지원은 「국민기초생활 보장법」에 의한 소년소녀가정과 한부모가정에 대한 경제적 지원사업이 대부분이었다. 하지만 IMF 이후로 가족해체의 증가와 빈곤아동의 증가가 사회적 문제로 대두되면서 정부정책이 빈곤아동의 건강한 성장과 발달을 위한 포괄적인 복지서비스가 예방차원에서 제공되는 변화가 이루어졌다.

1) 드림스타트

드림스타트(https://www.dreamstart.go.kr/)는 취약계층 아동에게 맞춤형 통합서비스를 제공하여 아동의 건강한 성장과 발달을 도모하고 공평한 출발기회를 보장함으로써 건강하고 행복한 사회구성원으로 성장할 수 있도록 지원하는 사업이다. 보건복지부에서 2007년부터 16개 센터를 시범운영한 것을 시작으로 2015년 이후 전국 229개 센터를 운영하고 있다.

드림스타트 사업의 추진배경은 가족해체와 사회양극화로 아동빈곤의 사회적 문제가 대두되면서 사회 투자 가치의 중요성이 강조되었기 때문이다. 빈곤아동에 대한 사회적 투자를 통해 빈곤세습의 고리를 단절하고 취업률, 소득수준, 교육성취, 복지수급 측면에서 적은 비용을 투자하여 미래적 가치를 창출하기 위해서 드림스타트 사업이 추진되었다. 드림스타트의 구체적인 목표와 추진방향은 다음과 같다.

〈표 7-2〉 **드림스타트의 목표와 추진 방향**

구분	내용
구체적 목표	빈곤아동에 대한 사회적 투자를 확대하여 미래사회의 성장 동력을 확보하는 것
추진방향	1. 건강 · 영양 · 안전 증진과 학대 · 방임아동 보호 2. 아동 양육능력과 인지능력 향상을 위한 포괄적 서비스 3. 학습능력 증진과 정서적 · 문화적 지원

출처: 이순자 외(2018: 301).

드림스타트 사업의 대상은 0세(임산부 포함)~만 12세(초등학생 이하)의 아동 및 가족으로 국민기초수급 및 차상위계층 가정, 법정 한부모가정(조손가정 포함), 학대 및 성폭력피해아동 등에 우선 지원한다.

드림스타트의 내용은 대상자의 복합적인 욕구를 파악하여 지역자원과 연계한 맞춤형 통합서비스를 제공하는 것이다. 먼저, 인적조사 및 사정을 통해 대상자의 욕구 및 문제를 파악하여 보건, 복지, 보호, 교육 등 필요한 서비스를 지원하고 주기적인 모니터링을 실시하며 대상자에게 필요한 서비스를 제공할 지역자원을 발굴하고 관리한다. 가정방문을 통한 사례관리로 저소득층 아동의 성장, 발달에 필요한 필수 서비스가 제공되고, 그 외에도 아동의 개별적 욕구와 상황에 맞춰 선택적 서비스를 제공하는 맞춤형 통합서비스가 실시된다. 필수서비스는 건강검진 및 예방, 정신건강, 산전산후관리, 기초학습 지원, 사회정서 지원, 부모교육 서비스 등이 있으며 선택서비스는 건강관리, 치료지원, 학습지원, 문화체험, 양육지원 등이 있다.

[그림 7-4] **드림스타트 사업의 지원과정**

출처: 드림스타트 홈페이지(https://www.dreamstart.go.kr/contents/sub01_03_01.asp)

드림스타트에서는 양육환경 및 아동발달 영역별 서비스를 제공하고 있으며 서비스 내용은 다음과 같다.

〈표 7-3〉 **드림스타트 서비스 내용**

서비스 구분	서비스 내용	프로그램(예시)
신체 · 건강	• 아동의 건강한 성장과 신체발달 증진 • 건강한 생활을 위한 건강검진 및 예방, 치료 • 아동발달에 필요한 신체/건강 정보 제공	• 건강검진, 예방접종, 건강교육, 영양교육 등
인지 · 언어	• 아동의 의사소통 및 기초학습 능력 강화 • 맞춤형 인지/언어 서비스를 통한 아동의 강점 개발	• 기초학력검사, 기초학력배양, 경제교육, 독서지도 등

서비스 구분	서비스 내용	프로그램(예시)
정서 · 행동	• 자아존중감 및 긍정적 성격 형성을 위한 정서발달 서비스 제공 • 사회성 발달 및 아동 권리 신장을 위한 교육	• 사회성발달프로그램, 아동학대예방, 심리상담 및 치료, 돌봄기관 연계 등
부모 · 가족	• 부모자녀 상호작용 및 적합한 교육환경을 위한 부모역량 강화 • 부모의 유능감 및 자존감 강화 • 부모의 양육기술 지원 • 임산부의 건강한 출산 및 양육 지원	• 부모교육, 가족상담 및 치료, 부모취업지원, 산전산후관리 등

출처: 드림스타트 홈페이지(https://www.dreamstart.go.kr/contents/sub01_03_01.asp)

2) 지역아동센터 지원사업

1980년도 빈곤운동에 뿌리를 두고 자생적으로 시작된 공부방에서 출발한 지역아동센터는 2004년 당시 895개소에 불과하였지만 법제화에 따른 정부지원에 힘입어 2016년 기준으로 4107개소로 증가하였다. 지역사회 아동의 보호, 교육, 건전한 놀이와 오락의 제공, 보호자와 지역사회 연계 등 아동의 건전육성을 통하여 종합적인 아동복지서비스를 제공한다.

지역아동센터 지원사업(https://www.icareinfo.go.kr/)의 대상은 맞벌이 가정 등의 지역 내 방과후 돌봄서비스를 필요로 하는 18세 미만의 학령기 아동으로 아래의 가구특성기준에 해당하는 경우 지원한다.

- 「국민기초생활 보장법」에 따른 생계, 의료, 주거, 교육급여 수급자
- 다문화가정의 아동
- 장애아동 또는 장애가정의 아동
- 조손가정의 아동
- 한부모가정의 아동

- 3명 이상 다자녀가족의 아동
- 맞벌이 가정의 아동

위에 해당하는 아동은 지역아동센터를 통해 다음과 같은 프로그램을 제공받을 수 있다.

〈표 7-4〉 **지역아동센터 프로그램**

영역 (대분류)	세부영역 (중분류)	세부프로그램 (소분류)	프로그램 예시 (시설별 선택 운영)
보호	생활	일상생활관리	센터생활적응지도, 일상생활지도, 일상예절교육, 부적응아동지도 등
		위생건강관리	위생지도, 건강지도 등
		급식지도	급식지도, 식사예절교육 등
	안전	생활안전지도	저녁돌봄 등
		안전귀가지도	안전귀가지도, 생활안전지도 등
		5대안전의무교육	교통안전, 실종유괴예방, 약물오남용예방, 재난대비, 성폭력예방 등
교육	학습	숙제지도	숙제지도, 학교생활관리 등
		교과학습지도	수준별 학습지도, 온라인교육(IPTV 학습 등), 학습부진아 특별지도 등
	특기적성	예체능활동	미술, 음악, 체육지도 등
		적성교육	진로지도, 적성교육(독서, 요리, 과학 등) 등
	성장과 권리	인성 · 사회성 교육	인성교육, 사회성교육 등
		자치회의 및 동아리 활동	자치회의, 동아리 활동 등
문화	체험활동	관람 · 견학	공연 및 연극 관람, 박물관 등 견학 등
		캠프 · 여행	체험활동, 캠프 및 여행 등
	참여활동	공연	공연 등
		행사(문화/체육 등)	전시회, 체육대회 등

영역 (대분류)	세부영역 (중분류)	세부프로그램 (소분류)	프로그램 예시 (시설별 선택 운영)
정서지원	상담	연고자 상담	부모 및 가족상담, 연고자 상담 등
		아동상담	아동상담 등
	가족지원	보호자교육	보호자교육 등
		행사 · 모임	부모소모임, 가정방문 등
지역사회 연계	홍보	기관홍보	기관홍보 등
	연계	인적연계	자원봉사활동, 인적결연후원, 후원자관리 등
		기관연계	지역자사와 탐방, 전문기관 연계 복지단체 연계 등

출처: 지역아동센터서울시지원단 홈페이지
(http://sosc.or.kr/?pageid=2&page_id=21&mod=document&uid=73)

3) 디딤씨앗통장

디딤씨앗통장(https://www.adongcda.or.kr/)은 빈곤아동의 완전한 경제적 자립과 더 나은 사회 출발 여건을 제공하여 빈곤의 대물림을 예방하기 위한 사업이다. 저소득층 아동(보호자, 후원자)이 매월 일정 금액을 저축하면 국가(지자체)에서 1:1 정부매칭 지원금으로 월 4만 원까지 같은 금액을 적립해 줌으로써 아동이 준비된 사회인으로 성장할 수 있도록 도와주는 자산형성지원사업이다. 시설보호아동, 가정위탁보호아동, 소년소녀가정아동, 공동생활가정(그룹홈)아동, 장애인시설보호아동, 가정복귀아동, 기초생활수급자가구아동이 대상이며 오직 아동의 자립을 위한 목적으로만 사용된다.

〈표 7-5〉 **디딤씨앗통장 지원아동**

지원아동: 81,412명 (2019. 12.)

구분	총 합계	아동양육 시설아동	가정위탁 보호아동	공동생활 가정아동	장애인시설 아동	기타* (가정복귀 등)	기초생활 수급가구아동
지원아동	80,770	11,424	6,844	2,553	1,103	3,118	55,728

출처: 디딤씨앗통장 홈페이지(https://www.adongcda.or.kr/?goPage=107)

01 **학자금**
- 2(3)년제 대학, 4년제 대학 대학원
- 입학금, 등록금, 대학 기숙사비

02 **창업 지원**
- 사무실 보증금, 장비구입비, 시설 설치비

03 **결혼 지원**
- 본인 희망 시 결혼 및 결혼생활 비용 지원

04 **기술 자격 및 취업훈련**
- 국가자격증, 국제자격증, 국가고시
- 학원등록금(운전면허증 등)

05 **의료비 지원**
- 진료비, 의료비, 재활치료비, 기타의료비

06 **주거비 마련 지원**
- 임대아파트 보증금, 주택 구입자금 전세금 등

[그림 7-5] **디딤씨앗통장 사용용도**

출처: 디딤씨앗통장 홈페이지(https://www.adongcda.or.kr/?goPage=107)

디딤씨앗통장 사업은 아동이 18세 이후 사회 진출 시 필요한 자립자금 마련에 도움을 주기 위하여 아동복지시설 아동, 가정위탁보호 아동 등 기타 요보호아동을 대상(국민기초생활 수급 가정 아동 일부)으로 아동발달지원계좌(child development account: CDA)를 관리하고 있다. 또한 개인 및 기업을 통한 효과적인 자원개발과 우리 사회의 기부문화 정착을 마련하였으며 빈곤아동의 자립을 위한 경제교육을 지원하고 있다.

〈표 7-6〉 CAD계좌운영사업의 특징

구분	최적상품설계	수익달성지원	아동비전공유	사업목표달성
핵심사업	아동적립금(안전성)	금리우대 0.5~1% 우대	금융경제교육지원	요보호아동의 사회진출 자립기반 조성
	정부매칭지원금(수익, 안정성)	보수 우대		
기반지원	후원기반조성(후원예금 출시, 자체 후원조직운영)			
	후원적인 계좌관리 기반구축			

출처: 디딤씨앗통장 홈페이지(https://www.adongcda.or.kr/?goPage=107)

4 빈곤아동을 위한 복지서비스 개선방안

아동권리에 관한 국제협약의 기본은 아동이익 최우선 원칙으로 아동의 건전한 발달과 성장을 위해 빈곤아동의 생존권, 발달권, 보호권을 강화시키는 것이다. 하지만 빈곤은 아동이 자신의 권리를 주장하고 자신이 가진 능력을 발휘하는 데 부정적인 작용을 한다. 또한 사회에 완전하고 동등한 구성원으로 참여하지 못하는 상황을 겪을 가능성이 크다. 가정의 빈곤은 아동발달에 부정적인 영향을 미칠 뿐만 아니라 미래의 꿈과 희망을 포기하는 빈곤세습으로 이어지는 경우가 많다. 빈곤아동을 그대로 방치할 경우, 미래에는 사회에서 매우 경쟁력 없는 노동력이 배출되어 사회의 노동력이 부족하게 되고 이는 국가 전체의 발전에 치명적인 영향을 주게 된다. 더구나 저출산으로 인한 미래의 연금 제공 세대가 감소하는 상황에서 빈곤아동 대책은 매우 시급히 요청되는 사회적 과제이다.

1) 빈곤아동의 기본생활 보장

빈곤아동지원 정책으로 지원 대상자 선정의 적절성과 복지서비스 개입의 효율성을 도모하기 위하여 기초생활보장제도를 통한 지원 확대가 필요하다. 가정조사 · 결식아동 신고유도 등을 통하여 결식아동 선정기준 확대 및 발굴을 강화하고 저소득 가장에 대한 양육비 인상을 지원해야 할 필요가 있다. 특히 요보호아동에 대한 집중사례관리와 통합서비스를 지원하여 기초보장 사각지대에 있는 빈곤아동을 줄이고, 기본재산액 기준 등도 현실화하여 실질적인 도움을 제공해야 한다. 현재 우리나라는 소득기준만으로 빈곤이 평가되어 여성가구주의 가정이나, 근로형태가 불안정한 가정, 농어촌 가정의 아동들은 수혜대상에서 제외되어 빈곤상황에 지속적으로 처할 가능성이 높다(임경옥 외, 2018). 한부모가구나 조손가구와 다자녀가구 등의 경우 빈곤에 처한 확률이 높다는 점을 반영하여 빈곤가정에 대한 지원은 빈곤가구의 다양한 특성의 차이를 반영한 현금지원 확대 방안이 필요하다.

2) 빈곤아동 전달체계 구축

시 · 군 · 구별 위기가정에 대한 상담서비스를 실시하고, 긴급생계급여 및 일시보호 등 위기가정 빈곤아동에 대한 긴급보호서비스를 강화하기 위해 교육 · 복지 · 보건이 연계된 통합서비스적 서비스 운영이 필요하다. 빈곤아동에 대한 복지서비스를 통합하여 전달체계를 구축하고, 지역사회복지협의체(민관 공동)를 운영하여 한정된 지역복지 자원이 효율적으로 활성화될 필요가 있다. 특히 지역아동센터, 어린이집 등 다양한 아동복지시설과 연계하여 가까운 곳에서 빈곤아동이 처한 어려움에 실질적인 도움을 받을 수 있도록 one-stop 서비스 전달체계를 개발해야 한다. 이러한 서비스는 교육과 복지, 보건이 연계된 통합서비스가 구축되어 질적으로 운영될 수 있는 여건을 마련해야 한다.

3) 가족기능 강화와 예방대책 마련

아동빈곤을 경감시키기 위해서는 빈곤가정의 소득을 증대시키는 것이 가장 효과적이다. 소득을 통한 가족기능을 강화하기 위해서는 빈곤가정 구성원의 경제활동 참여를 증대시킬 수 있는 노동시장정책과 여성을 위한 일자리 창출이 확대되어야 한다. 또한 빈곤가정의 소득이 올랐다 하더라도 빈곤가정 부모의 부정적인 경험, 사회적 관계 그리고 사회복지서비스에 대한 요구는 지속적으로 제공될 필요가 있다(Fong, 2017). 빈곤가정의 부모가 가진 스트레스가 아동에게 부적절하게 나타낼 수 있으므로 심리적·정서적 지원을 위한 부모교육, 지도감독 및 가족문제 상담 등의 다양한 프로그램 개발과 빈곤아동의 정서적 안정과 성장을 위한 지지집단 프로그램이나 인성교육 프로그램과 같은 장기적인 프로그램이 필요하다.

Chapter

08 장애아동 복지서비스

1 장애아동의 이해

아동복지의 목적은 아동이 건강하게 출생하여 행복하고 안전하게 자랄 수 있도록 하는 것이다. 「아동복지법」 제2조에 명시된 기본이념으로 아동은 자신 또는 부모의 성별, 연령, 종교, 사회적 신분, 재산, 장애유무, 출생지역, 인종 등에 따른 어떠한 종류의 차별도 받지 아니하고 자라야 하며, 장애아동도 비장애아동과 같이 아동복지의 대상이 될 뿐 아니라 권리를 가지고 있는 존재이다. 장애아동을 위한 복지는 인간발달에 있어 결정적 시기인 아동기의 잠재능력을 최대한 개발하여 장애로 인한 손상을 최소화하고 개입의 효과를 최대화하는 데 의의가 있다.

1) 장애아동의 개념

장애에 대한 개념은 시대와 나라에 따라 차이가 있으나 1975년 UN이 장애자의 권리선언을 채택하고 1981년을 세계장애자의 해로 선포하여 장애아동 복지증진을 위한 활동을 세계적으로 촉구하면서 장애아동에 대한 보호 및 교육이 실행되었다. 1975년 UN 장애자의 권리선언에서는 선천적이든 후천적이든 신체적 · 정신적 능력의 결여 때문에 개인 혹은 사회생활에 필요한 것을 자기 스스로 완전히 혹은 부분적으로 확보할 수 없는 사람을 장애인으로 정의하고 있다. 또한 세계보건기구(WHO)는 1980년 국제장애분류(International Classfication of Impairments, Disabilities, and Handicaps: ICIDH)를 발표하면서 장애를 손상(Impairments), 능력장애(Disabilities), 사회적 불리(Handicaps)로 설명하였다. 하지만 이러한 분류는 손상이나 능력장애가 사회적 장애로 이어진다는 부정적인 의미를 내포하고 있어 1997년에는 개인적 요인과 사회의 환경적인 요인을 강조한 '손상', '활동', '참여'라는 개념을 포괄한 ICIDH-2(International Classfication of Impairments, Disabilities, and Handicaps-2)를 제시하였다. 그리고 2001년에는 ICIDH-2를 기반으로 좀 더 구체적으로 장애를 정의한 ICF(International Classification of Functioning, Disability and Health; 국제기능장애건강분류)가 채택되었다. ICF는 장애인과 비장애인을 구분하기 위한 분류체계가 아니라, '장애'는 모든 인간의 보편적인 경험이며, 건강의 한 부분임을 전제로 하고 있다.

이처럼 장애에 대한 개념은 사회의 변화, 시대의 상황이나 여건에 따라 다양한 용어로 정의될 수 있지만 국가의 복지정책과 실천 전략에 직접적인 영향을 미치는 실질적인 장애의 개념은 국내외 법률상 장애의 정의라고 할 수 있다. 우리나라 「장애인복지법」(제2조)에 따르면 장애인이란 신체적 · 정신적 장애로 오랫동안 일상생활이나 사회생활에서 상당한 제약을 받는 자로 명시하고 있으며, 「장애아동복지 지원법」(제2조)에 의하면 장애아동이란 18세 미만의 사람 중 「장애인복지법」 제32조에 따라 등록한 장애인을 말하며, 다만 6세 미만의 아동으로서 장애가 있다고 보건복지부장관이 별도로 인정하는 사람을 포함한다.

그리고 장애아동은 개인으로서의 존엄과 가치를 존중받고, 이에 상응하는 처우를 받으며, 국가, 사회의 구성원으로서 정치 · 경제 · 사회 · 문화 등 모든 분야의 활동에 참여할 기회를 갖는다. 또한 누구든지 장애를 이유로 정치 · 경제 · 사회 · 문화생활 등 모든 영역에 차별을 받지 아니한다. 따라서 장애아동이 지니고 있는 특수성에 적합한 모든 서비스를 받을 권리를 지닌다.

2) 장애아동의 유형

우리나라의 장애인에 대한 기준은 「장애인복지법 시행령」과 「장애인 등에 대한 특수교육법」에 제시되어 있다. 먼저, 「장애인복지법」에 의하여 장애인으로 등록할 수 있는 사람은 〈표 8-1〉 장애인의 분류에 해당되는 사람으로서 「장애인복지법 시행규칙」의 장애인의 장애등급표에서 정하는 기준에 부합하는 정도의 장애가 있는 사람이다.

〈표 8-1〉 **「장애인복지법」상 장애인의 유형**

대분류	중분류	소분류	세분류
신체적 장애	신체외부 장애	지체장애	절단장애, 관절장애, 지체기능장애, 변형 등의 장애
		뇌병변장애	뇌의 손상으로 인한 복합적인 장애
		시각장애	시력장애, 시야결손장애
		청각장애	청력장애, 평형기능장애
		언어장애	언어장애, 음성장애, 구어장애
		안면장애	안면부의 추상, 함몰, 비후 등 변형으로 인한 장애
	신체내부 장애	신장장애	투석치료 중이거나 신장을 이식받은 경우
		심장장애	일상생활이 현저히 제한되는 심장기능이상
		간장애	일상생활이 현저히 제한되는 만성 · 중증의 간기능 이상
		호흡기장애	일상생활이 현저히 제한되는 만성 · 중증의 호흡기기능이상

대분류	중분류	소분류	세분류
		장루 · 요루장애	일상생활이 현저히 제한되는 장루 · 요루
		뇌전증장애	일상생활이 현저히 제한되는 만성 · 중증의 뇌전증
정신적 장애	발달장애	지적장애	지능지수와 사회성숙지수가 70 이하인 경우
		자폐성장애	소아청소년 자폐 등 자폐성장애
	정신장애	정신장애	정신분열병, 분열형 정동장애, 양극성 정동장애, 반복성 우울장애

다음으로「장애인 등에 대한 특수교육법」에 의하면 특수교육 대상자는 시각장애, 청각장애, 정신지체, 정서 · 행동장애, 자폐성장애, 의사소통장애, 학습장애, 건강장애, 발달지체, 그 밖에 대통령령으로 정하는 장애로 분류된다.

(1) 시각장애 아동

시각장애 아동은 물체의 존재와 형태를 식별하는 시력에 장애가 있는 아동을 말한다. 시력이 전혀 없는 상태를 전맹이라고 하며 암실에서 장애인의 눈에 광선을 전멸할 때 이를 인식할 수 있는 상태를 광각, 눈 앞에서 손을 좌우로 움직일 때 이를 알아볼 수 있을 정도를 수동, 자리 앞 1m 전방의 손가락 수를 헤아릴 수 있는 상태를 지수(시력 0.02), 그리고 일반 활자를 읽을 수는 없으나 시력으로 일상생활을 할 수 있는 상태를 약시로 표현한다.

시각장애의 원인은 매우 다양하지만 가장 흔한 원인으로는 수정체에 염증을 일으켜 발생하는 수정체 종양종이 있다. 이 밖에 출산 시 산소에 과다노출되는 경우나 출생 후 풍진, 매독, 임질 등의 각종 전염병과 사고에 의한 상해로 발생하기도 하며 그 밖에 원인을 알 수 없는 경우도 많다.

시각장애 아동은 운동성 발달에 지연을 보이며, 선천적이거나 영아기에 시각장애가 생긴 경우에는 정보수집체계에 손상을 입게 되어 개념형성에 영향을 받게 된다. 시각 외에 청각이나 촉각 등으로 주변 사물을 인지하고 받아들이게 되어 잘못된 개념을 갖게 될 수 있다. 사회성 발달의 경우 주변 사람들과의 시각적 교환이 제한되고, 사회적 상호작용의 시작과 유지가 어려우며, 시각적 관찰과 모방을 통해 자연스럽게 습득되는 사회성 기술들이 구체적으로 교육되어야 하는 등의 어려움이 있다(이소현, 박은혜, 1998).

(2) 청각장애 아동

청각장애는 경도에서 최중도에 이르는 청력손실을 모두 지칭하는 일반적인 용어로 난청과 농으로 구분한다. 난청은 보청기를 사용하여 일상생활이 가능한 경우이며, 농은 청력손실이 심하여 보청기를 착용하고도 청각을 통해 언어적 정보를 주고 받지 못하는 사람을 말한다. 의학적 관점에서는 순음 평균치를 기준으로 하며, 이때 90데시벨(dB) 이상은 농으로 간주하는 반면에 교육적 관점에서는 청각을 통한 언어정보의 이해, 처리능력에 기초하고 있다.

청각장애는 귀의 구조인 외이, 내이, 중이에 발생한다. 외이에 발생하는 문제로는 피부 감염으로 인한 외이염, 고막뚫림으로 인한 고막천공, 귀바퀴나 외이도가 미발달된 청각폐색이 원인이며 중이에 발생한 장애에 비해 청력에 끼치는 영향이 훨씬 적다. 중이에 발생하는 문제로는 염증에 의한 중이염, 머리에 타격을 받거나 선천적 결함으로 인해 발생되는 기타 중이장애 등으로 수술적 치료가 가능하지만 외이에 비해 청력손실에 미치는 영향이 좀 더 크다. 내이는 신경과 결부되어 장애가 발생는 경우가 있어서 치명적이고 다시 회복되기 어려운 경우가 많다. 유전으로 인한 내이 손실이 30~60%로 추정되며, 이 밖에 뇌막염이나 모체 풍진감염 등 세균에 의한 내이 손실과 미숙 또는 저체중아, 그리고 지연분만, 돌발분만 등 출생 시의 내이에 발생하는 문제가 청각장애를 불러올 수도 있다.

청각장애 아동은 말과 언어에서 가장 큰 어려움을 겪으며, 언어발달의 장애는 학습에 영향을 미친다. 하지만 청각장애가 말과 언어에 미치는 영향은 청력손실의 정도,

잔존 청력에 대한 훈련과 사용 정도, 장애 발생 연령, 장애의 원인, 가정의 분위기, 초기에 사용한 의사소통 양식, 교육환경 등의 요인에 따라 다르다(김종현 외, 2016). 따라서 신생아와 영유아에 대한 교육적 조치는 말과 언어 그리고 그 외의 여러 가지 기능을 신장시키는 활동과 더불어 부모상담과 훈련에도 역점을 두어야 한다.

(3) 지적장애 아동

미국지적장애 및 발달장애협회(American Association on Intellectual Developmental Disabilities: AAIDD)에서는 지적장애를 지적 기능성과 개념적 · 사회적 · 실제적 적응기술로 표현되는 적응행동 양 영역에서 유의하게 제한성을 보이는 것으로 18세 이전에 시작되는 장애라고 정의하고 있다. 지적장애의 교육학적 분류에 따르면 일반적으로 지능지수가 75 이하이면 지적장애로 인정한다. 그러나 지능지수가 75 이하인 경우라고 하더라도 그 능력의 차이가 크기 때문에 이를 세 군으로 나눈다. 지능지수 55에서 79를 교육 가능 지적장애라 하고, 지능지수 30에서 55를 훈련 가능 지적장애라 하며, 지능지수 30 이하를 보호 · 의존 지적장애로 분류한다(주정일, 이소희, 1993).

지적장애의 원인은 알 수 없는 경우가 대부분이지만 밝혀진 원인으로는 다운증후군, 페닐케톤뇨증, 약체 X증후군, 두뇌 손상 등을 들 수 있다. 또한 출생 시 원인으로 조산 및 저체중, 질식, 분만 중 손상, 출생 후 원인으로 질병 및 감염, 독극물 중독, 사고로 인한 손상, 영양결핍, 환경 박탈 등이 있다.

지적장애 아동은 개인마다 그 특성이 매우 다양하게 나타나며, 자신만의 독특한 특성을 지니고 있어 개별적인 접근이 필요하다. 운동, 언어, 인지, 사회성 발달 기술의 습득이 지체되고 특정 기술을 학습하게 되는 적절한 시기가 되어도 실제로 필요한 기술을 습득하지 못함으로써 연령이 증가함에 따라 발달이 지체되는 정도가 더 커지게 된다(마주리, 2013).

(4) 지체장애 아동

지체장애는 내장기능을 제외한 팔, 다리 및 두부, 흉부, 복부인 체간에 운동기능의 장애가 있는 것이다. 뇌성마비와 소아마비 등의 신경계통, 근육 발육 이상증과 관절염 등의 근골격계 계통과 척추관이 열려 있는 이분척추의 선천성 기형과 기타장애로 분류된다.

뇌성마비는 출생 전, 출생 시, 출생 후에 뇌 손상으로 인하여 신체 여러부위의 마비와 자세 및 운동능력 장애로 만 2세 이전에 발생하는 경우가 대부분이다. 이분척추는 출생 시 척추뼈의 뒷부분이 완전히 닫히지 않은 채 태어나는 선천적 결함으로 조기에 외적수술로 치료가 가능하지만 신경이 돌출되어 손상된 경우에는 손상된 신경이 관장하는 신체부위 하단에 마비 현상이 일어난다. 진행성 근위축증은 근육 세포가 지방질로 변하면서 점차적으로 근육이 기능을 하지 못하는 장애로 심장이나 폐의 근육이 기능을 상실하면 사망에 이르게 된다. 이 밖에 경련장애(뇌전증), 외상성 뇌 손상 등도 지체장애의 원인이 된다.

지체장애 아동은 형제, 부모, 교사, 또래 등이 그들에게 반응하는 것에 따라 심리적 및 행동적 특성이 달라진다. 이들의 태도에 따라 지체장애 아동의 자의식 형성과 심리적 적응, 교육, 취업의 기회에 지대한 영향을 미친다(조윤경, 김수진, 2018). 따라서 가정과 학교에서는 다름을 존중하는 긍적적 자세를 개발할 수 있도록 교육적인 개입이 제공되어야 한다(Lindsay & Edwards, 2013).

(5) 정서 · 행동장애 아동

정서 · 행동장애에 대한 개념은 명확한 기준이 없지만 「장애인 등에 대한 특수교육법」에서 장기간에 걸쳐 특별한 교육적 조치가 필요한 특수교육대상자로 기준을 정의하고 있다. 특수교육대상자의 선정기준은, 첫째, 지적 · 감각적 · 건강상의 이유로 설명할 수 없는 학습상의 어려움을 지닌 사람, 둘째, 또래나 교사와의 대인관계에 어려움이 있어 학습에 어려움을 겪는 사람, 셋째, 일반적인 상황에서 부적절한 행동이나 감정을 나타내어 학습에 어려움이 있는 사람, 넷째, 전반적인 불행감이나 우울증을 나타내어 학습에 어려움이 있는 사람, 다섯째, 학교나 개인 문제로 신체적인 특징이나 공포를 나타내어 학습에 어려움이 있는 사람이다.

정서·행동장애의 발생원인은 선천적 기질을 가진 아동의 경우 행동장애를 초래할 수 있다는 생물학적 요인과 자폐성장애와 관련이 있는 출산 전·후의 감염, 염색체 이상, 중추신경계의 이상 등의 생리적 요인, 그리고 가정, 학교 등이 아동에게 심리적으로 중요한 영향을 미친다는 환경적 요인으로 분류할 수 있다. 정서적 차원의 장애로는 분리불안장애, 선택적 함구증, 반응성 애착장애, 우울장애, 특정 공포증 등이 있고, 행동적 차원의 장애로는 주의력 결핍 과잉행동장애, 품행장애, 적대적 반항장애 등이 있다.

정서·행동장애 아동의 특성으로는 놀거나 친구를 사귀며 학습하는 데 큰 어려움을 겪는다. 또한 개인마다 복잡한 특성을 지니고 있어 문제행동을 설명하기가 어렵기 때문에 이들을 이해하고 적절한 치료 및 교육을 하기 위해서는 특수교육학, 아동학, 심리학, 의학 등 초학문적(transdisciplinary) 팀 접근이 필요하다.

(6) 자폐성장애 아동

자폐성장애는 일반적으로 3세 이전에 나타나는 발달장애 중의 하나이다. 보통 단독으로 나타나기도 하지만 지적장애를 수반하기도 한다. 자폐성장애는 개인의 발달수준과 생활연령에 따라 매우 다양하게 나타나는데, 유창하게 말할 수도 있고 전혀 말을 하지 못할 수도 있다. 간혹 특정 영역에서 보통 사람보다 뛰어난 능력을 가진 고기능 자폐성장애도 있다.

자폐성장애의 주된 원인은 사회적 사회작용이나 의사소통을 담당하는 뇌 기능의 이상 혹은 그 발달에 부정적인 영향을 끼치는 신경학적(neurological) 이상으로 추정된다.

자폐성장애 아동의 특성으로는 사회적 상호작용과 의사소통 발달이 현저히 비정상적이고, 활동과 관심의 폭이 제한되어 있으며 몸을 흔들거나 머리를 부딪히는 등 반복적이며 상동적인 행동이 있다. 유아기에 보이는 특성으로는 눈 맞춤이 없고, 과도하게 고집스러운 관심을 보이거나 접촉과 같은 감각자극에 대해 민감하다. 자폐성장애는 아동의 모든 발달 영역에 심각한 영향을 주므로 조기진단을 통한 적절한 치료와 교육 및 훈련이 중요하다.

(7) 의사소통장애 아동

의사소통장애는 말과 언어 또는 그 두 가지 영역에서의 결함으로 인하여 구어, 비구어 또는 기타 상징체계를 수용하고 전달하는 능력에서 나타나는 장애이다. 증상에 따라 크게 말장애와 언어장애로 분류하고 있다. 말장애는 받침소리의 생략(예: /밤/→/바/), 대치(예: /가방/→/다방/) 등과 같은 발음 및 말의 명료도와 관련된 문제가 있는 조음장애, 콧소리, 쉰소리 등과 같이 목소리와 관련된 문제가 있는 음성장애, 말더듬과 같이 말의 흐름 및 속도와 관련된 문제가 있는 유창성장애로 구분된다. 언어장애는 언어획득 및 기호체계와 관련된 문제로 기호장애라고도 한다.

의사소통장애의 요인은 아주 다양할 뿐만 아니라 아직 밝혀지지 않은 요인도 많다. 신체기관에 현저한 이상이 있는 경우 기질적 요인으로 구분하고 신체구조에 아무 이상이 없는 경우 기능적 요인으로 구분한다. 예를 들어, 조음장애의 경우 기질적인 장애는 성대, 혀, 치아, 입술, 구개 등의 이상, 신경장애로 인한 운동 협응장애, 근육발생장애, 내분비 장애 등이 원인이고, 기능적인 장애는 학습의 잘못이거나 정서적인 문제가 그 원인이다.

의사소통장애 아동은 지적 능력이나 성취도 평가에서 평균보다 낮은 점수를 보이곤 한다. 또한 이들은 상대방으로부터 거절당하거나, 창피를 당하거나 열등감을 경험하게 되며 심하게는 말을 제대로 하지 못한다는 이유로 벌을 받는 경험까지도 하게 된다.

이로 인해 많은 의사소통장애 아동이 낮은 자존감을 형성하게 된다(이소현, 박은혜, 1988).

(8) 학습장애 아동

학습장애란 듣기, 말하기, 쓰기, 추리 혹은 수학 능력을 획득하고 사용함에 있어 상당한 어려움을 나타내는 이질적인 장애를 의미하는 일반용어이다. 이처럼 이질적인 학습장애를 범주화하고 기술하는 데 어려움을 해소하기 위해 최근 장애인교육법(Individuais with Disabilities Education Act: IDEA)에서 학습장애라는 용어를 특정학습장애(specific learning disability)로 사용되고 있다. 특정학습장애는 정서문제(우울증, 불안증, 강박증 등)나 사회환경적 문제(가정불화, 빈곤, 결손가정, 기타 스트레스)가 직접적 원인이 되는 학습부진아를 제외하고 지각장애, 두뇌손상, 미소기능장애, 난독증, 발달적 실어증 등과 같은 중추신경계의 기능장애 때문에 발달기능에 발생되어 주의집중, 기억, 사고, 말하기, 듣기, 읽기, 쓰기, 수학적 추론능력과 계산기능, 사회적 기능 등의 습득과 활용의 장애를 뜻하는 용어이다.

특정학습장애 아동의 특징으로는 평균 혹은 높은 지능지수를 가지고 있지만 실질적인 읽기, 쓰기에서는 실패하며, 가끔 복잡하고 어려운 것을 해내기도 하지만, 어떤 영역에서는 그 능력이 너무 떨어져 주변을 당황스럽게 만들기도 한다. 또한 과잉행동, 일관성 없는 학업성취, 기억력과 주의집중력의 부족, 지각결핍력 등은 일반 학급에서의 수업을 더욱 불리하게 만들고 학업상의 실패로 좌절감과 불행을 겪게 한다. 또한 특정학습장애 아동의 독특한 요구를 수용하지 못하게 되면 공격성, 과잉행동, 우울, 사회적 위축, 불안 등의 정서 및 행동문제가 발생하기도 한다.

(9) 기타 다양한 건강장애

기타 다양한 건강장애는 만성적이고 때로는 생명을 위협하는 조건의 질병으로 인해 집중적인 의학적 치료나 주기적인 치료 등 계속적인 의학적 관심이 필요한 장애이다. 건강장애 아동의 유형으로는 경련성 질환(뇌전증), 소아 당뇨병, 천식, 혈우병, 후천성 면역결핍증 등이 있다. 뇌전증은 뇌의 비정상적인 전기활동에 기인하는 운동, 감각, 행동, 의식장애를 나타내는 발작증세로 질병이 아니라, 단지 발작이 실제로 진행되는 동안만 나타나는 하나의 장애이다. 발작은 고열이 나타나거나 과도하게 알코올을 섭취했거나 머리에 충격을 받았을 경우 흔히 발생하기도 하지만 만성적이고 반복적으로 일어날 경우는 경련성 질환 혹은 뇌전증으로 구분할 수 있다. 당뇨아동들은 정상적으로 생산되는 적절한 신진대사와 음식물 소회에 필요한 호르몬인 인슐린을 충분히 가지고 있지 못하다. 당뇨의 초기 증상으로는 갈증, 두통, 식욕이 있음에도 불구하고 몸무게 감소, 빈번한 배뇨, 쉽게 낫지 않는 상처 등이 있다. 천식은 아동기에 가장 흔한 폐질환으로 대개 알레르기성 물질(꽃가루, 특정음식, 애완동물 등), 자극물(담배연기, 먼지, 스모그 등), 폐의 공기를 좁게 만드는 운동 또는 스트레스에 의해 발생한다. 혈우병은 응고효소 중 하나가 부족하거나 손실되는 경우로 혈액이 빨리 응고하지 않는 유전적 장애이다. 혈우병 아동에게 심각한 문제는 외출혈보다 내부장기의 영구적인 손상을 유발할 수 있는 내출혈이며, 수혈을 위해 입원해야 하는 경우도 있다. 후천성 면역결핍증(AIDS)은 AIDS를 유발하는 인간 면역 결핍증 바이러스(HIV)를 가진 사람이 성적접촉이나 수혈을 통해서 다른 사람에게 감염시킨다. 임신한 여성의 경우 HIV를 태아에게 감염시킬 수 있으며 현재까지는 치료약과 백신이 존재하지 않는다.

2 장애아동의 교육

1) 장애아동 교육 · 보육 서비스

장애아동의 교육은 각별히 평등한 대우를 위해 통합교육이 요구된다. 「장애인 등에 대한 특수교육법」에 따르면 통합교육이란 특수교육 대상자가 일반학교에서 장애유형이나 장애 정도에 따라 차별을 받지 아니하고 또래와 함께 개개인의 교육적 요구에 적합한 교육을 받는 것을 말한다. 초기 우리나라 통합교육은 주류화(mainstreaming)의 개념이었지만 장애를 가진 모든 아동이 일반교실의 모든 활동과 일과에 완전히 참여할 권리를 가졌음을 의미하는 완전통합(inclusion)의 철학으로 바뀌어 가고 있다.

현재 통합교육을 위해 특수교육 대상자는 거주지에서 가장 가까운 교육환경에 배치될 수 있도록 학급 내에 설치하는 특수학급을 지속적으로 증설하고 있다. 또한 특수교육 대상자의 교육적 요구에 적합한 개별화 교육이 이루어질 수 있도록 보호자, 특수교육교원, 일반교육교원, 특수교육 관련 서비스 담당인력 등으로 개별화 교육지원팀이 구성되어 개별적으로 장애아동에게 특수교육 관련 서비스가 제공된다. 특수교육 대상자는 유치원 교육과정부터 고등학교 과정까지 의무교육을 받아야 하고 만 3세 미만의 장애영아 교육과 고등학교 이후의 전공과 과정은 무상교육을 받게 된다.

2) 장애아동 교육 · 보육 서비스 현황

만 12세 미만 장애유아의 유치원과 보육시설의 이용현황을 살펴보면, 장애아동의 87.6%가 현재 유치원을 이용하지 않고 있으며, 일반유치원에 다니는 아동의 비율은 언어장애 18.0%, 청각장애 11.5%, 뇌병변장애 9.5%, 지적장애 3.2%의 순이다. 또한

69.9%%가 현재 보육시설을 이용하지 않고 있으며, 일반 보육시설에 다니는 아동의 비율은 언어장애 51.1%, 뇌병변장애 23.4%, 청각장애 14.9%, 지적장애 10.7%의 순이다. 장애아 통합보육시설에 다니는 아동의 비율은 자폐성장애 22.4%, 지적장애 16.3%의 순이며, 장애아 전담 보육시설에 다니는 아동의 비율은 뇌병변장애가 19.8%인 것으로 나타났다.

특수보육시설 현황을 살펴보면, 장애아 전담시설 총 177개소에서 6,158명의 아동을 담당하고 있으며 장애아 통합시설 총 911개소에서 4,079명의 아동을 보육하고 있다. 장애아동의 수는 사회복지법인 어린이집이 3,915명으로 가장 많았고, 국공립어린이집 1,249명, 민간어린이집 767명 등의 순으로 나타났다. 설립주체별로 보면 시설 수는 국공립어린이집이 709개소로 가장 많았고, 민간어린이집 175개소, 사회복지법인 보육어린이집 140개소 등의 순으로 나타났다.

〈표 8-2〉 **장애아동의 보육시설 형태-장애유형별** (단위: 명, %)

구분	전국추정수	전체	일반 보육시설	장애아 통합보육시설	장애전달 보육시설	다니지 않음
전체	28,807	100.0	14.1	9.8	6.5	69.6
지체	963	100.0	0.0	0.0	0.0	100.0
뇌병변	7,701	100.0	23.4	3.0	19.8	53.9
시각	990	100.0	0.0	0.0	0.0	100
청각	3,200	100.0	14.9	0.0	0.0	85.1
언어	918	100.0	51.1	0.0	0.0	48.9
지적	9,972	100.0	10.7	16.3	0.0	73.1
자폐성	4,340	100.0	5.7	22.4	8.0	63.8
정신	0.0	0.0	0.0	0.0	0.0	0.0
신장	0.0	0.0	0.0	0.0	0.0	0.0
심장	336	100.0	0.0	0.0	0.0	100.0
호흡기	0.0	0.0	0.0	0.0	0.0	0.0
간	0.0	0.0	0.0	0.0	0.0	0.0
안면	0.0	0.0	0.0	0.0	0.0	0.0
장루 · 요루	0.0	0.0	0.0	0.0	0.0	0.0
뇌전증	387	100.0	0.0	0.0	0.0	100.0

주: 1) 만 12세 미만의 장애아동을 대상으로 조사함.
2) 2014년 기준임.
자료: 보건복지부, 한국보건사회연구원, 2014년 장애인 실태조사, 2015.
☞ 조사 설명 보기: 363페이지 참조
출처: 한국장애인고용공단
(https://edi.kead.or.kr/BoardType01.do?cmd=_view&bid=1&mid=21&idx=8514
https://www.kead.or.kr/synap/skin/doc.html?fn=20174830171931374.pdf&rs=/synap/result/edi/2017/48)

〈표 8-3〉 **장애아동의 유치원 형태-장애유형별** (단위: 명)

구분	전국추정수	전체	일반유치원	일반유치원 내 특수학급	특수학교 유치원(부)	다니지 않음
전체	28,809	100.0	5.5	4.7	2.2	87.6
지체	963	100.0	0.0	0.0	0.0	100.0
뇌병변	7,702	100.0	9.5	6.7	5.0	78.8
시각	990	100.0	0.0	0.0	0.0	100.0
청각	3,201	100.0	11.5	5.2	0.0	83.3
언어	917	100.0	18.0	0.0	0.0	82.0
지적	9,973	100.0	3.2	3.8	0.0	93.0
자폐성	4,340	100.0	0.0	6.5	0.0	93.5
정신	0.0	0.0	0.0	0.0	0.0	0.0
신장	0.0	0.0	0.0	0.0	0.0	0.0
심장	336	100.0	0.0	0.0	0.0	100.0
호흡기	0.0	0.0	0.0	0.0	0.0	0.0
간	0.0	0.0	0.0	0.0	0.0	0.0
안면	0.0	0.0	0.0	0.0	0.0	0.0
장루 · 요루	0.0	0.0	0.0	0.0	0.0	0.0
뇌전증	387	100.0	0.0	0.0	67.2	32.8

주: 1) 만 12세 미만의 장애아동을 대상으로 조사함.
2) 2014년 기준임.

자료: 보건복지부, 한국보건사회연구원, 2014년 장애인 실태조사, 2015.

☞ 조사 설명 보기: 363페이지 참조

출처: 한국장애인고용공단
(https://edi.kead.or.kr/BoardType01.do?cmd=_view&bid=1&mid=21&idx=8514
https://www.kead.or.kr/synap/skin/doc.html?fn=20174830171931374.pdf&rs=/synap/result/edi/2017/48)

〈표 8-4〉 **특수보육어린이집 및 장애아동 수-시설종류별** (단위: 개소, 명)

구분	장애아전문 어린이집			장애아통합 어린이집		
	시설 수	장애 아동 수	종사자 수 장애아반 보육교사 특수교사, 치료사	시설 수	장애 아동 수	종사자 수 장애아반 보육교사 특수교사, 치료사
전체	177	6,158	2,590	911	4,079	1,429
국 · 공립어린이집	42	1,249	521	667	2,997	1,082
사회복지법인어린이집	103	3,915	1,662	37	174	63
법인 · 단체등어린이집	6	210	86	34	195	64
민간어린이집	25	767	315	150	668	208
가정어린이집	1	17	6	15	20	3
협동어린이집	0	0	0	1	0	0
직장어린이집	0	0	0	7	25	9

주: 1) 장애아전문어린이집: 「장애아동 복지지원법」 제32조에 따라 요건을 갖추고, 상시 12명 이상의 장애아(단, 미취학 장애아 9명 이상 포함)를 보육하는 어린이집
2) 장애아통합어린이집: 정원의 20% 내에서 장애아종일반을 편성 · 운영하거나 장애아종일반을 별도로 편성하지 않은 채 미취학장애아를 3명 이상 통합 보육하고 있는 어린이집
3) 국공립어린이집: 국가나 지방자치단체가 설치 · 운영하는 어린이집
4) 사회복지법인 어린이집: 「사회복지법사업법」에 의한 사회복지법인이 설치 · 운영하는 어린이집
5) 법인 · 단체등어린이집: 각종 법인이나 단체 등이 설치 · 운영하는 어린이집으로 대통령령으로 정하는 어린이집
6) 협동어린이집: 보호자들이 조합을 결성하여 설치 · 운영하는 어린이집
7) 가정어린이집: 개인이 가정이나 그에 준하는 곳에 설치 · 운영하는 어린이집
8) 직장어린이집: 사업주가 사업장의 근로자를 위하여 설치 · 운영하는 어린이집
9) 민간어린이집: 위 시설에 해당하지 않는 어린이집
10) 장애아동 수: 아동자격이 영유아(장애아무상보육)인 아동 수
11) 2016년 2월 말 기준

자료: 보건복지부, 2016년 보육통계, 2017.
출처: 한국장애인고용공단
(https://edi.kead.or.kr/BoardType01.do?cmd=_view&bid=1&mid=21&idx=8514
https://www.kead.or.kr/synap/skin/doc.html?fn=20174830171931374.pdf&rs=/synap/result/edi/2017/48)

3 장애아동을 위한 복지서비스

1) 장애아동의 복지서비스

(1) 장애아동 소득보장서비스

장애아동수당은 보호자의 경제적 수준 및 장애아동의 장애정도를 고려하여 매월 일정 금액을 수당하는 제도이다. 또한 만 5세 이하의 취학전 모든 장애아동에게 36개월 미만은 월 20만 원, 36개월에서 만 5세까지는 월 10만 원의 양육수당이 지급된다.

〈표 8-5〉 **장애아동수당**

구분	중증장애아동수당 (1급, 2급, 3급 중복)	경증장애아동수당 (3급, 4급, 5급, 6급)
생계급여 · 의료급여수급자	월 20만 원	월 10만 원
주거급여 · 교육급여수급자, 차상위계층	월 15만 원	월 10만 원
보장시설수급자 (생계급여 · 의료급여수급자)	월 7만 원	월 2만 원

출처: 중앙장애아동, 발달장애인 지원센터(2019). 장애아동수당.
(https://blue-podo.tistory.com/29)

(2) 장애아동가족 양육지원서비스

장애아동가족 양육지원서비스는 장애아동을 양육하는 가정의 돌봄 부담을 줄이고 보호자의 정상적인 사회활동을 돕기 위해 돌봄서비스, 장애아동가족 상담서비스 등 휴식지원 프로그램이나 가족 역량강화를 위한 프로그램을 제공하는 사업이다.

(3) 장애아동 거주시설서비스

장애아동 거주시설은 6세 미만의 장애영유아를 보호하고 재활에 필요한 주거 · 일상생활 · 지역사회 · 요양 등의 서비스를 제공하는 시설이다(정옥분 외, 2016).

(4) 장애아동 지역재활서비스

재활(rehabilitation)은 장애를 가진 사람이 스스로 자립하여 생활하는 것을 돕기 위한 것으로 지역사회재활은 지역사회로부터 격리되거나 차별과 불편을 느끼지 않고 사회생활에 적응할 수 있도록 지원하는 활동이다. 각 장애의 특성별로 사회적응 훈련이나 집단상담, 가족치료, 사례관리 등 다양한 방법이 사용된다. 장애아동의 사회적 적응뿐만 아니라 부정적인 심리상태를 극복하기 위한 심리재활을 위한 훈련을 제공하는 서비스이다.

(5) 장애아동 직업재활서비스

직업재활은 장애인이 자신의 능력에 맞는 직업을 얻고 이를 유지할 수 있도록 하기 위한 직업훈련과 직무지도, 취업알선 등과 같은 일련의 활동을 의미한다(이순자, 나성식, 이효숙, 2018).

2) 장애아동을 위한 복지서비스 발전방안

장애아동을 위한 복지서비스는 다양한 정책과 지원을 중심으로 이루어지고 있다. 장애아동의 권리와 복지를 보장하기 위한 복지서비스의 발전방안은 다음과 같다.

첫째, 장애아동과 장애아동 가족 소득보장의 서비스와 장애아동 부모를 위한 지지적 서비스를 확충해야 한다. 장애아동이 있는 가정은 다른 가정에 비해 경제적 부담이 높으므로 국가적 차원에서 다양한 서비스가 제공되어야 하며 경제적 요인 외에도 발생하는 장애아동 부모의 스트레스를 줄이기 위한 통합적 접근이 필요하다(Hsiao, 2018).

둘째, 영유아기를 위한 교육기회가 확대되어야 한다. 장애를 가지거나 발달이 지체된 영유아의 개별적 발달 요구에 기초한 교육적·치료적 확대를 위해 특수교육기관과 전문인력이 확보되어야 하며, 필요한 서비스를 선택할 수 있는 기회가 충분히 보장되어야 한다.

셋째, 장애아동에 대한 차별 및 편견에 대한 인식개선 교육이 확대되어야 한다. 장애를 극복하였다 하더라도 사회로부터 차별과 편견을 받는다면 이중의 불행을 지고 살아간다는 것을 의미한다. 장애에 대한 사회적 편견을 깨뜨릴 수 있는 인식개선교육으로 장애아동 학대 예방 및 장애아동의 권리 보호가 필요하다.

생각해 보기

장애 전담 어린이집에서 발생한 아동학대 사건 "때린 횟수 다 셀 수도 …"

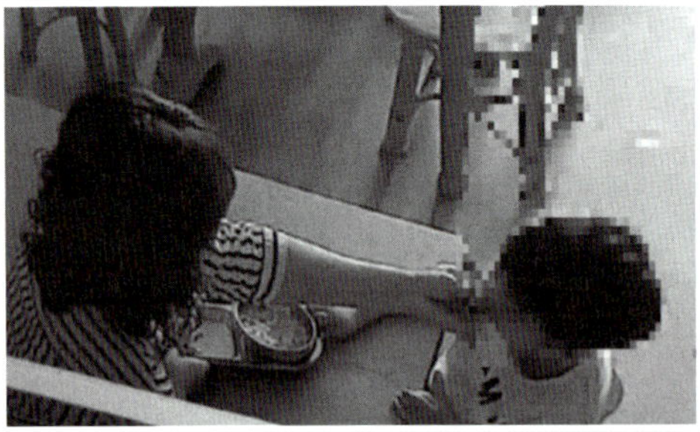

경남 사천에 위치한 장애 전담 어린이집이 제공한 CCTV 영상. 이 영상에는 한 보육교사가 밥 먹기를 거부하면서 고개를 돌리는 아이의 입 안에 음식을 억지로 밀어넣고, 손등을 수차례 내려치는 등의 모습이 담겨 있다.

2020년 10월 경남 사천 국공립 장애아동 전문어린이집에서 발생한 아동학대 사건은 뇌병변 2급 장애 아동을 대상으로 발생한 사건이다. 이 아동은 발달속도가 늦어 또래에 비해 체구도 왜소하고 말을 잘 못하며 제대로 걷지 못하는 상황으로 부모는 아동의 머리에 상처를 발견하고 어린이집에 CCTV 영상을 요청하였다. 어린이집에서 영상 일부를 공개하면서 의심을 하게 된 부모는 경찰에 신고하기에 이르렀고 이후 경찰 수사가 진행되면서 이와 같은 아동학대 정황이 밝혀지게 된 것이다.

출처: http://news.kmib.co.kr/article/view.asp?arcid=0015165511&code=61121211

1. 장애가 있거나 문제행동을 보이는 아동이 학대의 대상이 되는 것은 어떤 이유일까?

2. 같은 공간에 있는 여러 교사가 함께 장애아동을 대상으로 아동학대를 일으키는 것은 어떤 이유일까?

3. 장애아동을 돌보는 교사가 가져야 할 마음가짐, 자세는 어때야 할까?

Chapter

09 아동학대 예방을 위한 복지서비스

1 아동학대의 개념과 종류

1) 아동학대의 개념

「아동복지법」 제3조에 "아동학대란 보호자를 포함한 성인이 아동의 건강 또는 복지를 해치거나 정상적 발달을 저해할 수 있는 신체적 · 정신적 · 성적 폭력이나 가혹행위를 하는 것과 아동의 보호자가 아동을 유기하거나 방임하는 것을 말한다."라고 규정하고 있다. 여기서 보호자라 함은 친권자, 후견인, 아동을 보호 · 양육 · 교육하거나 그러한 의무가 있는 자 또는 업무 · 고용 등의 관계로 사실상 아동을 보호 · 감독하는 자를 말한다.

다시 말하면 아동학대란 아동의 건강 혹은 복지를 해치거나 혹은 정상적인 발달을 저해할 수 있는 모든 신체적 · 정신적 상해, 성적 행위 및 방임을 포함하는 것으로서 적극적인 가해행위뿐만 아니라 소극적 의미의 방임행위까지 아동학대의 정의에 명확히 포함하고 있다.

이는 '아동의 복지나 아동의 잠정적 발달을 위협하는 보다 넓은 범위의 행동'으로 확대하여 신체적 학대나 성적 학대뿐 아니라 정서적 학대, 방임을 포함하여 아동의 발달을 저해하는 행위나 환경을 제공하거나 더 나아가 아동의 권리보호를 하지 않은 경우까지 매우 포괄적인 개념으로 규정되고 있는 추세이다.

2) 아동학대의 종류

「아동복지법」 금지행위 제17조에서는 아동학대의 유형을 크게 네 가지로 나누어 규정하고 있다. 아동의 신체에 손상을 주는 행위(제3호), 아동에게 성적 수치심을 주는 성희롱, 성폭력 등의 학대행위(제2호), 아동의 정신건강 및 발달에 해를 끼치는 정서적 학대행위(제5호), 자신의 보호 · 감독을 받는 아동을 유기하거나 의식주를 포함한 기본적 보호 · 양육 · 치료 및 교육을 소홀히 하는 방임행위(제6호)로서 자세히 살펴보면 다음과 같다.

(1) 신체학대

신체학대(Physical Abuse)란 보호자를 포함한 성인이 우발적 사고가 아닌 상황에서 아동에게 의도적으로 행하는 신체적 폭력 또는 가혹행위를 말한다. 신체학대 행위의 예를 들면 다음과 같다.

① 직접적으로 신체에 가해하는 행위

- 손 · 발 등으로 때리는 행위
- 꼬집고 물어뜯는 행위

- 조르고 비트는 행위
- 할퀴는 행위

〈표 9-1〉 **신체학대 사례**

밥을 먹이다가 영아의 팔을 물어뜯은 원장
구내염이 있으니 신경써 달라고 원아수첩에 써 보냈던 날 오후 어린이집 원장이 전화를 걸어 원아수첩을 지금 보게 되어 OO이가 입안이 아프다는 것을 이제야 알게 되었다고 했다. 얼마 안 되어 엄마가 OO이를 데리러 어린이집에 갔더니 원장은 "OO이에게 밥을 먹이는데, 자꾸 뱉어 내더라구요. 그래도 계속 먹였더니 제 머리카락을 잡아당겨서 순간적으로 제가 OO이의 팔을 물었습니다."라고 말했다. OO이의 팔에는 잇자국이 선명하게 찍혀 있었고 빨갛게 달아올라 있었다. 이후 원장은 "싫어하는 반찬을 뱉어 내는 OO이의 편식 습관을 잡아 주기 위한 마음에 억지로라도 먹이고 싶어서 그렇게 됐다", "사건 당시 뒤쪽에 0,1세 영아들이 있어서 뒤로 넘어질까 봐 어쩔 수 없었다"라고 했고 "입을 그냥 갖다 댄 것 뿐인데 팔을 물었다고 이야기 한 것은 자기의 실수다." 라고 말했다. 당시 현장에 있었던 보육 실습교사의 증언에 의하면 0,1세 영아들은 같이 있지 않았다고 했다. 현장조사의 내용을 바탕으로 원장의 신체학대로 판정하였으며 해당 어린이집은 보조금 반환 및 고소고발 되었다.

출처: 돌봄시설 학대 예방을 위한 사례집(2014)

② 도구를 사용하여 신체에 가해하는 행위

- 도구로 때리는 행위
- 아동을 향해 물건을 던지는 행위
- 흉기 및 뾰족한 도구를 이용하여 찌르는 행위 등

③ 완력을 사용하여 신체를 위협하는 행위

- 세게 흔드는 행위
- 신체부위를 묶는 행위
- 벽에 밀어 부딪히는 행위
- 떠밀고 움켜잡는 행위
- 아동을 던지는 행위

- 몸을 거꾸로 매다는 행위
- 물에 빠뜨리는 행위

④ 신체에 유해한 물질로 신체에 가해하는 행위

- 화학물질 혹은 약물 등을 사용하여 신체에 상해를 입히는 행위
- 화상을 입히는 행위

(2) 정서학대

정서학대(Emotional Abuse)란 보호자를 포함한 성인이 아동에게 행하는 언어적 모욕, 정서적 위협, 감금이나 억제, 기타 가학적인 행위를 하는 경우를 말한다. 정서학대 행위의 예를 들면 다음과 같다.

① 언어적 폭력행위

- 소리를 지르는 행위
- "너 때문에 내가 힘들어 죽겠다. 꼴도 보기 싫으니 나가라." 등 아동의 인격을 심하게 무시, 모욕하는 경우
- 원망적 · 거부적 · 적대적 · 경멸적인 언어폭력
- 아동에게 간식을 주지 않겠다는 등 반복적으로 위협하는 행위
- 아동이 싫어하는데도 계속 놀려 대는 경우
- 경멸, 모독, 수치감을 주는 욕 등 언어폭력을 사용하는 경우

〈표 9-2〉 **정서학대 사례**

발달속도가 늦은 영아를 이해해 주세요
만 2세 00이는 또래에 비해 발달 속도가 늦은 편이다. 그런데 어린이집에 다니기 시작하면서 이상한 행동을 보이기 시작했다. 어린이집 원장, 보육교사 2명에 대한 현장조사 결과 원장의 강압적인 태도와 소리를 지르는 경우가 있었다고 조사되었다. 원장이 아동의 발달상황에 대한 개별특성을 고려하지 않은 채 강압적인 보육 태도를 일관했다는 현장조사내용을 바탕으로 아동학대로 판정되었다. 해당 어린이집은 보조금을 반환했으며 원장은 자격정지 처분을 받았다.

출처: 돌봄시설 학대 예방을 위한 사례집(2014)

② 정서적 위협

- 공포분위기를 조성하는 행위
- 좁은 공간에 혼자 가두어 놓는 행위
- 삭발을 시키거나 강제적으로 머리를 자르는 행위
- 아동이 보는 앞에서 부부싸움을 하거나 교사 간 폭력에 노출하는 행위
- 집에서 내쫓아 세워 두거나 교실 밖에 세워 두는 행위
- 잠을 재우지 않거나 억지로 잠을 자도록 하는 행위
- 다른 아동을 학대하도록 강요하는 행위

③ 아동에 대한 비현실적 기대 또는 강요를 하는 행위

- 아동의 발달정도에 적절하지 않는 과도한 과업을 부여하는 행위
- 보호자의 종교행위를 강요하는 행위
- 친구 등과 부정적으로 비교하는 행위
- 차별 · 편애 · 왕따시키는 행위

(3) 성학대

성학대(Sexual Abuse)란 보호자를 포함한 성인이 자신의 성적 욕구 충족을 목적으로 아동에 행하는 모든 성적행위를 말한다. 성학대 행위의 예를 들면 다음과 같다.

① 자신의 성적 만족을 위해 아동을 관찰하거나 아동에게 성적인 노출을 하는 행위

- 아동의 옷 벗는 모습 또는 아동의 신체를 관찰하는 행위
- 나체 및 성기를 노출하는 행위

② 아동에게 성적으로 추행하는 행위

- 구강을 추행하는 행위
- 성기를 추행하는 행위
- 항문을 추행하는 행위
- 기타 신체부위를 추행하는 행위

③ 아동에게 언어적으로 성적인 표현 또는 농담을 하는 행위

④ 성교를 하는 행위

- 성기를 삽입하는 행위
- 구강성교를 하는 행위
- 항문성교를 하는 행위
- 아동에게 유사성행위를 하는 행위

(4) 방임

보호자는 아동에게 반복적인 아동양육과 보호를 해야 함에도 불구하고 이러한 양육과 보호를 소홀히 함으로써 아동의 정상적인 발달을 저해할 수 있는 모든 행위를 방임(Neglect)이라고 한다. 특히 만 1세 미만 영아의 경우 2016년 아동보호 전문기관에 접수된 518건의 신고 사례 중 256건이 방임에 해당하는 것으로 전체의 약 49.4%로 거의 과반수에 해당되는 수치이다. 영아를 대상으로 하는 방임의 경우, 발견되기 어렵고 지속적으로 이루어진다는 점에서 매우 심각하며 이는 영아의 발달과 성장에 치명적이라고 할 수 있다.

이러한 방임에는 물리적 방임, 교육적 방임, 의료적 방임 등이 있으며 유기는 방임에 포함된다.

① 물리적 방임의 예

- 기본적인 의식주를 제공하지 않는 행위
- 상해와 위험으로부터 아동을 보호하지 않는 행위
- 불결한 환경이나 위험한 상태에 아동을 방치하는 행위
- 아동을 혼자 내버려 두고 장시간 자리를 비우는 행위
- 계절에 적합하지 않는 환경(비적정 온도 등)에 방치하는 행위
- 아동의 출생신고를 하지 않는 행위 등

〈표 9-3〉 **방임 사례**

"혼자 있어" 간식 안 줘 … 한 살배기 학대한 어린이집 교사
울음을 그치지 않는다는 이유로 한 살배기 원생에게 먹을 것을 주지 않고 혼자 있게 한 어린이집 교사가 벌금형을 선고받았다. 울산지법 형사2단독 이종엽 판사는 「아동학대범죄의 처벌 등에 관한 특례법」 위반 혐의로 기소된 A 씨(34 · 여)에게 벌금 500만 원을 선고했다고 16일 밝혔다. A 씨는 지난 8월 울산 남구의 한 어린이집에서 한 살배기 원생이 계속 울어 댄다는 이유로 교실에 혼자 있게 하고 간식도 주지 않는 등 학대했다. 이 판사는 "피고인은 아이들이 건강한 사회구성원으로 성장할 수 있도록 보호해야 할 위치에 있음에도 만 1, 2세에 불과한 피해 아동들에게 부적절한 행동을 해 상해까지 입혔다"며 "다만 학대행위가 반복된 것으로는 보이지 않고, 많은 학부모가 선처를 탄원하고 있는 점 등을 고려했다"고 양형 이유를 밝혔다.

출처: 국민일보(2017. 12. 16.).

② 의료적 방임의 예

- 아동에게 필요한 의료적 처치를 하지 않는 행위
- 장애 아동에 대한 치료를 하지 않거나 거부하는 행위

③ 유기의 예

- 아이를 버리는 행위 등

게임중독으로 4개월 된 딸 방치 숨지게 한 비정한 부부

29살 유모씨 부부는 태어난지 4개월된 딸을 돌보지 않고 집에 혼자 내버려 두어 숨지게 한 혐의로 구속되었다. 경찰 조사결과 이들 부부는 평소에도 하루 7~8번씩 주어야 하는 우유를 주지 않고 방임하였으며 밤새 게임을 하며 영아를 돌보지 않은 날이 많았던 것으로 조사되었다.

출처: https://www.google.co.kr/search?q=%EA%B2%8C%EC%9E%84%EC%A4%91%EB%8F% 85&source

2 아동학대 현황

중앙아동보호 전문기관의 2016년도 아동학대 현황보고서를 통해 아동학대의 현황에 대해 살펴보면 다음과 같다.

1) 아동학대 신고 현황

(1) 아동학대 신고 사례 건수

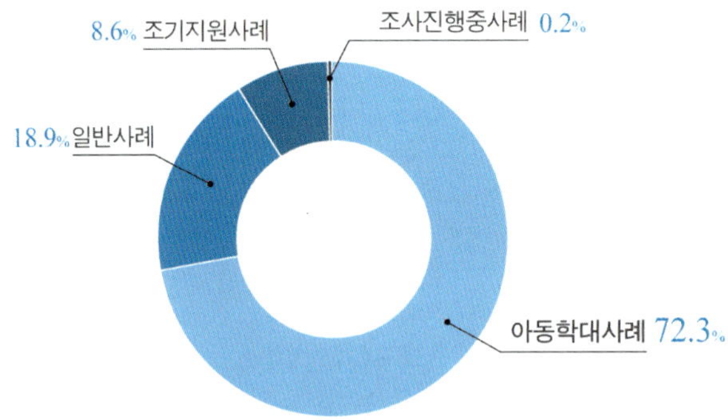

2001년도부터 2016년도까지 연도별 아동학대 신고건수에 대한 내용을 살펴보면 2016년도에 아동학대 신고건수가 전년도 대비 크게 상승한 것을 알 수 있다. 이는 아동학대 사례가 급속하게 증가했다기보다 여러 매체의 홍보와 교육을 통해 아동학대에 대한 인식이 확산되면서 아동학대 신고건수가 증가한 것으로 보여진다.

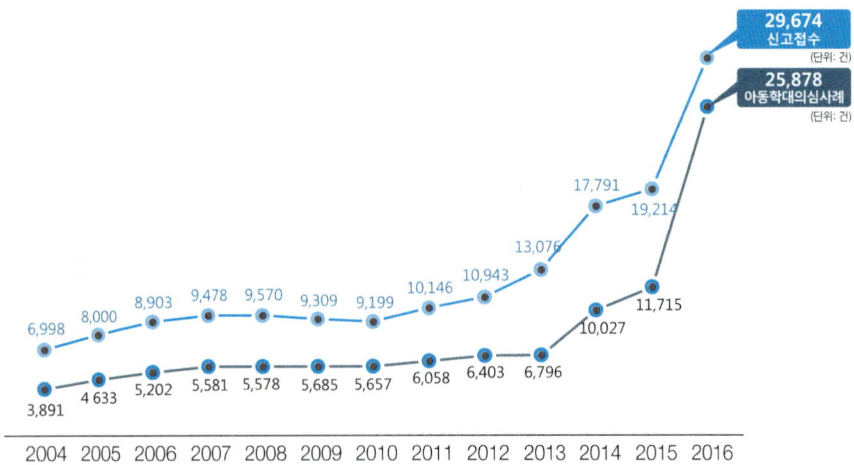

[그림 9-1] 연도별 신고 접수건수

출처: 보건복지부, 중앙아동보호전문기관, 2016 전국아동학대 주요현황.

(2) 신고접수 경로 유형

아동보호 전문기관에 아동학대 신고가 접수된 경로를 살펴보면 〈표 9-4〉와 같다.

〈표 9-4〉 신고접수 경로 유형 (단위: 건, %)

아동보호전문기관				112	119	129	1366	계
일반전화	인터넷	내방	소계					
14,919 (50.3)	39 (0.1)	496 (1.7)	15,454 (52.1)	13,991 (47.1)	37 (0.1)	51 (0.2)	141 (0.5)	29,674 (100.0)

출처: 보건복지부, 중앙아동보호전문기관, 2016 전국아동학대 주요현황.

일반 전화를 이용한 아동학대 신고건수가 과반수 이상이 되는 것으로 조사되었고 신고번호는 112로 통합되어 운영되고 있다.

2) 아동학대 피해아동

2018년 아동보호 전문기관으로 신고접수된 사례 중 아동학대로 판단된 24,604건에서 여아가 남아보다 약 3.6%나 많은 것으로 나타났다.

〈표 9-5〉 피해아동 성별 (단위: 건, %)

구분	남아		여아		계	
건수(비율)	11,867	(48.2)	12,737	(51.8)	24,604	(100.0)
명수(비율)	9,707	(48.5)	10,311	(51.5)	20,018	(100.0)

출처: 보건복지부, 중앙아동보호전문기관, 2018 전국아동학대 주요현황.

피해아동 연령을 살펴보면 아동학대 피해가 학령기에 집중되어 있고 연령이 어릴수록 피해아동의 연령이 적어지는 것을 볼 수 있다. 이는 아동학대 발생 건수가 줄어든다고 보기보다는 연령이 어릴수록 아동학대가 발견되기 어렵기 때문에 나타난 결과라고 예상해 볼 수 있다.

〈표 9-6〉 **피해아동 연령** (단위: 건, %)

연령(만)	종합	
1세 미만	416	(2.2)
1세	493	(2.6)
2세	694	(3.7)
3세	792	(4.2)
소계	1,979	(10.6)
4세	780	(4.2)
5세	841	(4.5)
6세	962	(5.1)
소계	2,583	(13.8)
7세	1,088	(5.8)
8세	1,344	(7.2)
9세	1,163	(6.2)
소계	3,595	(19.2)
10세	1,202	(6.4)
11세	1,303	(7.0)
12세	1,349	(7.2)
소계	3,854	(20.6)
13세	1,370	(7.3)
14세	1,469	(7.9)
15세	1,367	(7.3)
소계	4,206	(22.5)
16세	1,157	(6.2)
17세	910	(4.9)
소계	2,067	(11.1)
계	18,700	(100.0)

출처: 보건복지부, 중앙아동보호전문기관, 2018 전국아동학대 주요현황.

3) 아동학대 사례 유형

(1) 아동학대 발생빈도

아동학대 발생빈도를 보면 거의매일 아동학대가 발생하는 경우가 23.3%나 되고 일주일에 한번 이상이 48.1%로 거의 과반수에 달하는 것으로 나타났다.

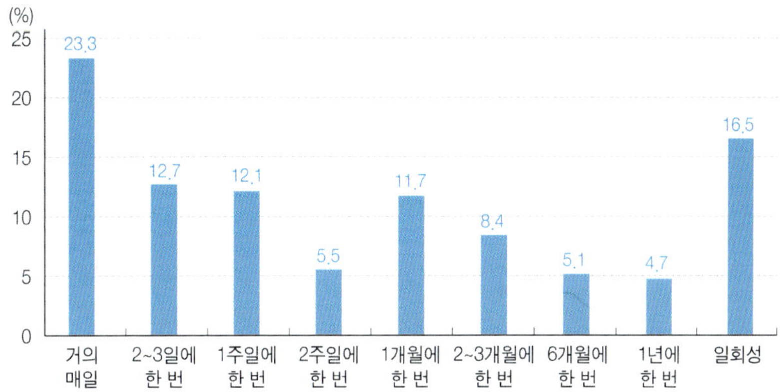

[그림 9-2] **아동학대 발생 빈도**

출처: 보건복지부, 중앙아동보호전문기관, 2016 전국아동학대 주요현황.

(2) 아동학대 사례 유형

2018년 아동학대 주요현황에서 아동학대 사례 유형을 살펴보면 중복학대가 47.9%, 정서학대가 23.8%, 신체학대가 14.0%, 방임이 10.6%, 성학대는 3.7%로 나타났다. 중복학대의 비중이 거의 절반에 가까운 것은 아동학대의 심각성을 보여 주는 수치라고 할 수 있다.

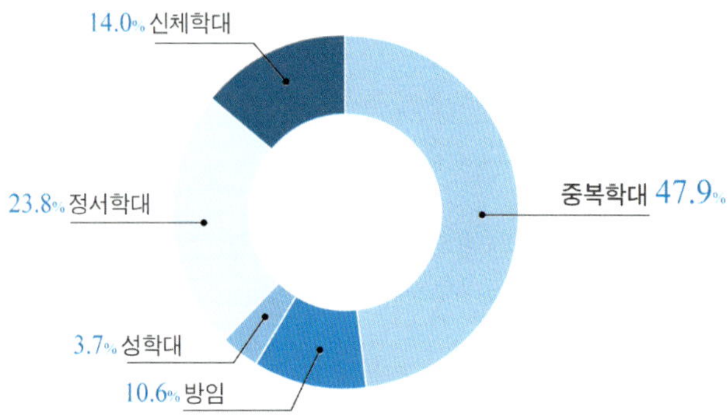

[그림 9-3] 아동학대 사례 유형

출처: 보건복지부, 중앙아동보호전문기관, 2018 전국아동학대 주요현황.

연도별 사례 현황을 살펴보면 2012년도부터 2016년까지 정서학대와 신체학대가 크게 늘어난 것으로 보이는데 이는 대중매체의 홍보와 교육으로 아동학대에 대한 인식이 확산되면서 나타난 현상으로 볼 수 있으며, 특히 정서학대에 대한 인식이 새롭게 조명되면서 큰 폭으로 증가하게 된 것으로 여겨진다. 아동학대 사례유형에 대한 그래프를 제시하면 [그림 9-4]와 같다.

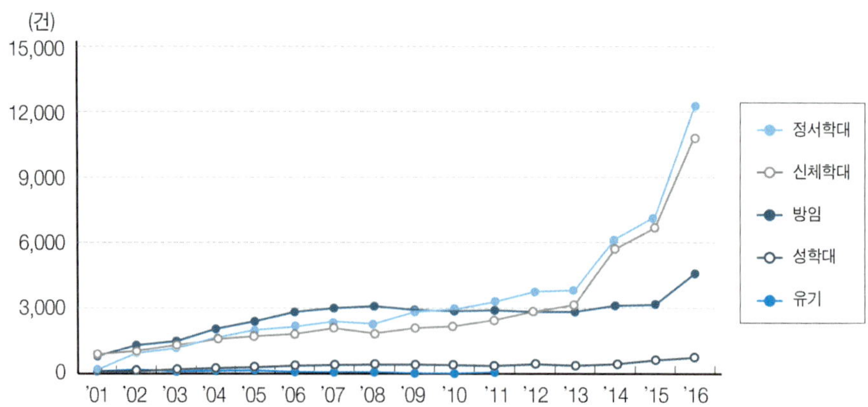

[그림 9-4] 연도별 아동학대 발생 사례 유형

출처: 보건복지부, 중앙아동보호전문기관, 2016 전국아동학대 주요현황.

(3) 아동학대 사례유형별 피해아동 연령

아동학대 사례유형별 피해아동 연령에 대한 표의 내용을 살펴보면 영아의 경우 다른 연령대에 비해 방임 사례 건수가 월등히 높은 것으로 나타났다. 영아의 발달 특성상 성인의 보호와 양육이 필수적인 요소라고 할 수 있는데 이 시기에 방임에 노출된다면 영아의 발달과 성장에 치명적인 영향을 줄 수 있다.

〈표 9-7〉 아동학대 사례유형별 피해아동 연령 (단위: 건, %)

학대유형 / 연령(만)	신체학대		정서학대		성학대		방임		계	
1세 미만	133	(0.9)	177	(1.0)	2	0.1	313	7.2	625	(1.7)
1~3세	930	(6.6)	1,433	(8.3)	8	0.5	770	17.8	3,141	(8.4)
4~6세	1,400	(10.0)	1,938	(11.2)	42	2.6	807	18.6	4,187	(11.2)
7~9세	2,430	(17.3)	3,052	(17.6)	134	8.3	847	19.5	6,463	(17.3)
10~12세	3,067	(21.9)	4,035	(23.3)	452	28.1	782	18.0	8,336	(22.3)
13~15세	4,042	(28.8)	4,408	(25.4)	575	35.7	581	13.4	9,606	(25.8)
16~17세	2,021	(14.4)	2,291	(13.2)	397	24.7	236	5.4	4,945	(13.3)
계	14,023	(100.0)	17,334	(100.0)	1,610	100	4,336	100.0	37,303	(100.0)

※ 중복 포함

출처: 보건복지부, 중앙아동보호전문기관, 2018 전국아동학대 주요현황.

3 아동학대 원인

1) 학대 행위자 특성

[그림 9-5]에서 제시한 학대행위자의 특성에 대한 내용을 살펴보면 매우 다양한 특성을 보이지만 그중에서도 양육태도 및 방법 부족이 35.6%로 가장 높은 수치를 보였다. 아동학대 예방을 위해서 어떠한 노력이 필요한지 알려 주는 중요한 통계치임을 알 수 있다.

학대 행위자의 특성 중 두 번째로 높은 수치를 보인 특성은 17.8%에 달하는 사회·경제적 스트레스 및 고립이다. 이는 아동학대 발생이 개인의 문제를 벗어나 사회적인 문제로 인식해야 함을 알려 주는 것으로 사회복지 차원에서 아동학대 예방을 위한 지원이 필요함을 보여 준다.

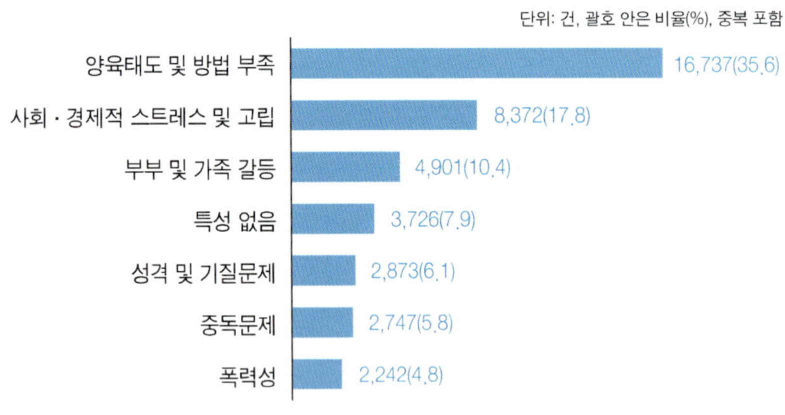

[그림 9-5] 학대행위자 특성

출처: 보건복지부, 중앙아동보호전문기관, 2016 전국아동학대 주요현황.

다음은 어린이집, 유치원, 초·중·고 교사, 아동복지 시설 종사자 등 시설 내 아동학대 행위자들의 특성을 분석한 표이다. 시설 내 학대 행위자의 특성 역시 양육태도 및 방법의 부족이 가장 많았고 사회 경제적 스트레스와 고립이 그 뒤를 이었다.

〈표 9-8〉 **시설 내 학대행위자 특성**

특성 \ 종사자 유형	보육교직원		유치원 교직원		초·중·고교 직원		아동복지 시설 종사자	
신체적 장애	0	(0.0)	0	(0.0)	0	(0.0)	0	(0.0)
정신적 장애	0	(0.0)	0	(0.0)	0	(0.0)	0	(0.0)
장애의심	1	(0.1)	0	(0.0)	4	(0.5)	5	(1.2)
양육태도 및 방법 부족	496	(52.8)	166	(49.1)	315	(40.1)	221	(52.6)
중독문제	0	(0.0)	0	(0.0)	0	(0.0)	0	(0.0)
질환문제	1	(0.1)	0	(0.0)	30	(3.8)	0	(0.0)
성격 및 기질문제	87	(9.3)	4	(1.2)	45	(5.7)	23	(5.5)
위생문제	1	(0.1)	0	(0.0)	0	(0.0)	0	(0.0)
나태 및 무기력	0	(0.0)	0	(0.0)	0	(0.0)	0	(0.0)
난독해, 난작문	0	(0.0)	0	(0.0)	0	(0.0)	0	(0.0)
사회·경제적 스트레스 및 고립	99	(10.5)	6	(1.8)	91	(11.6)	27	(6.4)
어릴 적 학대 경험	0	(0.0)	0	(0.0)	0	(0.0)	0	(0.0)
폭력성	0	(0.0)	0	(0.0)	0	(0.0)	6	(1.4)
전과력	0	(0.0)	13	(3.8)	0	(0.0)	0	(0.0)
성문제	0	(0.0)	13	(3.8)	35	(4.5)	23	(5.5)
원치 않은 아동	0	(0.0)	0	(0.0)	0	(0.0)	1	(0.2)
부부 및 가족갈등	0	(0.0)	0	(0.0)	1	(0.1)	9	(2.1)
종교문제	0	(0.0)	0	(0.0)	0	(0.0)	5	(1.2)
특성 없음	229	(24.4)	129	(38.2)	234	(29.8)	79	(18.8)
파악 안 됨	25	(2.7)	7	(2.1)	31	(3.9)	21	(5.0)
계	939	(100.0)	338	(100.0)	786	(100.0)	420	(100.0)

출처: 보건복지부, 중앙아동보호전문기관, 2016 전국아동학대 주요현황.

또한 학대 행위자의 기질적인 측면으로 인하여 분노와 우울을 자주 경험하는 경우 아동학대의 원인을 제공하는 요소로 작용할 수 있기 때문에 학대행위자들을 위한 다양한 예방 프로그램을 지속적으로 실천하는 것이 중요하다고 할 수 있다.

2) 아동학대의 원인

(1) 부모요인

아동학대의 원인 중 부모요인에 대한 내용을 표로 정리한 것이다.

〈표 9-9〉 아동학대의 부모요인

구분	내용
부모의 미성숙	나이가 어리고 안정되지 못한 부모들은 아동의 행동이나 욕구를 이해하지 못하여 아동학대를 쉽게 행하고 건전한 가족관계의 형성에도 어려움을 겪게 된다.
아동양육에 대한 지식 부족	다양한 아동발달에 대한 지식의 부족은 어떻게 아동을 키울 것인가를 잘 모르거나 건전한 가족 관계가 어떤 것인지 잘 알지 못하는 경우이다.
지나친 기대	부모들은 종종 자신의 자녀가 가진 능력 이상으로 부모의 기대수준에 맞게 행동해 주기를 원하는데, 이처럼 높은 기대는 아동학대의 가능성을 높이는 원인이 된다.
가정의 잦은 위기	경제적 어려움, 실직, 잦은 병치레, 가정불화 등 가정 내 위기요인으로 인해 부모들이 자녀를 학대하는 경우가 있다.
정서적 욕구불만	부모들은 자신의 욕구가 충족되지 못하거나 스트레스를 받을 때 아동에게 그 불만을 터뜨리게 된다.
사회적 고립	아동양육의 부담을 도와줄 수 있는 친척이나 친구, 이웃이 주위에 아무도 없는 경우에 아동을 학대하기도 한다.
어릴 적 학대받은 경험	아동을 학대하는 부모들 30~60% 정도는 자신들이 어릴 때 부모로부터 학대받은 경험이 있다.
알코올중독 · 약물중독	알코올중독 · 약물중독에 빠진 부모들은 자신을 잘 통제하지 못하고 아동을 학대하기도 한다.
부모의 그릇된 아동관 및 양육관	아동을 소유물로 생각하며, 아동에 대한 권리의식에 대한 이해가 부족하다. 또한 체벌과 훈육을 혼동한다.

이 외에도 부모가 낮은 자아존중감, 낮은 감성을 가지고 있는 경우 분노, 좌절 혹은 성적 욕구와 같은 충동과 감정조절의 무능력, 불안, 우울증, 기타 정신질환을 앓고 있는 경우, 원치 않는 자녀를 출산한 경우 아동학대 발생의 원인이 된다.

(2) 아동요인

아동요인이 학대의 유발요인인지, 학대로 인한 결과인지는 확실하지 않다. 그러나 다음의 특성을 보이는 아동들은 부모나 양육자의 신체적, 심리적 부담감을 가중시키고 부모들이 쉽게 지치게 된다. 또한 부모와의 애착형성이 어려운 경우가 많아 신체적, 심리적으로 지친 상태에서 아동에게 지속적인 관심과 애정을 주는 것이 어려울 뿐만 아니라 장애아나 기형아에 대한 사회적 편견은 부모에게 큰 스트레스로 작용하여 아동을 학대할 가능성이 높아지게 된다.

아동학대의 아동요인
• 미숙아, 기형아 • 만성 혹은 급성질환아 • 신체적 · 정신적 · 기질적으로 특이하거나 장애를 가진 아동 • 운동 및 언어 등 발달이 늦은 아동 • 심하게 보채거나 밤에 잘 자지 않는 아동 • 문제행동을 보이는 아동 • 음식을 먹거나 잠을 자는 데 어려움을 나타내는 아동 • 사회적 반응의 결핍, 고집스러운 울음과 외모 • 수유의 어려움 • 분리 불안의 결함 • 자신감 결여, 지나친 경계, 무반응, 겁이 많음 • 적대적 행위, 충동적 특성, 폭력적 행동, 고집이 셈 • 대인 관계에 둔감하고 매력이 없음, 운동 조절 결함

(3) 가정적 · 사회적 요인

가정적 · 사회적 요인은 가족관계 및 구조의 문제, 사회 전반의 분위기 등이 포함되며, 이 요인은 복합적으로 상호작용하여 발생하게 된다.

가족관계의 문제	• 가족구성원 간에 갈등이 존재하거나 가족상호작용이 약하여 아동학대가 발생한다.
가족구조의 문제	• 미성년가족, 한부모가족, 이혼가족, 재혼가족 등 가족구조의 특성이 아동학대의 원인이 될 수 있다. 이는 양육에 대한 지식의 부족, 높은 스트레스, 가족 간의 긴밀한 상호작용의 결여 등에 기인하는 것으로 보인다. • 사회적 고립 및 사회적 지지체계가 결여 • 신체적인 체벌에 대해 허용적인 문화 • 아동을 존중하지 않는 문화/자녀에 대한 소유 의식
폭력에 대한 가치와 규범	• 체벌이나 훈육의 의미가 포함된 폭력은 필요하고 정당하다는 관념이 존재한다.

4 아동학대의 법적 규정

1) 아동학대 처벌 규정

「아동학대범죄의 처벌 등에 관한 특례법」에서 아동학대 유형에 따른 처벌규정을 살펴보면 다음과 같다.

〈표 9-10〉 **아동학대 처벌규정**

구분	내용
신체학대	보호자를 포함한 성인이 아동에게 우발적 사고가 아닌 상황에서 의도적으로 피해아동에게 행하는 신체적 폭력 또는 가혹 행위 ⇨ 5년 이하의 징역 또는 3천만 원 이하의 벌금
성적학대	보호자를 포함한 성인에 의하여 아동의 건강 · 복지를 해치거나 정상적 발달을 저해할 수 있는 성적 폭력 또는 가혹 행위로서, 아동을 대상으로 하는 모든 성적 행위 = 아동에게 성적 수치심을 주는 성희롱 · 성폭행 등의 학대행위 ⇨ 5년 이하의 징역 또는 3천만 원 이하의 벌금 = 아동을 타인에게 매매, 아동에게 음행을 시키거나 음행을 매개하는 행위 ⇨ 10년 이하의 징역 또는 5천만 원 이하의 벌금
유기 방임	아동의 보호자가 아동을 유기하거나 방임하는 행위(물리적 방임, 교육적 방임, 의료적 방임, 유기 등) = 아동학대범죄를 범한 사람이 아동을 사망에 이르게 한 행위 ⇨ 무기 또는 5년 이상의 징역
정서학대	성인이 아동에게 하는 언어적 · 정서적 위협 감금 · 억제 · 기타 가학적인 행위 ⇨ 5년 이하의 징역 또는 3천만 원 이하의 벌금

아동학대에 관한 법규정-첨부 1 참고

2) 아동학대 신고의무자 규정

(1) 아동학대 신고의무자

「아동학대처벌법」 제10조에서 아동학대 신고의무자란 직무상 아동학대를 쉽게 발견할 수 있는 직업군을 의미하고 아동학대 신고의무자는 아동학대 범죄를 알거나 '의심만 되어도' 즉시 아동보호전문기관 또는 수사기관에 신고하여야 한다. 「아동복지법」 25조 2항에는 아동학대 신고의무자가 신고하지 않은 경우, 500만 원 이하의 과태료가 부과된다고 명시하고 있다.

아동학대 신고의무자 직군은 다음과 같다.

〈표 9-11〉 **아동학대 신고의무자**

아동학대 신고의무자 직군
• 교사직군: 보육교직원, 유치원 및 강사, 초 · 중등 교직원, 전문상담교사 및 산학겸임교사, 학원 및 교습소 종사자 • 의료인 직군: 의료인, 의료기사, 구급대 대원, 응급구조사, 정신보건센터 종사자 • 시설종사자 및 공무원 직군: 육아종합지원센터 종사자, 가정위탁지원센터 종사자, 아동복지시설 종사자, 아동복지전담공무원, 사회복지전담공무원 및 사회복지시설 종사자, 장애인복지시설 종사자, 가정폭력 관련 상담소 및 가정폭력피해자보호소시설 종사자, 건강가정지원센터 종사자, 다문화가족지원센터 종사자, 성매매피해자 지원시설 및 성매매피해 상담소 종사자, 성폭력피해상담소 및 성폭력피해자 보호시설 종사자, 청소년 시설 및 단체 종사자, 청소년 시설 및 단체 종사자, 청소년 보호센터 • 신설 직군: 아동돌봄지원법에 따른 아동돌보미, 아동복지법에 따른 취약계층에 대한 통합서비스 지원 수행인력

〈표 9-12〉 **아동학대 신고의무자 규정**

구분	내용
제25조 아동학대 신고의무와 절차	① 누구든지 아동학대를 알게 된 경우에는 아동보호전문기관 또는 수사기관에 신고할 수 있다. ② 다음 각 호의 어느 하나에 해당하는 사람은 그 직무상 아동학대를 알게 된 경우에는 즉시 아동보호전문기관 또는 수사기관에 신고하여야 한다. 12. 「영유아보육법」 제10조에 따른 어린이집의 원장 등 보육교직원 ③ 제1항 및 제2항에 따른 신고인의 인적 사항 또는 신고인임을 미루어 알 수 있는 사실을 다른 사람에게 알려주거나 공개 또는 보도하여서는 아니 된다.
제26조 아동학대 신고 의무자에 대한 교육	① 관계 중앙행정기관의 장은 「아동학대범죄의 처벌 등에 관한 특례법」 제10조 제2항 각 호의 어느 하나에 해당하는 사람의 자격 취득과정이나 보수교육 과정에 아동학대 예방 및 신고의무와 관련된 교육 내용을 포함하도록 하여야 한다.
제71조 벌칙	다음 각 호의 어느 하나에 해당하는 자는 1년 이하의 징역 또는 500만 원 이하의 벌금에 처한다. 1. 제25조 제3항을 위반하여 신고인의 인적사항 또는 신고인임을 미루어 알 수 있는 사실을 다른 사람에게 알려주거나 공개 또는 보도한 자

(2) 아동학대 신고의무자 교육

아동학대 신고의무자 관계 중앙행정기관의 장은 법 제26조 제1항에 따라 아동학대 신고의무자의 자격 취득 과정이나 보수교육 과정에 아동학대 예방 및 신고의무와 관련된 교육을 1시간 이상 포함시켜야 한다. 또한 아동학대 신고의무자가 소속된 기관의 장은 법 제26조 제3항에 따라 소속 신고의무자에게 아동학대 예방 및 신고의무와 관련된 교육을 매년 1시간 이상 실시하여야 한다(집합 교육, 시청각 교육 또는 인터넷 강의 등).

아동복지법 시행령

제26조(아동학대 신고의무자에 대한 교육) ① 법 제26조 제1항부터 제3항까지의 규정에 따른 아동학대 예방 및 신고의무와 관련한 교육에는 다음 각 호의 사항이 포함되어야 한다.

1. 아동학대 예방 및 신고의무에 관한 법령
2. 아동학대 발견 시 신고 방법
3. 피해아동 보호 절차

② 관계 중앙행정기관의 장은 법 제26조 제1항에 따라 아동학대 신고의무자의 자격 취득 과정이나 보수교육 과정에 아동학대 예방 및 신고의무와 관련된 교육을 1시간 이상 포함시켜야 한다.

③ 아동학대 신고의무자가 소속된 기관의 장은 법 제26조 제3항에 따라 소속 신고의무자에게 아동학대 예방 및 신고의무와 관련된 교육을 매년 1시간 이상 실시하여야 한다.

아동복지법-첨부 1 참고

(3) 아동학대 신고의무자 보호

누구든지 아동학대 범죄 신고자등에게 아동학대 신고 등을 이유로 불이익 조치를 하여서는 안 된다(「아동학대처벌법」 제10조의2). 「아동학대처벌법」 외에도 「공익신고자 보호법」(제12조 제1항, 제13조 제1항), 「특정범죄신고자 등 보호법」(제7조~제13조)으로 신고자를 보호하도록 하고 있다.

신고인의 인적사항 또는 신고인을 미루어 알 수 있는 사실을 다른 사람에게 알려주거나 공개 또는 보도할 경우 3년 이하의 징역이나 3천만 원 이하의 벌금에 처하도록 하고 있다.

또한 신고인에게 불이익조치(파면, 해고, 징계, 집단 따돌림)를 해서는 안 되며 이를 어길 경우 1년 이하의 징역 또는 1천만 원 이하의 벌금으로 처벌하고 있다.

아동학대 행위의 법적 처벌과정에 있어서 신고자를 보호하기 위하여 신고자의 인적사항 기재 생략, 신변안전조치, 열람제한 등 국민권익위원회에 신변보호에 필요한 조치 요구를 가능하도록 하고 있다.

3) 아동학대 발생 시 대처에 대한 규정

(1) 아동학대 신고요령

① 1단계: 아동학대 의심 및 발견

아동학대 유형 및 징후를 인지하였다면 아동 및 양육자를 관찰하거나 면담하여 아동학대 가능성을 파악하고 영아가 더 심각한 손상을 입지 않도록 빠른 조치를 취하여야 한다. 응급상황 시, 즉 긴박한 상황인 경우 영아를 먼저 병원에 데려간 이후에 신고하도록 한다. 〈표 9-13〉에 제시한 아동학대 체크리스트를 살펴보고 체크리스트에서 1개 이상만 발견되어도 신고하도록 한다.

'아이지킴콜112'는 아동학대에 대한 구별이 모호한 상황에서 누구나 쉽게 학대 징후를 발견하고, 학대 의심 상황을 신고할 수 있도록 돕는 앱이다.
이 앱은 △아동학대 유형과 징후를 알 수 있는 교육자료 △아동학대 관련 법령 △학대 의심상황에서 학대 징후를 확인할 수 있는 체크리스트 △익명 문자신고 등의 기능을 담고 있다. 지난해 '아동학대 예방의 날'(11월 19일) 서비스를 시작했다.
우리나라 학대 피해 아동 발견은 1,000명당 약 2.15명(2016년 기준)에 불과, 신고율을 높이는 것이 아동학대 해결의 지름길이 될 것이라고 전문가들은 분석하고 있다. 미국의 경우는 발견율이 1,000명당 9.2명에 이른다.
'아이지킴콜112'는 '삼성 투모로우 솔루션'에 대학생들이 아이디어를 제안해 삼성전자의 비용 지원과 임직원 멘토의 기술 지원으로 완성됐다. 개발 과정에는 아동보호전문가, 경찰관 등 관련 기관의 피드백을 반영했다. '삼성 투모로우 솔루션'은 시민이 사회 문제를 해결하는 아이디어를 제안하고 삼성전자가 함께 실현하는 공모전이다.
중앙아동보호기관 홍창표 팀장은 "아동학대 사례가 늘고 있는 것 자체도 문제지만 신고건수가 부족한 것이야 말로 사회적 문제"라며 "아이지킴콜112는 아동학대 신고를 활성화할 수 있는 고마운 앱"이라고 말했다.
삼성전자 사회공헌사무국 박용기 부사장은 "삼성전자 임직원의 전문성을 활용해 개발한 아동학대 신고 앱을 통해 학대받는 아이들이 고통에서 벗어나기를 바란다"며 "앞으로도 사회 문제 해결을 위한 시민 아이디어가 발전될 수 있도록 계속 지원하겠다"고 밝혔다.

출처 "삼성전자, 시민과 함께 계발한 아동학대 예방 앱", 서울일보, 2017. 11. 20.

〈표 9-13〉 **아동학대 체크리스트**

번호	체크 항목	체크란	
1	사고로 보이기에는 미심쩍은 멍이나 상처가 발생한다.	예□	아니오□
2	상처 및 상흔에 대한 아동 혹은 보호자의 설명이 불명확하다.	예□	아니오□
3	보호자가 아동이 매를 맞고 자라야 한다는 생각을 갖고 있거나 체벌을 사용한다.	예□	아니오□
4	아동이 보호자에게 언어적, 정서적 위협을 당한다.	예□	아니오□
5	아동이 보호자에게 감금, 억제, 기타 가학적인 행위를 당한다.	예□	아니오□
6	기아, 영양실조, 적절하지 못한 영양섭취를 보인다.	예□	아니오□

번호	체크 항목	체크란	
7	계절에 맞지 않는 옷, 청결하지 못한 외모를 보인다.	예□	아니오□
8	불결한 환경이나 위험한 상태로부터 아동을 보호하지 않고 방치한다.	예□	아니오□
9	성학대로 의심될 성 질환이 있거나 임신 등의 신체적 흔적이 있다.	예□	아니오□
10	나이에 맞지 않는 성적 행동 및 해박하고 조숙한 성지식을 보인다.	예□	아니오□
11	자주 결석하거나 결석에 대한 사유가 불명확하다.	예□	아니오□
12	아동에게 필요한 의료적 처치 혹은 예방접종을 실시하지 않는다.	예□	아니오□
13	보호자에 대한 거부감과 두려움을 보이고, 집(보호기관)으로 돌아가는 것에 대해 두려워한다.	예□	아니오□
14	아동이 매우 공격적이거나 위축된 모습 등의 극단적인 행동을 한다.	예□	아니오□

출처: 중앙아동보호전문기관(http://www.korea1391.go.kr/new/).

② 2단계: 아동학대 신고(112)

가능한 많은 정보를 파악하여 즉시 신고하도록 한다. 학대의심내용, 아동 및 학대행위자와 신고자의 정보를 전달하여야 하고 현장조사 및 사례 개입에 협조한다(신고자의 인적사항은 「아동복지법」 제25조 제3항에 의거하여 공개 또는 보도하여서는 안 됨).

〈표 9-14〉 **아동학대 신고 시 유의사항**

아동학대 신고 시 유의사항
• 가능한 한 증거 사진 등을 확보한다. (얼굴이 나오도록) • 영아에게 큰일이 난 것처럼 대해 불안에 빠지게 하지 않는다. (일상적으로 대하는 것이 중요) • 성학대의 경우 증거 확보를 위해 씻기거나 옷을 갈아입히지 않는다. • 학대에 대해 계속 캐묻거나 유도 질문을 하지 않는다. (진술 오염의 위험이 있음. 진술이 오염되면 증거로 불채택)

③ 3단계: 아동보호전문기관과 협력 유지

피해영아에 대한 재학대 여부를 지속적으로 관찰하고 의심스러운 상황 발생 시 신속하게 아동보호전문기관에 연락하는 등 사후 지원 및 서비스에 협조한다.

(2) 아동보호 전문기관의 역할

현재 전국에 총 56개의 아동보호전문기관이 설치 · 운영되고 있다. 이 중 서울시 1개소와 부산시 1개소를 제외한 대부분의 아동보호전문기관을 비영리법인을 지정하여 위탁 운영하고 있다. 2014년의 경우 총 17,791건의 사례가 이들 아동보호전문기관을 통해 아동학대로 신고되었다. 그중, 10,027건의 사례가 아동학대로 판단되었다(보건복지부, 중앙아동보호전문기관, 2015).

「아동학대처벌법」에 새롭게 제정된 규정에 따라, 현장조사 시 경찰동행과 아동에 대한 응급조치 및 임시조치, 법원의 아동보호명령 절차 등이 포함되었고, 행위자 처벌에 있어 경찰과 검찰의 역할이 한층 강화되었다. 이러한 변화는 국가적으로 아동학대를 '범죄'로 규정하고 보다 처벌을 강화하려는 방향으로 나아가고 있음을 알 수 있다.

아동학대가 발생되어 신고되었을 경우 아동보호 전문기관은 다음과 같은 절차를 시행한다.

가. 신고접수

아동학대의심사례를 접수한 아동보호전문기관 또는 해당 지방자치단체는 24시간 내 상호 간 구두 또는 서면으로 신고접수 내용을 보고한다.

신고접수

- 24시간 신고전화 운영(112)
- 아동학대의심사례 접수 후 현장조사 실시
- 경찰과 아동보호전문기관 상호 통보
- 일반상담 접수 및 타 기관 연계

학대에 관한 가능한 많은 정보(아동의 현 거주지, 행위자와의 관계 등)를 알려 주는 것이 조사에 도움이 됨

출처: http://korea1391.go.kr/new/

나. 현장조사

아동보호전문기관과 해당 지방자치단체는 반드시 동행하여 현장조사를 실시하여야 하고 증거자료를 확보하기 위하여 현장조사 시 즉각적인 개입을 통해 증거자료(학대사실 확인서, 증거 사진, CCTV 영상, 현장조사 녹화·녹취 등)를 보존하고 확보하도록 한다(현장조사 과정에 취득한 증거자료는 「개인정보보호법」 및 「아동복지법」의 비밀누설금지 등에 의거 당사자에 한한 정보 외에는 제공되어서는 안 됨).

현장조사

- 상담원 2인 1조 출동
- 경찰 우선/동행출동
- 학대발생지 및 관련 장소 내 조사 : 피해아동, 학대행위자 필수 조사
: 신고자, 목격자, 이웃 등 관련인 필요조사
- 아동학대혐의 판단

출처: http://korea1391.go.kr/new/

다. 사례판정

조사내용을 종합하여 스크리닝, 자체사례회의 실시 후 아동학대 사례판정위원회에 회부하여 판정한다. 당사자(학대행위의심자, 해당 어린이집의 장 또는 대표자)가 변론권을 주장할 경우 사례판정위원회에 출석하여 변론할 수 있도록 기회를 제공할 수 있으며, 참여여부는 아동보호전문기관에서 결정한다.

피해아동 보호조치

- **피해아동 응급조치** – 행위자 범죄 행위의 제지, 아동 격리, 보호시설로 인도, 의료기관으로 인도
- **아동보호전문기관** – 행위자를 퇴거 등 격리, 접근 제한, 전기통신 제한, 행위자 친권정지 아동 보호위탁, 아동 치료위탁, 아동 가정위탁, 후견인 권한 제한 및 정지*

* 보조인 및 후견인 선임

학대행위자 조치

- **임시조치** – 퇴거 등 격리, 접근금지, 전기통신금지, 친권, 후견인행사 제한 및 정지, 상담 및 교육위탁, 의료기관 위탁, 구치

* 고소고발

출처: http://korea1391.go.kr/new/

라. 서비스

심리검사를 통해 영아의 심리상태를 점검한 후 놀이치료, 미술치료, 언어치료, 가족치료 등 영아에게 알맞은 치료를 결정한다. 또한 피해영아와 그 가족에게 필요한 가정지원서비스, 사회복지서비스 기관 연결, 공적지원을 연결하여 준다. 만일 고소·고발 사건으로 되었다면 조사나 법원의 심리과정에 동석하는 등 다양한 서비스를 제공한다.

사례 종결은 사례개입을 마무리하고 아동보호전문기관 상담원과 피해영아의 가족관계를 정리하여 최종적인 서비스를 종결에 이르게 한다.

사후관리는 사례종결 이후에도 가정방문, 전화상담 등을 통하여 재학대 여부를 확인하며 재학대 예방과 가족의 안정유지를 위하여 제공한다.

사례관리

- **피해아동 :** 상담, 의료지원, 심리치료, 학습지원, 수사 및 증거 지원, 사회복지 서비스 연계 등
- **학대행위자 :** 보호처분, 임시조치 등의 결과 상담, 교육프로그램 운영, 심리치료, 의료지원, 가정지원(경제 및 가사지원) 등
- **가족 :** 상담, 가족치료, 가정지원(경제 및 가사지원), 원가정복귀를 위한 가족기능강화프로그램 등

사후관리

- **사후관리 연계기관 결정**
- **사후관리 서비스제공 모니터링**

출처: http://korea1391.go.kr/new/

아동보호 전문기관의 아동학대 개입과정을 요약한 그림은 다음과 같다.

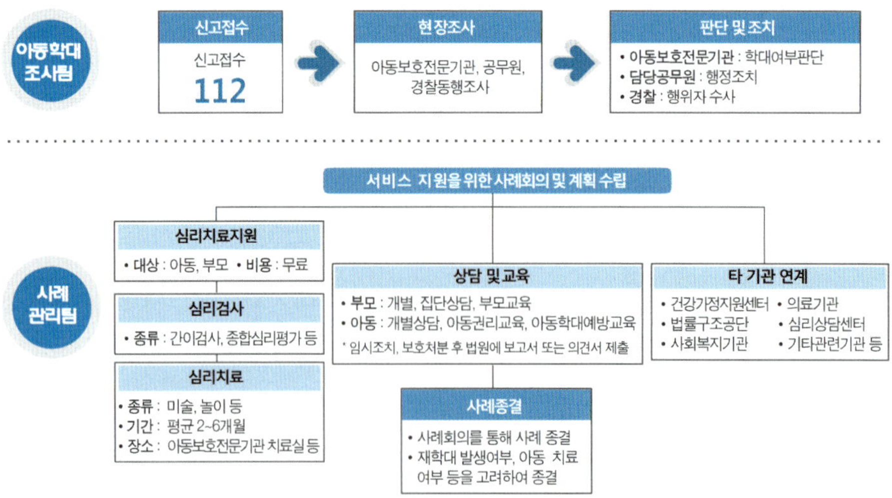

[그림 9-6] **아동보호 전문 기관의 아동학대 개입과정**

5 아동학대사례에 대한 전문서비스

2014년 기준 우리나라의 학대피해아동에 대한 조치결과를 살펴보면, 초기조치에서 26%에 해당하는 아동들이 격리보호되었다. 이처럼 우리나라 아동학대 사례의 대다수는 여전히 가정 내에 아동이 머물면서 사례관리가 이루어지고 있는 실정이다. 원가정보호로 진행되는 사례들에 대한 가족보존서비스와 격리보호 이후 가족이 재결합하기 위한 가족재결합서비스 제공 모두 아동보호체계에서 아동의 안전을 결정짓는 데 매우 중요한 서비스임에도 현재 충분히 제공되고 있지 못하며, 「아동학대처벌법」 시행으로 인해 앞으로 그 필요성은 더욱 증가할 것이다. 아동학대 서비스 과정의 전문적 과정으로 원가정보호서비스, 가족재결합서비스, 심리상담 및 트라우마 치료를 모두 포함하는 분야에서 강화될 필요가 있다.

1) 원가정보호서비스

아동학대가 신고 · 접수되어 가족이 아동보호전문기관에 연루되면, 학대의 심각성이나 생활환경에 따라 아동이 원가정에 머물기도 하고 원가정에서 분리되어 가정 외 배치를 받기도 한다. 아동이 원가정에 머물게 되는 경우에도 아동의 안전이나 안녕을 확보할 수 있도록 적절한 서비스가 수반되어야 하는데, 한국의 경우 서비스 부문이 취약한 편이다. 〈표 9-15〉는 원가정보호서비스(in-home services)에 대한 공급방식, 주요 서비스 요소(essential elements), 전문 서비스 모듈, 그리고 각각의 분류에 대해 효과성 평가결과를 거쳐 충분한 증거가 축적된 프로그램의 예들에 대한 정보가 요약되어 있다.

〈표 9-15〉 **원가정보호서비스(in-home services)에서 제공되는 주요 서비스**

분류	주요 서비스 요소	전문 서비스 모듈	증거기반 실천모델의 예
가족 지원 서비스 (서비스 연계/ 일부 직접 제공)	• 학대예방 • 피해아동 가정 지원 및 기능 강화 • 지역사회 자원 연계	• 부모교육 • 부모 지지모임 • 부모휴식지원 • 가정방문 • 지역사회연계 및 참여 확대 • 아동돌봄 • 교육 • 취업교육과 알선 • 건강 • 주택	• 부모교육 – Triple P-positive Parenting* • 가정방문 – Nurse-Family Partnership – Hawaii Healthy Start – Healthy Families America • 지역사회연계 – Strengthening Families – Durham Family Initiative • 가족강화서비스 – Brief Strategic Family Therapy – Families and Schools Together – SAFE Children
아동보호 서비스의 사례관리 (직접 제공)	• 가족지원서비스 연계 • 구체적 서비스 제공	• 아동과 가족의 욕구 사정 및 서비스 계획수립 • 서비스 연계 • 기관 간 소통과 협력 • 서비스 모니터링	– Framework for the assessment of children in need and their families(FACNF) – 차등적 대응 시스템
가족 보존 서비스 (직접 제공)	• 위기단계에서 개입 • 자연스러운 일상 환경에서 치료 • 높은 접근성 및 반응성 • 높은 강도 • 적은 수의 담당 사례 • 연구 기반 개입 • 높은 유연성	• 부모교육/코칭 • 가족의사소통교육 • 정서/행동조절 교육 및 훈련 • 결혼생활 상담 • 생활기술훈련 • 학교 개입 • 안전 계획 • 학대 재발 방지 • 구체적 서비스 제공 및 옹호 • 지역사회 서비스 연계	– Homebuilders – Wraparound – Project Connect – Shared Family Care – Healthy Families New York – Project Safe Care – Functional Family Therapy

2) 가족재결합서비스

아동에게 대리보호가 필요하거나, 아동의 격리보호가 장기화될 경우 아동보호전문기관은 가정위탁지원센터를 통해 학대아동을 위탁가정에 연계함으로써, 아동이 원가정이 아니더라도 아동의 성장과 발달을 지원하는 안전한 가정환경에서 성장할 수 있도록 보장해야 한다. 이 과정에서 아동보호전문기관이 가정위탁지원센터와 밀접한 관계를 갖고 협력하는 것이 무엇보다 중요하다.

피학대 아동의 심각한 심리적, 행동적 문제에 대한 전문성을 가지고 대처할 수 있는 위탁가정을 발굴, 교육시키는 것이 무엇보다 시급하고 아동의 조부모나 친인척이 위탁양육을 하는 경우에도 마찬가지로 중요하게 다루어져야 한다.

가족재결합 서비스(Family reunification service)는 학대아동의 격리 후, 일시적인 가정 외 보호를 받고 있는 아동을 원가정으로 돌려보내는 과정을 의미한다(Child Welfare Information Gateway, 2011). 원가정 복귀에서 무엇보다 중요한 것은 아동이 성장하기에 안전한 환경을 확보하는 것이다.

3) 심리상담 및 트라우마 치료

아동보호서비스에 연루되는 아동들은 학대 경험은 물론이고 이후 기관과 경찰의 개입으로 인한 조사와 가족으로부터 분리의 과정도 아동에게는 어려운 경험이기 때문에 높은 스트레스나 대인관계, 학교생활 측면에서 기능상 손상을 갖고 있는 경우도 다수를 차지한다.

트라우마의 영향은 아동보호서비스에 연루되는 아동들에게 광범위하게 나타나고 여러 차원의 사례진행 과정에 중요한 영향을 미치지만, 필요한 적절한 서비스나 지원을 받지 못하는 경우가 많고 오히려 좋은 의도를 가진 아동보호기관들이 아동배치의 잦은 이동, 아동이 살아온 지역사회나 학교에서 분리 등을 통하여 트라우마를 더 증폭시키는 경우도 생긴다.

트라우마에 민감한 아동보호서비스(Trauma-informed Child Welfare System)가 갖추어야 할 필수적 요소들을 다음의 〈표 9-16〉에 제시하였다.

〈표 9-16〉 심리상담 및 트라우마 치료에서 제공되는 주요 서비스

분류	주요 서비스 요소	전문 서비스 모듈	증거기반 실천모델의 예
심리상담 및 트라우마 치료 (직접 제공 또는 서비스 연계)	• 아동과 가족의 심리적 신체적 안전을 극대화 • 트라우마와 관련된 욕구 사정 • 아동의 안녕과 레질리언스 도모 • 가족의 안녕과 레질리언스 도모 • 종사자들 안녕과 레질리언스 도모 • 아동 및 가족과 파트너십 • 아동 및 가족과 상호작용하는 기관들과의 파트너십	• 아동보호서비스 전과정에서 트라우마에 민감한 시스템 구축 • 피해아동과 가족의 트라우마 이해와 2차피해 대응 • 가해자 치료 및 교육 • 종사자의 외상에 대한 대응	• Trauma-focused Cognitive Behavioral Therapy(TF-CBT)

출처: 국민일보. 2017. 5. 23.

4) 어린이집에서 발생하는 아동학대 사례 관리

어린이집에서 아동학대 사건이 발생하지 않도록 하기 위해 CCTV설치가 의무화됨에 따라 부모들에 의해 아동학대 의심으로 CCTV를 열람하고자 하는 경우가 많이 생겨나고 있고 더 나아가 아동학대 의심 신고가 많이 이루어지고 있는 상황이다. 이때 의도적

으로 보육교사의 보육형태나 언행을 문제삼아 과잉적으로 신고되는 사례들이 종종 발생되고 있다. 이는 '어린이집 이용불편 신고센터'를 적극 활용(현 포상금 30만 원 → 최고 300만 원)하여 포상금이 지급되는 것을 악용하는 것으로 보인다(한국보육진흥원, 2016).

이때 어린이집 원장은 차분히 아동보호전문기관과 연계하여 교사의 곤란한 상황에 대해 적극 해명하고, 학대상황에 대한 정확한 판정이 이루어지도록 전수조사에 협조하고 CCTV 녹화 장면 등의 필요한 자료를 가지고 현장조사에 도움이 될 수 있도록 한다.

어린이집 아동학대로 신고접수된 경우 어린이집 전담 사례판정위원회를 권역 또는 광역시 · 도 단위로 구성하여야 하는데 각 기관의 상황에 따라 기존 사례판정위원회에 보육관련 전문가를 추가하여 구성할 수 있도록 하고 있다. 〈표 9-17〉은 어린이집 전담 사례 위원회 구성의 예이다.

〈표 9-17〉 **어린이집 전담 사례판정위원회**

어린이집 전담 사례판정위원회 구성의 예
• 광역시 · 도 담당과 1인 • 아동보호전문기관의 장(해당 기관의 장 모두) • 육아종합지원센터 또는 관련학과 교수 1인 • 광역시 · 도 보육정책위원회(학부모, 전문가) 2인 • 법률자문 1인 • 관할 지방자치단체 보육담당 공무원 1인

6 아동학대 예방 교육

1) 보육교사 대상 아동학대 예방교육의 필요성

현재 우리사회는 자녀양육에 대한 책임이 가정에서 사회 · 국가적 책임으로 점차 확대되어 가고 있다. 보육서비스에 대한 사회적 책임 요구에 따라 어린이집의 책무성 또한 강조되고 있다. 특히 전체 영유아의 90%에 해당하는 영유아가 가정을 떠나 최초로 접하는 사회기관은 어린이집이며, 최초 어린이집 이용 월령은 12~23개월의 영아가 35%로 가장 많았다(보건복지부, 육아정책연구소, 2015). 즉, 어린이집에 등원하는 영아의 연령은 점차 낮아지고 있으며, 그곳에서 지내는 시간도 점점 길어지고 있는 추세이다.

영유아기는 인지적 측면뿐 아니라 자아, 대인관계, 사회화 등 여러 측면의 발달이 급격히 이루어지는 시기이다. 이와 같이 가장 중요한 발달적 시기에 있는 영아들을 보호하고 교육하는 보육교사의 역할은 전문적인 역할이라고 할 수 있다(김정희 외, 2014). 보육교사의 보육활동은 곧 보육의 질이라는 등식이 성립될 만큼 보육교사의 영향력은 매우 중요하다(Larner, 1996).

따라서 지역사회의 신뢰를 얻고 부모로부터 존중받는 어린이집이 되기 위해서는 무엇보다도 어린이집에 소속된 보육교사가 지역사회와 부모로부터 신뢰받을 수 있도록 노력하는 전문가가 되어야 할 것이다. 그러나 아직도 어린이집 보육교직원에 의한 아동학대가 최근에도 지속적으로 발생하고 있는 실정이다. 특히 영아들을 대상으로 보육교직원의 아동학대 문제는 심각한 문제로 대두되면서 사회적 인식 및 경각심의 대상이 되고 있다는 점을 명심하여야 할 것이다.

어린이집은 평가인증이라는 제도적 장치를 통해 질적인 부분을 개선하기 위해 수년간 노력했음에도 불구하고 잊을 만하면 발생하는 어린이집 아동학대 관련 사고는 평가인증이라는 제도를 무색하게 만들고 있을 정도이다.

한국보육진흥원에서 최근 발표한 평가제 지표는 기존 평가인증지표에 비하여 서류의 양을 줄이고 보육과정과 상호작용, 교사교육, 안전 등을 강조하여 양질의 보육프로그램을 실천할 수 있는 교사의 역량강화에 초점을 두고 있으며 평가인증이 선택이 아닌 모든 어린이집이 의무적으로 실시하도록 개정되었다. 변화된 평가인증 제도를 통해 어린이집에서 아동학대 사건이 더 이상 발생하지 않도록 하는 제도적 장치가 되었으면 한다.

2) 부모를 대상으로 한 아동학대 예방교육의 필요성

보육교사를 대상으로 한 아동학대 예방교육 만큼이나 중요한 것이 부모를 대상으로 한 부모교육이다. 부모교육을 통해 자신의 양육태도를 점검하고 아동 발달에 대한 이해를 교육 받게 함으로써 아동학대 예방의 효과를 거둘 수 있다. 부모됨을 개인과 가정의 문제로 인식하기보다는 사회적 시스템을 마련하여 올바른 부모가 되게 하는 것이 아동학대의 근본적 문제를 해결하는 열쇠가 될 것이다. 그러므로 가까이에서 언제든지 부모교육에 참여할 수 있도록 상시적 프로그램들을 개설하는 것이 바람직하다.

다행히 전국의 모든 육아종합지원센터는 2015년부터 보건복지부 연구용역으로 개발한 전국 공통 부모교육 커리큘럼인 '클로버 부모교육'과 아동학대 예방 부모교육, 자녀 권리존중 교육, 포괄적 양육정보 안내 부모교육 등을 상시적으로 제공한다(central.childcare.go.kr/ccef/main.jsp).

그러므로 어린이집에서는 어린이집에 다니는 부모들이 지역사회내의 여러 기관을 통해 꾸준히 부모교육을 받을 수 있도록 안내하고 지원하는 역할을 담당해야 한다.

부모교육 · 양육 이렇게 도움받으세요

육아종합지원센터

지원 대상: 0~7세 취학 전 아동 및 부모

지원 내용: 부모 성격유형 검사 및 아이에게 자아존중감을 심어줄 수 있는 대화법 등 4~13시간 과정 클로버 부모교육 프로그램, 아이사랑 플래너와의 개별 양육 상담

이용 절차: 육아종합지원센터 전화 · 방문 및 온라인 신청

문의: 1577-0576, http://central.childcare.go.kr

건강가정지원센터

지원 대상: 부부관계, 자녀관계 등 가정생활에 도움받기를 원하는 모든 부모

지원 내용: 새내기 학부모교실(서울), 우리는 학부모 1학년(전남), 생애주기별 가족교육 '굿맘앤대디'(충북), Wake up오감꿈틀(창의력 향상을 위한 미술 활동, 부산) 등 센터별 맞춤 교육

이용 절차: 지역 건강가정지원센터 방문 · 전화 및 온라인 신청

문의: 1577-9337, http://www.familynet.co.kr

유아교육진흥원

지원 대상: 전국 유치원 자녀를 둔 학부모

지원 내용: 자녀와 아름다운 소통 · 비폭력 대화 등 6개 프로그램(서울), 좋은 부모 자격 · 행복한 아이키움 연수(부산), 찾아가는 부모연수(경기) 등 센터별 맞춤 교육

이용 절차: 유아교육진흥원 전화 및 온라인 신청

문의: 각 시도 교육청 유아교육진흥원 (서울: 02-2176-9413 등) 및 온라인 신청

국가평생교육진흥원 학부모On누리

지원 대상: 전국 학부모 및 예비학부모

지원 내용: 지혜로운 부모 · 훌륭한 부모 등 26개 과정의 온라인 교육(무료) 및 부모교육 전화 · 온라인 상담

이용 절차: 지역 학부모지원센터 전화 · 방문 및 온라인 신청

문의: 1899-0025(자녀교육 상담전화), http://www.parents.go.kr

양육 지원이 필요할 때

교육비 지원 : 1544-9654(교육비)
공공임대주택 주거 지원 : 1600-1004(LH공사)
생계 · 의료 · 교육 · 급여 지원 : 129(보건복지부 콜센터)
갈등해결, 가정폭력피해 상담 : 1577-1366(다누리 콜센터)
한부모 지원 : 1655-6621(한부모 상담전화)

[그림 9-7] **부모양육 교육지원**

생각해 보기

경남 소도시에 사는 김희란(가명 · 35) 씨는 스물둘에 첫 아이를 임신, 남편과 혼인신고를 하고 함께 살기 시작했다. 중학교 1학년인 큰딸 밑으로 연년생 아이 셋을 더 낳았지만, 결혼식은 아직 올리지 못했다. 어린 시절 엄마와 연락이 두절돼 할머니 손에서 자란 김 씨는 말 그대로 혼자 아이를 낳아 혼자 길렀다. 양육에 대한 정보나 지원을 누구로부터도 받지 못했다. 부부 모두 혼자 크다시피 한 외로운 형편이라 생기는 대로 아이를 낳았다. 하지만 남편과는 다툼만 늘어 갔다. 아무것도 모른 채 집에 틀어박혀 홀로 연년생 네 남매를 키우는 동안 누구도 이유식을 먹지 못했다. 분유를 먹이다 생후 8개월쯤 되면 그냥 밥을 먹였다. 육아정보는커녕 육아고민을 토로할 친구조차 없었다.

"육아정보를 얻을 데가 없으니 어떻게 아이를 보살펴야 할지 알 수가 없었죠. 어떻게 안아야 할지, 씻겨야 할지조차 모르겠더라고요. 그냥 막 키웠어요. 예방접종 맞혀야 한다고 보건소에서 문자가 오면 그것만 간신히 맞히면서요."

출처: 한국일보, 2018. 1. 20.

1. 이러한 상황의 엄마에게 어떠한 도움을 주어야 할 것인가?

2. 가장 필요한 도움은 무엇일까?

3. 만약 우리 어린이집에 다니는 영아의 부모라면 어떻게 할 것인가?

붙임 1. 아동학대 예방 및 신고 관계 법령

▣ 아동복지법 제3조 제7호의2에 따른 아동학대 관련 범죄

가.「아동학대범죄의 처벌 등에 관한 특례법」제2조 제4호에 따른 아동학대범죄

가.「형법」제2편 제25장 상해와 폭행의 죄 중 제257조(상해) 제1항·제3항, 제258조의2(특수상해) 제1항(제257조 제1항의 죄에만 해당한다)·제3항(제1항 중 제257조 제1항의 죄에만 해당한다), 제260조(폭행) 제1항, 제261조(특수폭행) 및 제262조(폭행치사상)(상해에 이르게 한 때에만 해당한다)의 죄

나.「형법」제2편 제28장 유기와 학대의 죄 중 제271조(유기) 제1항, 제272조(영아유기), 제273조(학대) 제1항, 제274조(아동혹사) 및 제275조(유기등 치사상)(상해에 이르게 한 때에만 해당한다)의 죄

다.「형법」제2편 제29장 체포와 감금의 죄 중 제276조(체포, 감금) 제1항, 제277조(중체포, 중감금) 제1항, 제278조(특수체포, 특수감금), 제280조(미수범) 및 제281조(체포·감금등의 치사상)(상해에 이르게 한 때에만 해당한다)의 죄

라.「형법」제2편 제30장 협박의 죄 중 제283조(협박) 제1항, 제284조(특수협박) 및 제286조(미수범)의 죄

마.「형법」제2편 제31장 약취, 유인 및 인신매매의 죄 중 제287조(미성년자 약취, 유인), 제288조(추행 등 목적 약취, 유인 등), 제289조(인신매매) 및 제290조(약취, 유인, 매매, 이송 등 상해·치상)의 죄

바.「형법」제2편 제32장 강간과 추행의 죄 중 제297조(강간), 제297조의2(유사강간), 제298조(강제추행), 제299조(준강간, 준강제추행), 제300조(미수범), 제301조(강간등 상해·치상), 제301조의2(강간등 살인·치사), 제302조(미성년자등에 대한 간음), 제303조(업무상위력 등에 의한 간음) 및 제305조(미성년자에 대한 간음, 추행)의 죄

사.「형법」제2편 제33장 명예에 관한 죄 중 제307조(명예훼손), 제309조(출판물등에 의한 명예훼손) 및 제311조(모욕)의 죄

아.「형법」제2편 제36장 주거침입의 죄 중 제321조(주거·신체 수색)의 죄

자.「형법」제2편 제37장 권리행사를 방해하는 죄 중 제324조(강요) 및 제324조의5(미수범)(제324조의 죄에만 해당한다)의 죄

차.「형법」제2편 제39장 사기와 공갈의 죄 중 제350조(공갈), 제350조의2(특수공갈) 및 제352조(미수범)(제350조, 제350조의2의 죄에만 해당한다)의 죄

카.「형법」제2편 제42장 손괴의 죄 중 제366조(재물손괴등)의 죄

타.「아동복지법」제71조 제1항 각 호의 죄(제3호의 죄는 제외한다)

파. 가목부터 타목까지의 죄로서 다른 법률에 따라 가중처벌되는 죄

하. 제4조(아동학대치사), 제5조(아동학대중상해) 및 제6조(상습범)의 죄

나. 아동에 대한 「형법」 제2편 제24장 살인의 죄 중 제250조부터 제255조까지의 죄

제250조(살인, 존속살해) ① 사람을 살해한 자는 사형, 무기 또는 5년 이상의 징역에 처한다.
② 자기 또는 배우자의 직계존속을 살해한 자는 사형, 무기 또는 7년 이상의 징역에 처한다.
제251조(영아살해) 직계존속이 치욕을 은폐하기 위하거나 양육할 수 없음을 예상하거나 특히 참작할 만한 동기로 인하여 분만중 또는 분만직후의 영아를 살해한 때에는 10년 이하의 징역에 처한다.
제252조(촉탁, 승낙에 의한 살인 등) ① 사람의 촉탁이나 승낙을 받아 그를 살해한 자는 1년 이상 10년 이하의 징역에 처한다.
② 사람을 교사하거나 방조하여 자살하게 한 자도 제1항의 형에 처한다.
제253조(위계 등에 의한 촉탁살인 등) 전조의 경우에 위계 또는 위력으로써 촉탁 또는 승낙하게 하거나 자살을 결의하게 한 때에는 제250조의 예에 의한다.
제254조(미수범) 전4조의 미수범은 처벌한다.
제255조(예비, 음모) 제250조와 제253조의 죄를 범할 목적으로 예비 또는 음모한 자는 10년 이하의 징역에 처한다.

■ 아동학대범죄의 처벌 등에 관한 특례법

제4조(아동학대치사) 제2조 제4호 가목부터 다목까지의 아동학대범죄를 범한 사람이 아동을 사망에 이르게 한 때에는 무기 또는 5년 이상의 징역에 처한다.
제5조(아동학대중상해) 제2조 제4호 가목부터 다목까지의 아동학대범죄를 범한 사람이 아동의 생명에 대한 위험을 발생하게 하거나 불구 또는 난치의 질병에 이르게 한 때에는 3년 이상의 징역에 처한다.
제6조(상습범) 상습적으로 제2조 제4호 가목부터 파목까지의 아동학대범죄를 범한 자는 그 죄에 정한 형의 2분의 1까지 가중한다. 다만, 다른 법률에 따라 상습범으로 가중처벌되는 경우에는 그러하지 아니하다.
제7조(아동복지시설의 종사자 등에 대한 가중처벌) 제10조 제2항 각 호에 따른 아동학대 신고의무자가 보호하는 아동에 대하여 아동학대범죄를 범한 때에는 그 죄에 정한 형의 2분의 1까지 가중한다.
제10조(아동학대범죄 신고의무와 절차) ① 누구든지 아동학대범죄를 알게 된 경우나 그 의심이 있는 경우에는 아동보호전문기관 또는 수사기관에 신고할 수 있다.
② 다음 각 호의 어느 하나에 해당하는 사람이 직무를 수행하면서 아동학대범죄를 알게 된 경우나 그 의심이 있는 경우에는 아동보호전문기관 또는 수사기관에 신고하여야 한다.
1. ~ 12. 생략
13. 「유아교육법」 제2조 제2호에 따른 유치원의 장과 그 종사자
14. ~ 19. 생략
20. 「초 · 중등교육법」 제2조에 따른 학교의 장과 그 종사자

21. 생략
22. 「학원의 설립 · 운영 및 과외교습에 관한 법률」 제6조에 따른 학원의 운영자 · 강사 · 직원 및 같은 법 제14조에 따른 교습소의 교습자 · 직원
23. 생략

③ 누구든지 제1항 및 제2항에 따른 신고인의 인적 사항 또는 신고인임을 미루어 알 수 있는 사실을 다른 사람에게 알려 주거나 공개 또는 보도하여서는 아니 된다.

제35조(비밀엄수 등의 의무) ①~② 생략

③ 피해아동의 교육 또는 보육을 담당하는 학교의 교직원 또는 보육교직원은 정당한 사유가 없으면 해당 아동의 취학, 진학, 전학 또는 입소(그 변경을 포함한다)의 사실을 아동학대행위자인 친권자를 포함하여 누구에게든지 누설하여서는 아니 된다.

제63조(과태료) ① 다음 각 호의 어느 하나에 해당하는 사람에게는 500만 원 이하의 과태료를 부과한다.

1. 정당한 사유 없이 판사의 아동보호사건의 조사 · 심리를 위한 소환에 따르지 아니한 사람
2. 정당한 사유 없이 제10조 제2항에 따른 신고를 하지 아니한 사람
3. 정당한 사유 없이 제13조 제1항에 따른 긴급임시조치를 이행하지 아니한 사람
4. 정당한 사유 없이 제36조 제1항 제4호부터 제8호까지의 보호처분이 확정된 후 이를 이행하지 아니하거나 집행에 따르지 아니한 사람
5. 정당한 사유 없이 제39조에 따른 보고서 또는 의견서 제출 요구에 따르지 아니한 사람

② 제1항에 따른 과태료는 대통령령으로 정하는 바에 따라 관계 행정기관의 장이 부과 · 징수한다.

■ 아동복지법

제26조(아동학대 신고의무자에 대한 교육) ① 관계 중앙행정기관의 장은 「아동학대범죄의 처벌 등에 관한 특례법」 제10조 제2항 각 호의 어느 하나에 해당하는 사람(이하 "아동학대 신고의무자"라 한다)의 자격 취득 과정이나 보수교육 과정에 아동학대 예방 및 신고의무와 관련된 교육 내용을 포함하도록 하여야 한다. 〈개정 2014. 1. 28., 2015. 3. 27.〉

② 관계 중앙행정기관의 장 및 시 · 도지사는 아동학대 신고의무자에게 본인이 아동학대 신고의무자라는 사실을 고지할 수 있고, 아동학대 예방 및 신고의무와 관련한 교육(이하 이 조에서 "신고의무 교육"이라 한다)을 실시할 수 있다. 〈신설 2015. 3. 27.〉

③ 아동학대 신고의무자가 소속된 다음 각 호의 기관의 장은 소속 아동학대 신고의무자에게 신고의무 교육을 실시하고, 그 결과를 관계 중앙행정기관의 장에게 제출하여야 한다. 〈신설 2017. 10. 24.〉

1. 삭제
2. 삭제
3. 삭제

4. 삭제

④ 제1항부터 제3항까지에 따른 교육 내용 · 시간 및 방법 등 그 밖에 필요한 사항은 대통령령으로 정한다. 〈개정 2015. 3. 27.〉

제29조(피해아동 및 그 가족 등에 대한 지원) ① 보장원의 장 또는 아동보호전문기관의 장은 아동의 안전 확보와 재학대 방지, 건전한 가정기능의 유지 등을 위하여 피해아동 및 보호자를 포함한 피해아동의 가족에게 상담, 교육 및 의료적 · 심리적 치료 등의 필요한 지원을 제공하여야 한다. 〈개정 2019. 1. 15.〉

② 보장원의 장 또는 아동보호전문기관의 장은 제1항의 지원을 위하여 관계 기관에 협조를 요청할 수 있다. 〈개정 2019. 1. 15.〉

③ 보호자를 포함한 피해아동의 가족은 보장원 또는 아동보호전문기관이 제1항에 따라 제공하는 지원에 성실하게 참여하여야 한다. 〈개정 2019. 1. 15.〉

④ 보장원의 장 또는 아동보호전문기관의 장은 제1항의 지원 여부의 결정 및 지원의 제공 등 모든 과정에서 피해아동의 이익을 최우선으로 고려하여야 한다. 〈개정 2019. 1. 15.〉

⑤ 국가와 지방자치단체는 「초 · 중등교육법」 제2조 각 호의 학교에 재학 중인 피해아동 및 피해아동의 가족이 주소지 외의 지역에서 취학(입학 · 재입학 · 전학 · 편입학을 포함한다. 이하 같다)할 필요가 있을 때에는 그 취학이 원활하게 이루어 질 수 있도록 지원하여야 한다. 〈신설 2014. 1. 28.〉

⑥ 제5항에 따른 취학에 필요한 사항은 대통령령으로 정한다. 〈신설 2014. 1. 28.〉

제29조의3(아동관련기관의 취업제한 등) ① 법원은 아동학대관련범죄로 형 또는 치료감호를 선고하는 경우에는 판결(약식명령을 포함한다. 이하 같다)로 그 형 또는 치료감호의 전부 또는 일부의 집행을 종료하거나 집행이 유예 · 면제된 날(벌금형을 선고받은 경우에는 그 형이 확정된 날을 말한다)부터 일정 기간(이하 "취업제한기간"이라 한다) 동안 다음 각 호에 따른 시설 또는 기관(이하 "아동관련기관"이라 한다)을 운영하거나 아동관련기관에 취업 또는 사실상 노무를 제공할 수 없도록 하는 명령(이하 "취업제한명령"이라 한다)을 아동학대관련범죄 사건의 판결과 동시에 선고(약식명령의 경우에는 고지를 말한다)하여야 한다. 다만, 재범의 위험성이 현저히 낮은 경우나 그 밖에 취업을 제한하여서는 아니 되는 특별한 사정이 있다고 판단하는 경우에는 그러하지 아니하다. 〈개정 2016. 1. 19., 2016. 3. 22., 2016. 5. 29., 2017. 9. 19., 2017. 10. 24., 2018. 12. 11., 2019. 1. 15., 2020. 4. 7.〉

1. ~ 7. 생략
8. 「유아교육법」 제2조 제2호의 유치원
9. ~ 17. 생략
18. 「초 · 중등교육법」 제2조 각 호의 학교
19. 「학원의 설립 · 운영 및 과외교습에 관한 법률」 제2조 제1호의 학원 및 같은 조 제2호의 교습소 중 아동의 이용이 제한되지 아니하는 학원과 교습소로서 교육부장관이 지정하는 학원 · 교습소
20. 생략

② 제1항에 따른 취업제한기간은 10년을 초과하지 못한다. 〈신설 2018. 12. 11.〉

③ 법원은 제1항에 따라 취업제한명령을 선고하려는 경우에는 정신건강의학과 의사, 심리학자, 사회

복지학자, 아동학대 관련 전문가, 그 밖의 관련 전문가로부터 취업제한명령 대상자의 재범 위험성 등에 관한 의견을 들을 수 있다. 〈신설 2018. 12. 11.〉

④ 제1항 각 호(제12호 및 제22호는 제외한다)의 아동관련기관의 설치 또는 설립인가 · 허가 · 신고를 관할하는 중앙행정기관의 장, 지방자치단체의 장, 교육감 또는 교육장은 아동관련기관을 운영하려는 자에 대하여 본인의 동의를 받아 관계 기관의 장에게 아동학대관련범죄 전력 조회를 요청하여야 한다. 다만, 아동관련기관을 운영하려는 자가 아동학대관련범죄 전력 조회 회신서를 중앙행정기관의 장, 지방자치단체의 장, 교육감 또는 교육장에게 직접 제출한 경우에는 아동학대관련범죄 전력 조회를 한 것으로 본다. 〈개정 2017. 9. 19., 2018. 12. 11.〉

⑤ 아동관련기관의 장은 그 기관에 취업 중이거나 사실상 노무를 제공 중인 사람 또는 취업하려 하거나 사실상 노무를 제공하려는 사람(이하 "취업자등"이라 한다)에 대하여 아동학대관련범죄 전력을 확인하여야 하며, 이 경우 본인의 동의를 받아 관계 기관의 장에게 아동학대관련범죄 전력 조회를 요청하여야 한다. 다만, 취업자등이 아동학대관련범죄 전력 조회 회신서를 아동관련기관의 장에게 직접 제출한 경우에는 아동학대관련범죄 전력 조회를 한 것으로 본다. 〈개정 2018. 12. 11.〉

⑥ 제4항 및 제5항에 따라 아동학대관련범죄 전력 조회 요청을 받은 관계 기관의 장은 아동학대관련범죄 전력 조회 회신서를 발급하여야 한다. 〈개정 2018. 12. 11.〉

⑦ 제4항부터 제6항까지의 규정에 따른 아동학대관련범죄 전력 조회의 요청 절차 · 범위 등에 관한 사항은 대통령령으로 정한다. 〈개정 2018. 12. 11.〉

[본조신설 2014. 1. 28.]

[2018. 12. 11. 법률 제15889호에 의하여 2018. 6. 28. 헌법재판소에서 위헌 결정된 이 조를 개정함.]

제29조의4(취업제한명령을 선고받은 자에 대한 취업 등의 점검 · 확인) ① 보건복지부장관 또는 관계 중앙행정기관의 장은 아동학대관련범죄로 취업제한명령을 선고받은 자가 제29조의3 제1항을 위반하여 다음 각 호의 아동관련기관을 운영하거나 아동관련기관에 취업 또는 사실상 노무를 제공하고 있는지를 직접 또는 관계 기관 조회 등의 방법으로 연 1회 이상 점검 · 확인하여야 한다. 〈개정 2017. 9. 19., 2018. 12. 11., 2020. 4. 7.〉

1. 교육부장관: 제29조의3 제1항 제8호 · 제18호 · 제19호에 따른 아동관련기관
2. 문화체육관광부장관: 제29조의3 제1항 제17호에 따른 아동관련기관
3. 보건복지부장관: 제29조의3 제1항 제1호 · 제7호 · 제9호 · 제10호 · 제11호 · 제23호에 따른 아동관련기관
4. 여성가족부장관: 제29조의3 제1항 제2호 · 제3호 · 제4호 · 제5호 · 제6호 · 제13호 · 제14호 · 제15호 · 제16호 · 제20호 · 제24호에 따른 아동관련기관
5. 국토교통부장관: 제29조의3 제1항 제12호에 따른 아동관련기관
6. 법무부장관: 제29조의3 제1항 제22호에 따른 아동관련기관

② 보건복지부장관 또는 관계 중앙행정기관의 장은 제1항에 따른 점검 · 확인을 위하여 필요한 경우에는 아동관련기관의 장 또는 그 감독기관에 관련 자료의 제출을 요구할 수 있다.

③ 보건복지부장관 또는 관계 중앙행정기관의 장은 제1항에 따른 점검 · 확인 결과를 대통령령으로

정하는 바에 따라 인터넷 홈페이지 등을 이용하여 공개하여야 한다.
[본조신설 2014. 1. 28.]
[제목개정 2018. 12. 11.]

제29조의5(취업자의 해임요구 등) ① 제29조의4 제1항 각 호의 중앙행정기관의 장은 제29조의3 제1항을 위반하여 취업하거나 사실상 노무를 제공하는 사람에 대하여 아동관련기관의 장에게 그의 해임을 요구하여야 한다.
② 제29조의4 제1항 각 호의 중앙행정기관의 장은 아동관련기관의 장에게 제29조의3 제1항을 위반하여 운영 중인 아동관련기관의 폐쇄를 요구하여야 한다.
③ 제29조의4 제1항 각 호의 중앙행정기관의 장은 아동관련기관의 장이 제2항에 따른 폐쇄요구를 정당한 사유 없이 거부하거나 1개월 이내에 요구사항을 이행하지 아니하는 경우에는 대통령령으로 정하는 바에 따라 해당 아동관련기관을 폐쇄하거나 그 등록 · 허가 등을 취소하거나 관계 행정기관의 장에게 이를 요구할 수 있다.
[본조신설 2014. 1. 28.]

제31조(아동의 안전에 대한 교육) ① 아동복지시설의 장, 「영유아보육법」에 따른 어린이집의 원장, 「유아교육법」에 따른 유치원의 원장 및 「초 · 중등교육법」에 따른 학교의 장은 교육대상 아동의 연령을 고려하여 대통령령으로 정하는 바에 따라 매년 다음 각 호의 사항에 관한 교육계획을 수립하여 교육을 실시하여야 한다. 〈개정 2015. 12. 29.〉
1. 성폭력 및 아동학대 예방
2. 실종 · 유괴의 예방과 방지
3. 감염병 및 약물의 오남용 예방 등 보건위생관리
4. 재난대비 안전
5. 교통안전

② 아동복지시설의 장, 「영유아보육법」에 따른 어린이집의 원장은 제1항에 따른 교육계획 및 교육실시 결과를 관할 시장 · 군수 · 구청장에게 매년 1회 보고하여야 한다.
③ 「유아교육법」에 따른 유치원의 원장 및 「초 · 중등교육법」에 따른 학교의 장은 제1항에 따른 교육계획 및 교육실시 결과를 대통령령으로 정하는 바에 따라 관할 교육감에게 매년 1회 보고하여야 한다. [시행일: 2016. 6. 30.]

제75조(과태료) ① 다음 각 호의 어느 하나에 해당하는 자에게는 1천만 원 이하의 과태료를 부과한다. 〈신설 2014. 1. 28.〉
1. 제27조의3을 위반하여 피해아동의 인수를 거부한 아동학대 관련 보호시설의 장
2. 제29조의5 제1항에 따른 해임요구를 정당한 사유 없이 거부하거나 1개월 이내에 이행하지 아니한 아동관련기관의 장

② 아동관련기관의 장이 제29조의3 제5항을 위반하여 아동학대관련범죄 전력을 확인하지 아니하는 경우에는 500만 원 이하의 과태료를 부과한다. 〈신설 2014. 1. 28., 2018. 12. 11.〉
③ 다음 각 호의 어느 하나에 해당하는 자에게는 300만 원 이하의 과태료를 부과한다. 〈개정 2012. 10. 22., 2014. 1. 28., 2015. 3. 27., 2016. 3. 22.〉

1. 삭제 〈2014. 1. 28.〉
1의2. 제26조 제3항을 위반하여 신고의무 교육을 실시하지 아니한 자
2. 제31조를 위반하여 교육을 실시하지 아니한 자
3. 제51조를 위반하여 아동복지시설의 휴업 · 폐업 또는 운영 재개 신고를 하지 아니한 자
4. 제69조를 위반하여 아동복지전담기관 또는 아동복지시설이라는 명칭을 사용한 자

④ 제1항부터 제3항까지에 따른 과태료는 대통령령으로 정하는 바에 따라 교육부장관, 문화체육관광부장관, 보건복지부장관, 여성가족부장관, 국토교통부장관, 시 · 도지사, 특별시 · 광역시 · 특별자치도 및 도의 교육감 또는 시장 · 군수 · 구청장이 부과 · 징수한다. 〈개정 2012. 10. 22., 2014. 1. 28.〉

■ 아동복지법 시행령

제26조(아동학대 신고의무자에 대한 교육) ① 법 제26조 제1항부터 제3항까지의 규정에 따른 아동학대 예방 및 신고의무와 관련한 교육에는 다음 각 호의 사항이 포함되어야 한다.
1. 아동학대 예방 및 신고의무에 관한 법령
2. 아동학대 발견 시 신고 방법
3. 피해아동 보호 절차

② 관계 중앙행정기관의 장은 법 제26조 제1항에 따라 아동학대 신고의무자의 자격 취득 과정이나 보수교육 과정에 아동학대 예방 및 신고의무와 관련된 교육을 1시간 이상 포함시켜야 한다.

③ 아동학대 신고의무자가 소속된 기관의 장은 법 제26조 제3항에 따라 소속 신고의무자에게 아동학대 예방 및 신고의무와 관련된 교육을 매년 1시간 이상 실시하여야 한다.

④ 삭제

⑤ 법 제26조 제1항부터 제3항까지의 규정에 따른 교육은 집합 교육, 시청각 교육 또는 인터넷 강의 등의 방법으로 할 수 있다. [본조신설 2015. 10. 6.]

제26조의2(아동학대 예방교육의 실시) ① 법 제26조의2 제1항에서 "대통령령으로 정하는 공공단체"란 다음 각 호의 기관 또는 단체를 말한다.
1. 「고등교육법」 제2조 각 호의 학교
2. 「공직자윤리법 시행령」 제3조의2 제2항에 따라 인사혁신처장이 관보에 고시한 공직유관단체(같은 조 제3항에 따라 공직유관단체에서 제외된 것으로 보는 기관 및 단체는 제외한다)

② 법 제26조의2 제1항에 따라 아동학대 예방교육을 실시하여야 하는 기관 또는 단체의 장은 교육내용에 다음 각 호의 사항을 포함하여 매년 1시간 이상 아동학대 예방교육을 실시하여야 한다. 이 경우 교육은 집합 교육 또는 인터넷 강의 등의 방법으로 실시할 수 있다.
1. 아동학대 예방에 관한 법령
2. 아동학대의 주요 사례
3. 아동학대 발견 시의 신고방법

③ 법 제26조의2 제2항에서 "대통령령으로 정하는 교육기관"이란 다음 각 호의 기관을 말한다.

1. 「한국보건복지인력개발원법」에 따른 한국보건복지인력개발원
2. 국가나 지방자치단체가 설치 · 운영하는 아동복지 관련 기관
3. 「사회복지사업법」 제2조 제3호에 따른 사회복지법인으로서 정관이나 규약 등에서 아동학대 예방 · 방지 및 피해자 보호를 사업 내용으로 하고 있는 비영리법인 중 보건복지부장관이 아동학대 예방교육을 실시할 수 있다고 인정하여 고시하는 기관

④ 보건복지부장관은 필요한 경우 보장원, 아동복지에 관한 인적 · 물적 자원을 갖춘 연구기관 · 법인 또는 단체에 법 제26조의2 제3항에 따른 교육 프로그램 개발을 의뢰할 수 있다. 〈개정 2019. 7. 16.〉

[본조신설 2018. 4. 24.]

[종전 제26조의2는 제26조의3으로 이동 〈2018. 4. 24.〉]

제26조의3(국가아동학대정보시스템의 구축 및 운영) ① 보건복지부장관은 국가아동학대정보시스템을 통하여 다음 각 호의 업무를 수행할 수 있다. 〈개정 2018. 4. 24., 2020. 9. 29.〉

1. 피해아동, 그 가족 및 아동학대행위자에 관한 정보 관리
2. 아동학대예방사업에 관한 정보 관리
3. 피해아동, 그 보호자 또는 아동학대행위자에 대한 신분조회 등 조치
4. 아동학대예방 및 피해아동 등에 대한 지원과 관련된 통계의 생산 · 관리
5. 아동학대 신고접수, 현장조사 및 응급보호 관리
6. 피해아동, 그 가족 및 아동학대행위자를 위한 사후관리 및 상담 · 교육 · 치료 관리
7. 그 밖에 아동학대 예방 및 방지에 필요한 업무로서 보건복지부장관이 정하는 업무

② 법 제28조의2 제3항 각 호의 어느 하나에 해당하는 자가 국가아동학대정보시스템상의 정보를 요청하는 경우 그 요청 내용에는 다음 각 호의 사항이 포함되어야 한다. 〈개정 2018. 4. 24.〉

1. 다음 각 목의 어느 하나에 해당하는 목적
   가. 법 제15조에 따른 보호조치를 의뢰받은 아동에 대한 지원
   나. 피해아동 및 그 가족의 신변 보호
   다. 피해아동의 취학(입학 · 재입학 · 전학 · 편입학을 포함한다) 지원
   라. 피해아동에 대한 의료 지원
   마. 「아동학대범죄의 처벌 등에 관한 특례법」에 따른 아동학대범죄 관련 수사 및 재판 지원
2. 다음 각 목에 해당하는 정보
   가. 피해아동, 그 가족 및 아동학대행위자의 성명 및 주민등록번호
   나. 「아동학대범죄의 처벌 등에 관한 특례법」 제11조 제2항에 따른 아동학대행위자 등 관계인에 대한 조사 내용 및 결과
   다. 법 제29조에 따른 피해아동 및 그 가족에 대한 지원 내용

③ 법 제28조의2 제3항 제6호에서 "대통령령으로 정하는 피해아동의 보호 및 지원 관련 기관 또는 단체"란 다음 각 호의 기관 또는 단체를 말한다. 〈신설 2018. 4. 24.〉

1. 법 제37조 제3항에 따른 취약계층 아동에 대한 통합서비스지원 업무를 보건복지부장관으로부터 위탁받아 수행하는 법인 또는 단체

2. 「건강가정기본법」 제35조에 따른 건강가정지원센터
3. 「정신건강증진 및 정신질환자 복지서비스 지원에 관한 법률」 제15조에 따른 정신건강복지센터

④ 법 제28조의2 제4항 단서에서 "대통령령으로 정하는 경우"란 다음 각 호의 어느 하나에 해당하는 경우를 말한다. 〈신설 2018. 4. 24.〉

1. 정보 제공으로 인하여 피해아동 및 그 가족의 생명 · 신체와 재산의 보호에 현저한 지장을 초래할 우려가 있다고 인정되는 경우
2. 다른 기관이 보다 능률적이고 경제적으로 정보를 제공할 수 있는 명백한 이유가 있는 경우
3. 정보 제공으로 인하여 아동보호전문기관 고유의 직무 수행에 현저한 지장을 초래할 우려가 있다고 인정되는 경우
4. 요청된 정보가 제2항 제1호 각 목의 목적 외 사용이 명백히 예상되는 경우
5. 요청된 정보의 제공으로 인하여 신고자 또는 제3자의 신분 노출이 예상되는 경우

⑤ 보건복지부장관이 법 제28조의2 제6항에 따라 국가아동학대정보시스템 운영을 「사회보장급여의 이용 · 제공 및 수급권자 발굴에 관한 법률」 제29조 제1항에 따른 한국사회보장정보원(이하 "한국사회보장정보원"이라 한다)에 위탁한 경우 한국사회보장정보원이 「전자정부법」 제36조 제1항에 따른 행정정보의 공동이용을 통하여 주민등록전산정보자료를 제공받는 때에는 주민등록전산정보자료의 사용료를 면제한다. 〈신설 2018. 4. 24., 2019. 7. 16., 2020. 5. 19.〉

⑥ 제1항부터 제5항까지에서 규정한 사항 외에 국가아동학대정보시스템의 구축 및 운영에 필요한 사항은 보건복지부장관이 정한다. 〈신설 2018. 4. 24.〉

[본조신설 2016. 9. 22.]

[제26조의2에서 이동, 종전 제26조의3은 제26조의4로 이동 〈2018. 4. 24.〉]

제26조의4(피해아동의 취학에 대한 지원) ① 법 제29조 제5항에 따라 국가와 지방자치단체의 장은 교육감, 교육장 또는 「초 · 중등교육법」 제2조에 따른 학교의 장에게 「초 · 중등교육법」 제2조 각 호의 학교에 재학 중인 피해아동 및 그 가족이 주소지 외의 지역에서 취학(입학 · 재입학 · 전학 · 편입학을 포함한다. 이하 같다)을 할 필요가 있을 때에는 그 취학에 필요한 조치를 요청할 수 있다.

② 제1항에 따라 요청을 받은 교육감, 교육장 또는 「초 · 중등교육법」 제2조에 따른 학교의 장은 피해아동 및 그 가족이 보호받고 있는 거주지 근처의 학교에 우선적으로 취학할 수 있도록 고려하여야 한다.

③ 「초 · 중등교육법」 제2조에 따른 학교의 장은 피해아동 및 그 가족의 취학에 필요한 절차가 완료되기 전이라도 피해아동 및 그 가족이 출석하여 학습하게 할 수 있다.

④ 교육감, 교육장 또는 「초 · 중등교육법」 제2조에 따른 학교의 장은 제1항부터 제3항까지의 규정에 따라 조치한 사실이 취학업무 관계자가 아닌 자에게 공개되지 아니하도록 관리 · 감독하여야 하며, 아동학대행위자로부터 피해아동 및 그 가족의 취학에 관한 정보의 제공 요청이 있는 경우에는 그 사실을 피해아동 및 그 가족을 보호하는 아동보호전문기관에 통보하여야 한다.

[본조신설 2014. 9. 26.]

[제26조의3에서 이동, 종전 제26조의4는 제26조의5로 이동 〈2018. 4. 24.〉]

제26조의5(아동학대관련범죄 전력 조회 절차) ① 법 제29조의3 제1항 각 호에 따른 시설 또는 기관

(이하 "아동관련기관"이라 한다) 중 같은 항 제12호 및 제22호의 시설 또는 기관을 제외한 아동관련기관의 설치 또는 설립인가 · 허가 · 신고를 관할하는 중앙행정기관의 장, 지방자치단체의 장, 교육감 또는 교육장(이하 "관할 행정기관의 장"이라 한다) 및 아동관련기관의 장은 법 제29조의3 제4항 본문 및 같은 조 제5항 본문에 따라 아동학대관련범죄의 전력 조회를 요청하려면 아동학대관련범죄 전력 조회 요청서에 다음 각 호의 구분에 따른 서류를 첨부하여 관할 경찰관서의 장에게 제출해야 한다. 이 경우 경찰관서가 운영하는 정보통신망을 통하여 아동학대관련범죄 전력 조회 대상자가 조회에 동의한다는 의사를 표시하는 경우에는 그 표시로 동의서 제출을 갈음할 수 있다. 〈개정 2019. 6. 11.〉

1. 관할 행정기관의 장이 요청하는 경우: 아동학대관련범죄 전력 조회 대상자의 동의서
2. 아동관련기관의 장이 요청하는 경우: 다음 각 목의 서류
  가. 아동관련기관의 장임을 증명하는 서류
  나. 아동학대관련범죄 전력 조회 대상자의 동의서

② 아동관련기관을 운영하려는 자 및 아동관련기관에 취업 중이거나 사실상 노무를 제공 중인 사람 또는 취업하려 하거나 사실상 노무를 제공하려는 사람(이하 "취업자등"이라 한다)은 법 제29조의3 제4항 단서 및 같은 조 제5항 단서에 따른 아동학대관련범죄 전력 조회 회신서의 발급을 요청하려면 아동학대관련범죄 전력 조회 요청서에 다음 각 호의 구분에 따른 서류를 첨부하여 관할 경찰관서의 장에게 제출해야 한다. 이 경우 경찰관서가 운영하는 정보통신망을 통하여 해당 서류를 제출할 수 있고, 관할 경찰관서의 장이 「전자정부법」 제36조 제1항에 따른 행정정보의 공동이용을 통하여 제출서류에 대한 정보를 확인할 수 있는 경우에는 그 확인으로 서류제출을 갈음할 수 있다. 〈신설 2019. 6. 11., 2020. 9. 29.〉

1. 아동관련기관을 운영하려는 자가 요청하는 경우: 다음 각 목의 서류
  가. 운영하려는 시설 또는 기관이 아동관련기관임을 증명하는 서류
  나. 본인의 신분을 증명하는 서류
2. 취업자등이 요청하는 경우: 다음 각 목의 서류
  가. 취업자등임을 증명하는 서류
  나. 본인의 신분을 증명하는 서류

③ 아동관련기관 중 「아동 · 청소년의 성보호에 관한 법률」 제56조 제1항 각 호에 따른 시설 · 기관 또는 사업장(이하 "아동 · 청소년 관련기관등"이라 한다)에 해당하는 아동관련기관의 장은 그 기관의 취업자등에 대하여 같은 조 제5항 본문에 따른 성범죄 경력 조회와 법 제29조의3 제5항 본문에 따른 아동학대관련범죄 전력 조회를 통합하여 요청할 수 있다. 이 경우 해당 아동관련기관의 장은 성범죄 경력 및 아동학대관련범죄 전력 조회 요청서에 다음 각 호의 서류를 첨부하여 관할 경찰관서의 장에게 제출(경찰관서가 운영하는 정보통신망을 통한 제출을 포함한다)해야 하고, 관할 경찰관서의 장이 「전자정부법」 제36조 제1항에 따른 행정정보의 공동이용을 통하여 제출서류에 대한 정보를 확인할 수 있는 경우에는 그 확인으로 서류제출을 갈음할 수 있다. 〈신설 2019. 6. 11.〉

1. 해당 아동관련기관의 장임을 증명하는 서류
2. 성범죄 경력 및 아동학대관련범죄 전력 조회 대상자의 동의서

④ 아동관련기관을 운영하려는 자 및 취업자등은 제2항에 따라 아동학대관련범죄 전력 조회 회신서의 발급을 요청하는 때에는 「아동 · 청소년의 성보호에 관한 법률」 제56조 제4항 단서 및 같은 조 제5항 단서에 따른 성범죄 경력 조회 회신서의 발급을 함께 요청할 수 있다. 이 경우 성범죄 경력 및 아동학대관련범죄 전력 조회 요청서에 다음 각 호의 구분에 따른 서류를 첨부하여 관할 경찰관서의 장에게 제출(경찰관서가 운영하는 정보통신망을 통한 제출을 포함한다)해야 하고, 관할 경찰관서의 장이 「전자정부법」 제36조 제1항에 따른 행정정보의 공동이용을 통하여 제출서류에 대한 정보를 확인할 수 있으면 그 확인으로 서류 제출을 갈음할 수 있다. 〈신설 2020. 9. 29.〉

1. 아동관련기관을 운영하려는 자가 요청하는 경우: 다음 각 목의 서류
   가. 운영하려는 시설 또는 기관이 아동관련기관임을 증명하는 서류
   나. 본인의 신분을 증명하는 서류
2. 취업자등이 요청하는 경우: 다음 각 목의 서류
   가. 취업자등임을 증명하는 서류
   나. 본인의 신분을 증명하는 서류

⑤ 제1항 및 제2항에 따라 아동학대관련범죄의 전력 조회를 요청받은 경찰관서의 장은 아동학대관련범죄 전력 조회 대상자가 법 제29조의3 제1항에 따라 아동관련기관의 운영이나 아동관련기관에 취업 또는 사실상 노무의 제공이 제한되는 사람(이하 "취업제한등대상자"라 한다)인지 여부를 확인하여 회신해야 한다. 이 경우 경찰관서가 운영하는 정보통신망을 통하여 회신할 수 있다. 〈개정 2019. 6. 11., 2020. 9. 29.〉

⑥ 제1항부터 제5항까지의 규정에 따른 아동학대관련범죄 전력 조회 신청 및 회신 등에 필요한 사항은 보건복지부령으로 정한다. 〈개정 2019. 6. 11., 2020. 9. 29.〉

[본조신설 2014. 9. 26.]

[제26조의4에서 이동, 종전 제26조의5는 제26조의6으로 이동 〈2018. 4. 24.〉]

제26조의6(자료제출의 요구) 법 제29조의4 제2항에 따라 보건복지부장관 또는 관계 중앙행정기관의 장은 아동관련기관의 장 또는 그 감독기관에 관련 자료의 제출을 요구할 때에는 다음 각 호의 사항을 구체적으로 밝혀야 한다.

1. 자료 제출 요구의 사유
2. 자료 제출 일시
3. 제출하여야 할 자료의 내용

[본조신설 2014. 9. 26.]

[제26조의5에서 이동, 종전 제26조의6은 제26조의7로 이동 〈2018. 4. 24.〉]

제26조의7(취업제한명령을 선고받은 자에 대한 취업 등의 점검 · 확인 결과 공개) ① 법 제29조의4 제3항에 따라 보건복지부장관 또는 관계 중앙행정기관의 장은 법 제29조의4 제1항에 따른 점검 · 확인 결과를 그 점검 · 확인이 끝난 날부터 2개월 이내에 보장원의 인터넷 홈페이지를 통하여 12개월 동안 공개해야 한다. 〈개정 2019. 7. 16.〉

② 제1항에 따라 공개하여야 하는 점검 · 확인 결과의 내용은 다음 각 호와 같다.

1. 점검 · 확인 기간

2. 점검 · 확인 시작 시점의 아동관련기관의 총 수
3. 점검 · 확인 기관 수 및 점검 · 확인 인원 수
4. 취업제한등대상자가 운영하거나 취업 또는 사실상 노무를 제공하고 있는 아동관련기관의 수, 명칭, 해당 기관 소재지의 시 · 군 · 구명, 해당 기관별 취업제한등대상자의 수
5. 취업제한등대상자가 운영하거나 취업 또는 사실상 노무를 제공하고 있는 아동관련기관에 대한 조치계획 또는 조치한 내용

[본조신설 2014. 9. 26.]
[제목개정 2019. 7. 16.]
[제26조의6에서 이동, 종전 제26조의7은 제26조의8로 이동 〈2018. 4. 24.〉]

제26조의8(해임 또는 폐쇄요구 등) ① 법 제29조의4 제1항 각 호의 중앙행정기관의 장은 법 제29조의5 제1항 또는 제2항에 따라 아동관련기관의 장에게 취업제한등대상자의 해임을 요구하거나 아동관련기관의 폐쇄를 요구할 때에는 위반사실, 요구내용 및 이행기간 등을 명시한 서면으로 하여야 하고, 해임요구 사실을 해당 취업제한등대상자에게도 통지하여야 한다.

② 법 제29조의5 제1항 또는 제2항에 따라 취업제한등대상자의 해임요구 또는 아동관련기관의 폐쇄요구를 받은 아동관련기관의 장과 해임요구 사실을 통지받은 취업제한등대상자는 해임 또는 폐쇄를 요구받거나 해임요구 사실을 통지받은 날부터 10일 이내에 해임 또는 폐쇄요구를 한 중앙행정기관의 장에게 이의신청을 할 수 있다.

③ 제2항에 따라 이의신청을 받은 중앙행정기관의 장은 이의신청을 받은 날부터 14일 이내에 심사하여 그 결과를 해당 아동관련기관의 장과 취업제한등대상자에게 알려야 한다.

[본조신설 2014. 9. 26.]
[제26조의7에서 이동 〈2018. 4. 24.〉]

제26조의9(아동학대에 대한 법률상담 등) ① 법 제29조의6 제1항에 따른 법률상담과 소송대리 등의 지원(이하 "법률상담등"이라 한다)을 필요로 하는 피해아동 또는 그 법정대리인은 법 제29조의6 제2항에 따른 기관에 법률상담등을 요청할 수 있다.

② 보건복지부장관과 보장원의 장 및 아동보호전문기관의 장은 아동학대 피해 관련 사실을 인지하고 법률상담등이 필요하다고 인정하는 때에는 피해아동 또는 그 법정대리인의 의사에 따라 법 제29조의6 제2항에 따른 기관에 법률상담등을 요청할 수 있다. 〈개정 2019. 7. 16.〉

③ 법 제29조의6 제2항에서 "대통령령으로 정하는 그 밖의 기관"이란 「변호사법」에 따른 대한변호사협회를 말한다.

④ 보건복지부장관은 사건의 진행 정도에 따른 구조의 필요성, 피해아동 또는 그 법정대리인의 경제적 능력과 스스로의 권리구제 능력 및 방어 가능성 등을 고려하여 법률상담, 민사소송 · 가사소송의 대리 및 변호와 법률적 조력을 지원하되, 다음 각 호의 어느 하나에 해당하는 경우에는 우선 지원할 수 있다.

1. 피해아동이 보호시설에 입소해 있는 경우
2. 피해아동의 법정대리인이 보호시설에 입소해 있는 경우
3. 피해아동 또는 그 법정대리인이 「국민기초생활 보장법」에 따른 수급권자인 경우

4. 피해아동 또는 그 법정대리인이 「장애인복지법 시행령」 별표 1에 따른 장애인인 경우
5. 피해아동의 법정대리인이 아동학대행위자인 경우
6. 피해아동의 법정대리인이 「정신건강증진 및 정신질환자 복지서비스 지원에 관한 법률」 제3조 제1호에 따른 정신질환자인 경우

⑤ 보건복지부장관은 법 제29조의6 제3항 단서에 해당하는 경우를 제외하고는 예산의 범위에서 법률상담등에 소요되는 비용을 부담할 수 있다.

[본조신설 2018. 4. 24.]

제26조의10(아동학대 전담의료기관의 지정 및 지정 취소) ① 법 제29조의7 제1항에 따라 피해아동의 치료를 위한 전담의료기관(이하 "전담의료기관"이라 한다)으로 지정받으려는 자는 보건복지부령으로 정하는 전담의료기관 지정신청서(전자문서로 된 신청서를 포함한다)에 다음 각 호의 서류(전자문서를 포함한다)를 첨부(법 제29조의7 제1항에 따른 민간의료기관에만 해당한다)하여 보건복지부장관, 시·도지사 또는 시장·군수·구청장에게 제출하여야 한다. 이 경우 보건복지부장관, 시·도지사 및 시장·군수·구청장은 「전자정부법」 제36조 제1항에 따른 행정정보의 공동이용을 통하여 법인 등기사항증명서(법인인 경우만 해당한다)를 확인하여야 한다.

1. 법인의 정관(법인인 경우만 해당한다)
2. 법 제29조의7 제1항에 따른 민간의료기관임을 증명하는 서류

② 제1항에 따라 지정신청서를 제출받은 보건복지부장관, 시·도지사 및 시장·군수·구청장은 전담의료기관에 적합한 경우 보건복지부령으로 정하는 전담의료기관 지정서를 신청인에게 발급하여야 한다.

③ 보건복지부장관, 시·도지사 및 시장·군수·구청장은 제2항에 따라 전담의료기관을 지정한 때에는 지체 없이 전담의료기관의 명칭, 소재지, 대표자의 성명 및 진료과목을 공고하여야 한다. 이 경우 시·도지사 및 시장·군수·구청장은 공고일부터 30일 이내에 그 지정현황을 보건복지부장관에게 제출하여야 한다.

④ 법 제29조의7 제2항 제3호에서 "대통령령으로 정하는 의료에 관한 사항"이란 신체적·정신적 검사 및 검진을 말한다.

⑤ 법 제29조의7 제3항 제3호에서 "대통령령으로 정하는 경우"란 다음 각 호의 어느 하나에 해당하는 경우를 말한다.

1. 전담의료기관에 해당하지 아니하게 된 경우
2. 거짓이나 그 밖의 부정한 방법으로 법 제29조의7 제2항 각 호의 조치에 소요되는 비용을 지급받은 경우
3. 최근 1년간 같은 위반행위로 「의료법」 제63조에 따른 시정 명령을 2회 이상 받은 경우
4. 「의료법」 제64조 제1항에 따라 의료업 정지, 의료기관 개설 허가의 취소 또는 의료기관 폐쇄 명령을 받은 경우

⑥ 보건복지부장관, 시·도지사 및 시장·군수·구청장은 법 제29조의7 제3항에 따라 전담의료기관의 지정을 취소한 때에는 지체 없이 취소된 전담의료기관의 명칭, 소재지, 대표자의 성명 및 진료과목을 공고하여야 한다. 이 경우 시·도지사 및 시장·군수·구청장은 공고일부터 30일 이내에 그

취소현황을 보건복지부장관에게 제출하여야 한다.

⑦ 제1항부터 제6항까지에서 규정한 사항 외에 전담의료기관의 지정 및 지정 취소에 필요한 사항은 보건복지부장관이 정한다.

[본조신설 2018. 4. 24.]

제27조(아동복지시설 및 아동용품의 안전기준) 법 제30조에 따른 아동복지시설의 안전기준은 별표 4와 같고, 아동용품의 안전기준은 별표 5와 같다. 〈개정 2018. 3. 6.〉

제28조(아동의 안전에 대한 교육) ① 아동복지시설의 장, 「영유아보육법」에 따른 어린이집의 원장, 「유아교육법」에 따른 유치원의 원장 및 「초 · 중등교육법」에 따른 학교의 장은 법 제31조 제1항에 따라 교육계획을 수립하여 교육을 실시할 때에는 별표 6의 교육기준에 따라야 한다. 〈개정 2018. 3. 6.〉

② 법 제31조 제2항 및 제3항에 따라 아동복지시설의 장 및 「영유아보육법」에 따른 어린이집의 원장은 시장 · 군수 · 구청장에게, 「유아교육법」에 따른 유치원의 원장 및 「초 · 중등교육법」 제2조에 따른 학교의 장은 교육감에게, 각각 교육계획 및 교육실시 결과를 매년 3월 31일까지 보고하여야 한다. 〈개정 2014. 9. 26.〉

③ 아동복지시설의 장은 그 아동복지시설에 입소한 아동 중 「영유아보육법」에 따른 어린이집, 「유아교육법」에 따른 유치원 또는 「초 · 중등교육법」에 따른 학교에서 실시하는 법 제31조 제1항 각 호의 사항에 관한 교육을 받은 아동에 대해서는 법 제31조 제1항에 따른 교육을 실시하지 아니할 수 있다.

Chapter

10 아동보육 복지서비스

1 아동보육의 이해

1) 아동보육의 의의 및 기능

(1) 아동보육의 의의

보육사업에 대한 개념과 의의는 시대와 상황에 따라 다소 다르게 정의를 내리고 있다. 그러나 산업화에 따른 여성의 사회참여의 증가 및 가족구조의 핵가족으로 인하여 보육사업에 대한 욕구가 급증하면서 보육사업의 의의는 그 중요성이 증가하고 있다.

즉, 영유아는 가족의 한 구성원으로서 가정 내에서 부모의 보호와 양육의 대상이 된다. 또한 가족은 미래의 시민이 될 아동을 양육하고 사회화시켜서 사회구성원으로 준비시키는 역할을 담당한다. 그러나 현대 산업구조의 변화에 따라 핵가족화 및 결함가정의 증가, 전통적인 가족기능인 자녀양육기능의 약화, 취업여성의 증가 등으로 영유아의 보육문제가 사회적인 관심사로 등장하게 되었다. 영유아를 양육하는 가정에 대한 지원체계로서의 보육사업은 취업모의 자녀양육의 대안적인 역할을 수행함으로써 부모의 경제적, 사회적 욕구를 충족시키면서 아동의 사회, 정서, 인지적 발달을 촉진하는 좋은 환경의 제공으로 잠재적 역할을 개발시킬 수 있다.

또한 보육의 기본적 역할은 사회구조의 변화에 따라 약화된 가정에서의 부모의 역할과 가족의 기능을 대행하고 영유아들에게 가정 밖에서 낮 동안 부모의 보호와 지도를 보충해 준다. 또한 조직적인 보호 등으로 영유아의 건전한 성장을 위하여 행하는 사회적 서비스 혹은 아동이 가정에서 정상적인 보호를 보충해야 할 상황에 처하였을 경우 하루에 몇 시간씩 가정 밖에서 보호하기 위해 조직된 서비스라고 할 수 있다.

그리고 보육사업은 부모의 책임인 동시에 사회적 책임이고 여러 가지 다양한 역할을 기대하면서 보육사업에 대한 인식의 변화가 있다. 결론적으로 보육사업이란 영유아와 가정이 도움을 필요로 할 때 국가가 조직적으로 개입하는 것으로 보호와 교육을 합리적으로 조화시켜 영유아가 건전한 사회성원으로 성장할 수 있도록 돕는 데 그 의의가 있다.

김익균(2008)은 우리나라의 보육의 개념은 단순히 영유아를 보육하는 것이 아니고 광범위한 아동복지적인 측면에서 포괄적 보육을 실시함으로써 교육의 기능이 강화되며 다른 나라와는 보육의 의미가 대상과 범위에서 다소 차이가 나고 있다고 주장하고 있다.

이상의 견해들을 정리해 보면 보육이란 영유아의 발달적 · 사회문화적 환경(시설)을 풍부하게 제공해 주는 복지서비스의 기능과 교육, 보호, 영양, 보건, 안전, 정서 및 사회활동, 부모참여, 가족서비스, 정보 및 의뢰 등을 포함하는 포괄적인 기능을 내포하는 개념이라고 볼 수 있다.

따라서 현대사회에서의 보육은 어느 한 부분만을 강조하는 일차원적인 것이 아니라, 다양하고 복합적인 다차원적인 접근으로 인식되어야 한다. 즉, 영유아, 가족, 지역사회와 국가적 요구를 포괄하여 아동의 발달을 지원하는 것이어야 한다.

(2) 아동보육의 기능

사회변화에 따른 가족구조의 변화는 보육사업을 필요로 하는 상황과 새로운 보육수요의 문제를 초래하여 취업모의 증가, 가족구조의 핵가족화 및 결손가족의 증가, 자녀양육에 대한 가족기능이 약화되어 보육사업의 기능과 필요성을 증가시켰다. 보육사업은 크게 다음과 같은 기능을 수행하는 것으로 볼 수 있다.

첫째, 사회발전이나 경제개발의 역기능 현상으로 나타나는 부정적 요소들에 대처하는 예방적 기능을 갖는다. 즉, 아동에게 지육, 체육, 덕육이 겸비된 보다 나은 인격형성을 위해 심신발달에 위험을 주는 경제적, 사회적, 심리적 기타 환경적인 장애로부터 보호하고 그들의 건전한 발육을 위하여 모든 가능한 시설과 기회를 제공한다.

둘째, 낮 동안 보호자가 가정에서 아동을 양육할 수 없거나 아동이 장애를 가지고 있을 때, 가정환경에 결함이 있을 때, 혹은 거주 지역의 환경이 아동의 건강한 성장에 부적절한 요인을 가지고 있을 때에 가정을 대신하여 보호하는 기능을 수행함으로써 아동복지의 증진을 촉진한다. 보호의 내용은 가정에서 제공되는 기본적인 안정감, 위험물에서의 보호, 건강관리, 영양관리, 적당한 성장기회의 제공 등이며, 이는 어린이집 교직원과 따뜻한 인간관계에서 행하여지고, 육체적인 보호뿐만 아니라, 정서적, 사회적 발달에 중추적인 역할을 하게 된다.

셋째, 아동복지의 보편주의 이념에 따라 의도적이며, 조직적으로 아동의 지적, 정신적, 신체적 발달을 촉진시켜 줄 수 있는 바람직한 경험이나 활동이 포함된 교육적 프로그램의 제공을 통하여 아동 조기교육 효과를 도모한다.

넷째, 부모의 역할수행에 어려움이 있는 가정에 대해 자녀교육, 일반교양, 육아 상담 서비스와 지역사회자원의 적절한 활용방법을 제공해 줌으로써, 부모의 기능회복 촉진과 아동의 원만한 성장을 도모하여 가정복지를 증진시킨다.

다섯째, 정상아동뿐만 아니라 정서, 심신, 행동장애 등 특수한 문제를 지닌 아동들에게도 그들의 욕구에 맞는 다양하고 개별적인 프로그램을 개발 지원해 줌으로써 결핍환경의 아동을 위한 보상적 조기교육기능 및 특수문제 아동의 건전한 신체적, 정서적 성장발달을 돕는 좋은 집단 경험장으로써 서비스 기능을 담당한다.

여섯째, 아동을 매개로 하여 지역주민들이 협동 단결할 수 있는 장으로 보육시설을 개방하여 지역사회주민의 조직력을 강화하고, 나아가 지역사회의 경제적, 사회적 발달을 위한 제반사업 추진을 원활하게 함으로써 복지증진을 도모할 수 있다.

2) 아동보육의 필요성

(1) 보육에 대한 수요의 증가

보육은 지역주민과 가장 가까운 곳에서 제공되는 서비스로서 보육을 필요로 하는 상황은 학령 전 아동의 어머니가 취업해야 하는 경우, 아동이 장애를 가진 경우, 빈곤 가정의 아동으로서 아동의 양육에 필요한 기본적인 욕구충족의 기회를 박탈당할 위험에 처해 있는 경우 등으로서 그 내용은 다음과 같다.

가. 취업모의 증가

아동의 양육에 영향을 미치는 중요한 사회적 변화는 가정 밖에서 직업을 가진 주부의 수가 급격하게 증가하고 있다는 점이다. 어머니들의 직업이 늘어나는 이유는 무엇인가? 경제적인 요인 이외에 자신의 직업이 좋아서, 자신의 경력을 계속 쌓고 싶어서, 새로운 경험을 갖고, 권태와 외로움, 좌절 등을 막아 보려고, 그리고 '여성운동'의 영향으로 여성의 취업이 더 용이하게 되기 때문에 직업을 가지는 것이다.

나. 한부모가정의 증가

탁아의 필요성을 증대시키는 사회적 경향 중의 하나는 이혼에 따른 가족 해체를 들 수 있다. 오늘날 미국에서 결혼한 부부의 1/3이 이혼을 하며, 영국이나 캐나다도 그 정도가 되어 간다. 미국에서는 80만 명이 이혼을 하며 그로 인해 100만 명 정도의 아동이 영향을 받는다. 우리나라의 경우도 증가하는 추세이다.

또한 결혼을 하지 않으면서 자녀를 낳고 키우는 여성의 수도 증가되고 있다. 이들은 이혼 부모들과 마찬가지로 외로운 부모 역할의 어려움을 감수해야 한다. 이혼모나 혼전아이를 가진 어머니들이나 혼자 아이를 키워야 하고 또 직업도 가져야 하는 사정은 마찬가지이다.

다. 가족 수의 감소

할머니나 나이 든 자매, 기타 도움을 줄 수 있는 친척들이 이전보다 훨씬 줄어들었다. 대부분의 가족이 한두 명의 자녀를 두기 때문에 어린 동생을 돌볼 수 있는 정도의 언니, 오빠가 존재하지 않으며, 지역 간 이동의 증가로 그나마 가능한 친인척의 도움조차 받기 어려운 실정이 된다. 할머니나 이모 등도 자기 직업을 가지는 경우가 늘어나고 있기 때문에 이들이 아이를 돌볼 수 있는 가능성도 줄어든다.

라. 아버지의 자녀양육 참여

현대의 아동양육에 영향을 미치는 또 하나의 사회적 변화로는 자녀양육에 있어서 아버지의 적극적인 참여가 증대되었다는 점을 들 수 있다. 어머니가 종일제 직업을 가지고 있으며, 부부가 남녀의 동등한 역할 수행에 대해 호의적인 태도를 지니고 있는 가정에서는 20년 전의 가정에서 보다 아버지가 자녀양육에 훨씬 더 많이 참여하고 있다.

이제 남자는 부인이 임신했을 때 챙겨 주는 것에서부터 출산 시 부인과 함께 산실에 있는 등 출생 초기부터 자녀양육에 더 많이 관여하고 있다. 자녀양육에서 부부의 참여가 늘어나는 이런 추세는 취업모의 자녀양육 대행의 필요성을 어느 정도 보충해 줄 것이라고 예상할 수 있으나 그렇지는 않다.

마. 가치관의 변화와 새로운 의식 변화

적절한 부모-자녀 역할에 대한 사회적인 가치관의 변화는 또한 새로운 보육수요를 불러일으키는 한 요인이 되고 있다. 즉, 부모란 자녀가 더 잘되게 하기 위해 자신의 편안함이나 사생활을 희생하면서까지 자녀에게 평생 헌신해야 한다는 종래의 전통적인 관념에 커다란 변화가 생긴 것이다.

(2) 보육환경의 변화에 따른 국가적 책임의 강화

가. 사회환경의 변화

현재 우리는 저출산 문제와 노인문제 등 사회환경의 변화가 매우 심각하게 등장하고 있다. 이러한 사회환경의 변화는 보육사업의 새로운 필요성을 강조하고 있다. 저출산 문제는 단순한 개인적 문제가 아니고 사회적이고 공적인 책임으로 변화하고 있다. 그러므로 이러한 측면에서 보육사업은 과거의 단순한 기능에서 광범위한 포괄적 보육으로 변화하고 있다. 즉, 우리의 보육사업은 단순히 맞벌이 부부와 저소득층의 확대라는 단순한 사회환경에서 보육사업이 변화하지 않고, 국가적 필요성과 부모들의 보육욕구, 저출산 현상 등으로 인하여 광범위한 아동복지와 포괄적 보육서비스의 실현이라는 최광의 보육사업으로 변화하고 있음을 알 수 있다.

나. 선별주의에서 보편주의로의 변화

일반적으로 보육사업과 관련된 사회복지정책이 선별주의에서 보편주의로의 변화가 빠른 속도로 진행되고 있다. 무상보육의 확대와 국가지원의 강화 등의 증가는 아동양육의 책임이 국가에 있다는 이념이 강하기 때문이다. 선별주의에서 보편주의로의 변화는 보육대상자의 변화와 더불어 보육프로그램과 보육서비스에서도 보편화가 이루어져야 할 것이다.

다. 가족책임에서 국가책임으로 변화

영아보육의 확대, 무상보육의 확대 등으로 인하여 아동양육에서 국가가 차지하고 있는 영역이 확대되어 가고 있음을 알 수 있다. 아동양육에 있어서의 타인에 의한 보육이 과연 합리적인 변화인가에 대한 논란이 있지만, 시대적 흐름에 의하여 출산과 육아에 대한 사회적 가치를 인정하고 사회 전체 차원에서 지원하는 시스템으로 제도화하며, 이를 위해서는 출산·육아를 소비적 행위가 아닌 사회적 인적 자본 형성을 위한 투자과정으로 보고 출산 및 양육에 대한 책임을 국가와 사회가 분담하는 방향으로 패러다임이 전환되는 것이다. 영유아들은 미래 생산과 소비의 주체이며, 더 나아가 국가경영의 주체이자 객체라는 사회적 분위기도 국가의 책임을 강조할 것이다.

라. 포괄적 보육사업으로의 변화

보육사업이 단순한 보육사업에서 포괄적 보육사업으로 변화하면서 보육사업도 포괄적인 차원에서 접근해야 할 것이다. 보육사업은 통합적인 사회정책으로 기본계획을 의도한 대로 실현하기 위해서는 정부, 기업, 민간의 참여와 협조가 필수적이다. 보육문제를 해결하기 위해서는 정책을 책임지고 수행할 주체로서 정부의 책임과 역할이 중요하지만, 정책의 실현에 있어서는 기업의 참여와 시민사회(또는 민간비영리부문)의 적극적인 참여가 필수적이다.

2 아동보육의 역사

1) 「영유아보육법」의 역사

「영유아보육법」 제도의 변천을 알아보기 위해서는 1991년을 변곡점으로 하여 「영유아보육법」이 제정되기 전과 제정된 이후 「영유아보육법」의 변천과정을 살펴보기로 한다.

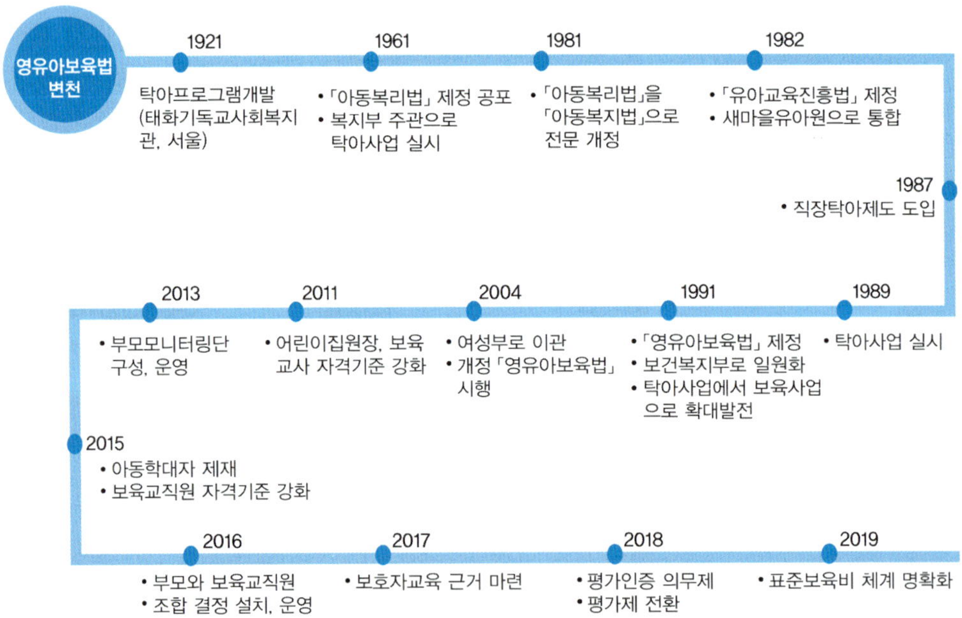

[그림 10-1] 「영유아보육법」의 변천과정

(1) 「영유아보육법」 이전 단계

가. 구호성격이 강한 탁아기(1921~1981년)

우리나라에서는 1921년 태화기독교사회복지관에서 프로그램을 개설하면서 최초로 공보육이 시작되었고, 1939년에는 전국 11개소의 공·사립 보육시설에서 435명의 아동이 보육되었으며, 1952년 10월에는 탁아소를 합리적으로 지도·감독하여야 할 행정적 필요에 따라 '후생시설 운영요강'이 마련되었다. '후생시설 운영요강'이 규정한 '탁아소'가 훗날의 탁아시설, 어린이집, 보육시설 등의 원형이 된다(강순화, 2009). '후생시설 운영요강'의 '탁아소'에 관한 규정은 제헌 헌법상의 생존권 규정에 근거한 것이라 볼 수 있으나 입법부에 의한 법률의 제정없이 행정부에 의한 행정요강이라는 한계가 있다(황보영란, 2014). 1953년 부산지역에 시립탁아소를 필두로 여러 개의 탁아소가 설치되었지만, 현재의 교육과 보호를 포함한 보육기능을 하기보다는 고아원과 아동의 응급구호 및 보호수준으로 실제로는 고아원과 별다른 기능상의 차이 없이 운영되었다. 그 대상은 요보호아동으로 제한되었으며, 일반적인 아동의 문제는 자녀양육의 문제로서 가족 내의 사안으로 인식되었다(문선화, 구차순, 박미정, 김현옥, 2009).

1961년 보육관련 규정을 담은 최초의 법인 「아동복리법」이 제정었고 「아동복리법」에 의해 보호자로부터 유실, 유기 또는 이탈되었거나, 보호자가 아동을 육성하기에 부적당하거나 양육할 수 없는 등의 사정에 처한 요보호아동의 복리를 보장함을 목적으로 한다. 그리고 「아동복리법」은 요보호아동을 위한 아동복리시설의 하나로 '탁아시설'을 규정하고, 탁아시설을 보호자가 근로 또는 질병 등으로 인하여 양육하여야 할 아동을 보호할 능력이 없을 경우에 보호자의 위탁을 받아 그 아동을 입소시켜 보호함으로 목적으로 하는 시설로 정의(법 제3조, 시행령 제2조)하여 탁아를 '수용·보호'로 보았다. 「아동복리법」은 그동안 법률적 차원의 입법 내지 근거가 없었던 탁아시설에 대해 법률의 차원에서 법적 근거를 마련하였다는 의미가 있다.

제3공화국 출범 이후 강력한 경제성장정책의 추구로 노동시간이 확대되고, 노동여

성인력이 대거 산업현장에 참여함에 따라 취업모가 증가하자 사회적 차원에서의 보육의 필요성이 증대되었다. 정부는 이를 해결하고자 1968년 탁아시설의 증설을 위한 '미인가탁아시설 임시조치요령'을 제정하여 법인체로 한정되었던 설치주체를 완화함으로써 개인도 탁아시설을 설치 · 운영할 수 있도록 허용하였고, '탁아소'의 명칭도 '어린이집'으로 개칭하여 어린이집이 단순히 보호의 차원을 넘어 교육도 가능하다는 인식을 확산시켜 취업모의 자녀가 아닌 일반아동의 시설이용을 증가시켰다(황보영란, 2014). 1978년 보건사회부는 '탁아시설 운영 개선방안'을 제정하여 일반가정의 아동에게도 어린이집을 개방하고 수익자 부담원칙에 의거하여 보육료를 징수하기 시작하였다.

나. 교육과 보육의 혼란기(1981~1990년)

이 시기는 우리나라의 보육이 정비된 시기로, 급속한 산업화에 따른 여성의 사회참여와 핵가족화가 증가하자 제5공화국 정부에 들어서면서 영유아보육과 교육이 정부의 주요정책 중의 하나로 부상하였다. 이에 따라 '취학 전 아동교육시설의 운영모델'을 수립하고 1981년 「아동복리법」의 내용을 전면 개정하여 「아동복지법」으로 제정함으로써 영유아보육과 교육의 변화를 추구하게 되었다. 1982년 「유아교육진흥법」을 제정하여 기존의 어린이집, 새마을협동유아원, 농번기탁아소를 새마을유아원으로 흡수 · 통합하고, 새마을유아원을 유아를 보육하거나 유아와 영아를 함께 보육하는 기관으로 정의하였다. 이 법의 제정으로 보건사회부가 관할하던 어린이집과 내무부에서 운영하던 새마을 협동유아원, 농업진흥청이 운영하던 농번기유아원이 모두 통합되어 새마을유아원으로 운영하게 되었다(한국여성교양학회, 2011; 문태열, 1998). 「유아교육진흥법」은 보육기관인 새마을유아원을 포함한 유아교육기관의 목적이 유아에게 좋은 교육환경을 마련하여 심신발달의 충실을 기함과 아울러 무한한 잠재력을 신장하게 함으로써 장차 건전한 인격을 국민으로 성장하여 개인으로서 행복을 누리게 하고 나아가 그들의 역량을 국가발전에 기여하게 하기 위함이라고 하여(제1조), 보육의 성격을 교육으로 규정하였다. 그러나 「아동복리법」은 보호자가 없는 아동 등을 입소시켜 수용 · 보호하는 것을 보육으로 규정함으로써 「유아교육진흥법」과 전혀 다른 보육의 개념을 규정하고 있다. 1980년대 중반 이후에는 생존권 회복을 위한 노동운동과 남녀 평등의식 등의 강화로 인하여 여성들의 사회참여가 늘어남에 따라 보육문제가 개인의 문제에서 국가 전체의 문제로 인식되기 시작했다. 이러한 분위기에서 1987년 「남녀고용평등법」이 제정됨으로써 '직장 탁아제도'가 도입되기 시작하였다. 1989년 보건사회부에서는 「아동복지법 시행령」을 다시 개정하여 1982년 삭제되었던 보육시설 설립 운영의 근거를 마련하였으며 1990년에는 '탁아시설의 설치 운영규정'을 제정하였다(김연진 외, 2010).

(2) 「영유아보육법」 이후 단계

가. 어린이집으로 제한된 보육의 시대(1991~2004년)

1980년 이후 여성들의 사회참여와 핵가족화의 급격한 사회변화가 확대되면서 영유아보육에 대한 요구가 급속히 증가하게 되었다. 설치 · 운영은 내무부가, 교육지도는 문교부가 담당하는 「유아교육진흥법」에 의한 새마을 유아원만으로는 보육의 사회적 요구를 충족시킬수 없었다. 그래서 1987년 노동부에서는 「남녀고용평등법」에 의한 직장 탁아제도를 도입했고 1989년에는 보건복지부에서 「아동복지법」에 의한 보육사업을 실시하였다. 그러나 다원화된 보육제도는 각 부처 간의 불일치로 인해 어려움을 겪게 되었다. 이에 국회에서는 보육에 대한 국가와 지방자치단체의 지원을 확대하고, 지금까지 다원화된 보육제도를 보육시설로 일원화하고 주관부처를 보건복지부로 통합하는 한편 보육시설의 설치 · 운영을 쉽게 하여 보육시설의 조속한 확대를 도모하는 것을 내용으로 한 보육에 관한 독립된 법률을 의원입법으로 추진하여 1991. 1. 14. 법률 제4328호로 「영유아보육법」을 제정하고 1991. 1. 14.부터 시행하였다(법제처, 1999).

1991년 「영유아보육법」은 법의 목적이 "보호자가 근로 또는 질병 기타 사정으로 인하여 보호하기 어려운 영아 및 유아를 심신의 보호와 건전한 교육을 통하여 건강한 사회구성원으로 육성함과 아울러 보호자의 경제적 · 사회적 활동을 원활하게 하여 가정복지 증진에 기여함"에 있다고 규정하고(제1조), '보육시설'을 보호자가 근로 또는 질병 기타 사정으로 영유아를 보호하기 어려운 경우에 보호자의 위탁을 받아 영유아를 보육하는 시설로 규정하여(제1조), 보육의 개념을 '심신의 보호와 건전한 교육'이라 하고 보육의 대상을 '보호자가 근로 또는 질병 기타 사정으로 인하여 보호하기 어려운 영아 및 유아'로 하고 있다.

이와 같이, 1991년 제정된 「영유아보육법」도 '보육시설'을 통하여 보육한다는 점에서, 「아동복리법」에 의한 '탁아시설'을 통한 보호와 동일하다고 할 수 있다. 즉, 「영유아보육법」이나 「아동복리법」이나 '시설'을 통하여 보호 또는 보육한다는 점에서는 동일하다. 그러나 「영유아보육법」이 그 대상을 「아동복리법」이 규정한 '보호자로부터 유실, 유기 또는 이탈되었거나, 보호자가 아동을 육성하기에 부적당하거나 양육할 수 없는 사정에 처한' 요보호아동에서 나아가 '보호자가 근로 또는 질병 기타 사정으로 인하여 보호하기 어려운' 영아 및 유아로 확대하였고, 보육의 내용을 건강유지와 향상을 내용으로 하는 '보호'에서 차원을 달리하여 심신의 보호와 건전한 교육을 내용으로 하는 '보육'으로 하였다는 점에서 「아동복리법」과 구별되고 발전하였다. 그러나 보육의 대상을 여전히 보편적으로 보지 않고 '보호자가 근로 또는 질병 기타 사정으로 인하여 보호하기 어려운' 경우로 한정하였다는 점에서 '제한적'이라 볼 수 있다(황보영란, 2014). 「영유아보육법」의 중요한 내용은 아동을 보호하고 교육할 책임의 주체를 보호자, 국가, 지방자치단체로 하고, 필요한 비용은 보호자가 부담하는 것을 원칙으로 하되 국가 또는 지방자치단체가 보육시설의 설치 및 운영에 소요되는 비용을 보조한다는 것과 저소득층 자녀를 국가 또는 지방자치단체와 사회복지법인 기타 비영리 법인에 의해 설치된 보육시설에 우선 입소시키고, 저소득층 자녀 보육의 제반 비용은 국가 또는 지방자치단체가 부담한다는 것이다. 결론적으로 1991년 「영유아보육법」은 그 성격이 '보육시설에서의 제한적 보육'에 관한 법이라 할 수 있다.

그러나 1991년 「영유아보육법」은 '심신의 보호와 건전한 교육'을 보육으로 하여 교육을 보육의 한 축으로 규정하고, 보육기관을 영유아의 보호와 교육기관으로, 보육기관

종사자를 영유아의 보호와 교육의 담당자로 규정하였다. 이것은 제한적이기는 하지만 보육을 교육의 한 축으로 보았다는 것을 이해할 수 있다.

나. 어린이집에서의 보편적 보육의 시대(2005년 1월~2009년 6월)

김영삼 정부 시절에 출범한 교육개혁위원회는 유치원과 보육시설을 일원화하여 유아학교로 통일하고, 유아교육에 보호를 포함하여 학교교육으로 하려는 유아교육개혁을 추진하였다. 이러한 개혁의 방향은 보육계의 격렬한 반대에 의해 결국에는 '유치원이 학교'라는 정의만 규정하는 선에서 「유아교육법」이 제정되기에 이르렀다(송기창, 2011). 이와 같은 「유아교육법」 제정에 맞추어 「영유아보육법」 제정 이후 꾸준히 논의되었던 보육제도 개선 방향을 대부분 수용하여 「영유아보육법」이 2004년 법률 제7153호로 전부 개정되기에 이르렀고, 2005년 1월 30일부터 시행되었다(서문희, 2004).

1991년 「영유아보육법」이 보육의 대상을 '보호자가 근로 또는 질병 기타 사정으로 인하여 보호하기 어려운' 경우로 제한하였으나 2005년 「영유아보육법」은 그 목적이 영유아를 심신의 보호와 건전한 교육을 통하여 건강한 사회구성원으로 육성함과 아울러 보호자의 경제적 · 사회적 활동을 원활하게 함으로써 가정복지 증진에 기여함에 있고(제1조), '보육'이라 함은 영유아를 건강하고 안전하게 보호 · 양육하고 영유아의 발달특성에 적합한 교육을 제공하는 사회복지서비스를 말한다(제2조 제1항)고 규정하여 보육의 제한적 한계를 없애고 '보편적' 보육을 천명하게 된 것이다. 이러한 의미에서 2005년 「영유아보육법」은 그 성격이 보편적 보육이기는 하나 '보육시설에서의 보편적 보육'에 관한 법이라 할 수 있다.

더 나아가 2005년 「영유아보육법」은 제1조, 제2조 제1항의 규정을 통하여 「영유아보육법」상의 보육이 「사회복지사업법」상의 사회복지서비스, 「사회보장기본법」상의 사회복지서비스임을 명확히 하였다. 2005년 「영유아보육법」 또한 교육을 보육의 한 축으로 규정하고, 보육시설을 영유아의 보호와 교육기관으로, 보육시설 종사자를 영유아의 보호와 교육의 담당자로 규정하면서도 교육법의 적용을 받지 않으므로 교육법과 사회복지법 내지 사회보장법에 의해 혼란스러운 입법이었다고 볼 수 있다.

2005년 「영유아보육법」의 중요한 내용은 법의 목적 변경, 보육의 이념규정 신설, 보육의 개념 확대를 통해 보육시설에서의 보편적 보육을 규정한 것, 보육시설의 질적 향상을 위한 제도적 개선책을 마련한 것, 영아 · 장애아, 저소득층 자녀, 장애인 부모의 자녀에 대해 보육시설의 우선 입소할 권한을 부여한 것, 보육시설운영위원회를 도입한 것 등 보육시설 확충을 뒷받침할 여러 제도를 마련한 것이다.

다. 보육서비스 확장과 가정양육 지원에 대한 보육 개념의 확대 시대(2009~2019년)

보육시설 서비스 제공과 가정양육 지원을 내용으로 하는 보육 개념이 확대된 시기로 볼 수 있다. 2008. 12. 19. 일부 개정되어 2009. 7. 1.부터 시행에 들어간 「영유아보육법」은 보육의 개념에 '가정양육지원'을 포함시켰다(제2조 제2호). 어린이집이나 유아교육법 제2조에 따른 유치원을 이용하지 아니하는 영유아에 대하여 영유아의 연령과 보호자의 경제적 수준을 고려하여 양육에 필요한 비용인 양육수당을 지원할 수 있다는 규정을 신설(제24조의2)하고, 양육수당의 신설에 맞추어 보육의 개념에 '가정양육지원'을 추가하였다. 이렇게 보육의 정의를 보육시설 서비스 중심이 아닌 가정에서의 양육 지원까지 포함됨을 명시하여 보육정책의 대상이 시설 이용 아동만이 아닌 전체 영유아임을 명확하게 하였다.

2013년 정부는 '영유아 보육 · 교육에 대한 국가 완전 책임실현'을 약속하고 이를 위해 세부 추진계획으로 '0~5세 보육료 全 계층 지원, 양육수당을 소득 구분 없이 0~5세까지 全 계층 확대, 3~5세 누리과정 지원단가의 단계적 인상추진'을 발표하였다(정한별, 2016). 이를 위해 2013. 1. 23. 「영유아보육법」 개정을 통해서 무상보육의 근거를 마련하고, 그 내용 및 범위는 대통령령으로 정하도록 하여(제34조 제1항) 부모들이 일과 가족생활의 균형 문제와 경제적인 어려움에서 벗어나 안심하고 자녀를 출산할 수 있도록 영유아의 보육을 국가가 담당하도록 함으로써 보육에 관한 국민의 부담을 줄여 저출산 문제를 해결하는 한편, 보건복지부장관으로 하여금 어린이집 표준보육비용 등을 조사하도록 하고, 그 결과를 바탕으로 무상보육 실시에 드는 비용을 정할 수 있도록(제34조 제4항) 하여 보육서비스의 질을 개선할 수 있는 지속적인 체계를 마련하였다. 그러나 무상보육의 실시는 맞벌이가 아닌 가정에서 양육받고 있던 많은 영유아의 시설 이용을 증가시켰고 보육료의 추가수납이 없으며 시설환경 및 보육교직원에 대한 처우가 우수한 국공립시설 입소를 원하는 학부모의 대기가 증가하게 되었다.

어린이집의 아동학대범죄가 잇따라 발생하여 어린이집을 이용하고 있는 영유아 보호자들의 불안이 가중되고, 건강하고 안전하게 보호받고 양육되어야 하는 영유아의 권리도 훼손되고 있어 이에 대한 대책 마련이 시급하게 요구되자 2015. 9. 19. 법 개정을 통해 어린이집의 폐쇄회로 텔레비전(CCTV) 설치를 의무화(제15조의4)하고, 아동학대자에 대한 제재 및 보육교직원의 자격기준을 강화할 뿐 아니라, 보육교직원의 보수교육에 이들의 인성함양 과목을 추가하여 아동학대범죄의 재발을 막고 이에 대한 경각심을 높이도록 하였으며, 2017. 3. 14. 개정내용에는 보육교직원이 업무를 수행함에 있어 영유아의 생명 · 안전보호 및 위험방지를 위하여 주의의무를 다하도록(제18조의2 제2항) 하는 조항을 신설하였다.

2) 「영유아보육법」의 연혁

1991년에 제정된 「영유아보육법」은 2004년 전문 개정되기까지 10여 차례의 개정을 거쳤으며, 「영유아보육법」과 같은 법 시행령 및 시행규칙의 주요 개정 연혁을 살펴보면 다음과 같다(보건복지부, 2016b).

(1) 1991년 「영유아보육법」 제정

1991년 1월 「영유아보육법」을 제정하고, 1991년 8월 시행령 및 시행규칙을 제정하였다. 그동안 내무부, 문교부, 노동부, 보건복지부 등으로 다원화되어 있었던 보육사업의 주관부처를 보건복지부로 일원화하였으며 종전의 단순 탁아사업에서 보호와 교육을 통합한 '보육'사업으로 확대하고 발전하는 계기가 되었다.

(2) 2004년 전문 개정

정부조직 개편의 일환으로 2004년 6월 12일부터 보육사무가 보건복지부에서 여성부로 이관되었다. 2004년 1월 29일(법률 제7153호) 보육서비스의 질적 수준 향상과 보육의 공공성 강화를 위해 전문 개정된 「영유아보육법」의 시행(2005. 1. 30.)에 따라 보육사업이 발전할 수 있는 계기를 마련했으며, 주요 개정 내용은 〈표 10-1〉과 같다.

〈표 10-1〉 **2004년 전문 개정된 「영유아보육법」의 주요 내용**

구분	내용
보육목적	• 선별적 보육 → 보편적 보육(모든 영유아 대상)
보육시설의 종류	• 민간시설을 법인 보육시설과 민간 보육시설로 분류 • 부모협동 보육시설 추가
보육시설 인가	• 보육시설 설치 시 기존의 신고제에서 인가제로 환원(시설의 난립을 제한함)
보육교사 자격	• 관련 학과 졸업에서 관련 학과목 및 학점 이수제로 변화 • 보육교사 자격: 인증 → 자격을 검정하고 자격증 교부 • 보육교사 경력: 시설 → 정부(지방자치단체)
보육시설 운영위원회	• 시설종사자 · 보호자 대표 · 지역사회 인사로 보육시설 운영위원회를 구성하여 지역사회 연계 및 투명성 강화
표준보육과정	• 표준보육과정 개발, 보급
보육시설 평가인증	• 보육서비스의 질적 수준 향상을 위하여 보육시설 평가인증제 도입
보육개발원 설치	• 보육에 관한 정책연구, 프로그램 개발 등을 총괄할 보육개발원 설치 → (육아정책개발센터)
공보육기반 조성	• 중장기 수급계획에 따른 보육시설 확충 • 부모의 육아부담 경감을 위한 보육비용 지원 확대 • 민간시설의 서비스 수준 향상을 위한 기본보조금제도 도입 • 보육시설의 투명성 확보를 위한 보육행정전산망 구축

(3) 2011년 「영유아보육법」 부분 개정

2011년 부분 개정된 「영유아보육법」은 그동안 보육시설의 명칭을 사용하던 것을 어린이집으로 통일하게 되었는 데 이는 종사자들에 대한 사회적 인식을 제고하기 위한 변경이라고 할 수 있다. 그 외에도 보육교직원의 자격을 강화하고 다문화 자녀 특례 기준을 마련하였다. 주요 내용은 〈표 10-2〉와 같다.

〈표 10-2〉 **2011년 부분 개정된 「영유아보육법」의 주요 내용**

구분	내용
명칭 변경	• 기존의 보육시설이라는 명칭을 어린이집으로 통일 • 보육시설 종사자를 보육교직원으로, 시설장을 원장으로 변경(보육종사자들에 대한 사회적 인식 제고)
실태조사	• 보육실태조사 기간을 기존의 5년 → 3년으로 변경(변화하는 사회적 환경을 보다 신속하게 반영하기 위함)
보육교직원 자격	• 학점은행 수료 시 2급 취득을 위한 교과목과 학점수를 기존의 12과목 36학점 → 17과목 51학점으로 변경 • 보육교사 2급 취득 후 2년 경력 후 가정어린이집 원장자격취득 → 1급 취득하고 경력 1년 후 가정어린이집 원장 자격 취득으로 변경 • 보육교사 3급 취득 후 현장경력 1년 후 2급 승급 → 2년 경력 후 승급으로 변경
놀이터	• 어린이집의 설치 운영자는 놀이터를 설치하도록 하되, 보육정원 50인 미만인 경우와 100미터 이내에 보건복지부령으로 정하는 기준을 충족하는 놀이터가 설치되어 있는 경우에는 놀이터를 설치하지 않도록 함
다문화자녀 무상특례	• 다문화가족의 자녀에게 국 · 공립어린이집 등을 우선 이용할 수 있도록 하고, 무상보육의 특례를 부여함
보육비용의 환수	• 보호자가 거짓이나 부정한 방법으로 보육료 및 양육수당을 지원받은 경우에는 그 비용의 전부 또는 일부를 환수할 수 있도록 함
벌칙금	• 어린이집 설치 운영자가 보조금 횡령 또는 유용을 하여 어린이집운영정지를 명하여야 하는 경우에 이를 갈음하여 3천만 원 이하의 과징금을 부과할 수 있도록 함

(4) 2015년 「영유아보육법」 일부 개정

먼저, 2013년에 「영유아보육법」을 개정하여 그동안 저소득 계층 등 특정 계층에만 보육료를 지원하던 것에서 0~5세 영유아 전 계층에 보육료를 지원할 수 있는 법적 근거를 마련하였다.

2015년 5월에 개정된 「영유아보육법」의 주요 내용은 모든 어린이집에 폐쇄회로 텔레비전(CCTV)을 설치 의무화, 아동학대 행위자에 대한 처벌, 법 위반 어린이집에 대한 명단공표 의무화라고 할 수 있다. 또한 보조교사 및 대체교사 배치, 육아종합지원센터에 상담요원 배치, 90일 이상해외 체류 아동에 대한 양육수당 지급 정지 등이 주요 변경 내용으로 규정되어 있음을 알 수 있다.

〈표 10-3〉 **2015년 개정된 「영유아보육법」의 주요 변경 내용**

구분	내용
CCTV 설치의무화	• 모든 어린이집에 CCTV 설치의무화(설치비는 정부가 지원) • 녹화된 영상은 60일간 보관의무 • 영상의 열람은 특정 경우를 제외하고 불가능(특정 경우란 보호자가 자녀의 안전을 확인할 목적으로 열람시기, 절차 및 방법 등에 따라 요청하는 경우, 「개인정보보호법」 또는 「아동복지법」 법령에서 정하는 영유아의 안전 업무 수행을 위해 요청하는 경우, 범죄의 수사와 공소 제기 및 유지, 법원의 재판업무 수행을 위해 필요한 경우를 말함) • 설치목적과 다른 목적으로 CCTV를 임의 조작하거나 다른 곳을 비추고 저장장치 이외 장치에 영상정보를 저장하는 경우 등의 행위를 할 경우 3년 이하의 징역 또는 3천만 원 이하의 벌금형에 처함
보조교사, 대체교사 확대	• 어린이집 교사의 업무 부담을 경감할 수 있는 보조교사를 두고, 휴가나 보수교육 등으로 보육교사의 업무에 공백이 생기는 경우 대체교사를 배치함 • 만 3~5세 반에 1명씩 두던 보조교사를 만 0~2세 반에도 같은 수준으로 보조교사 배치
아동학대처벌 강화	• 아동학대 관련 범죄로 금고 이상의 형을 선고받거나 집행유예를 선고받은 자는 20년간 보육업무에 종사 금지 • 아동학대의 경우 자격정지 2년으로 강화 • 내부 고발한 보육교직원에게 불이익 조치를 한 원장 자격정지 1년

구분	내용
	• 위반사실 정보는 지자체 홈페이지에 정보공개 • 보육교직원은 영유아를 보육하면서 신체적 고통이나 고성, 폭언 등의 정신적 고통을 가할 수 없음을 보육교직원의 책무로 명시(「영유아보육법」 제18조의2)

(5) 2015년 이후 현재까지 일부개정 내용

2015년 12월 29일 「영유아보육법」을 개정하여 천재지변이나 감염병 발생 등 긴급한 사유로 정상적인 보육이 이루어지기 어렵다고 인정하는 경우 어린이집에 휴원을 명할 수 있도록 「영유아보육법」이 개정되었다. 2016년 2월 부모협동어린이집을 협동어린이집으로 명칭을 변경하여 보호자와 보육교직원이 조합을 결성할 수 있게 되었고, 보육의 우선 제공 대상에 제1형 당뇨를 가진 영유아를 추가하였다.

2017년 일부 개정된 「영유아보육법」에서는 보호자 교육에 대한 근거가 마련되었고 영유아에 생명 · 안전을 위한 주의 업무가 보육교직원 업무 수행에 강화되었다. 2018년 일부 개정에 의해 어린이집 평가인증을 의무적 평가제로 전환하였으며 한국보육진흥원이 법정 기구화되었고 2019년 표준보육비용 규정 체계를 명확화하여 보건복지부장관이 표준보육비용을 3년마다 조사하도록 하며, 중앙보육정책위원회 심의를 거쳐 표준보육비용을 결정하도록 규정하였다(시행 2020. 1. 16.). 2020년 보육지원체계 개편으로 인하여 각 보육과정에 대해 비용 지원방식을 별도 적용하여 충실히 운영될 수 있도록 어린이집 지원방식을 합리화하였으며, 특히 연장보육시간에 안정적인 보육이 제공되도록 전담교사를 배치하는 내용으로 변경되었다.

지금까지 살펴본 「영유아보육법」의 연혁을 요약하면 〈표 10-4〉와 같다.

〈표 10-4〉 **「영유아보육법」의 연혁**

<table>
<tr><th>연도</th><th colspan="2">내용</th></tr>
<tr><td>1921</td><td colspan="2">• 태화기독교사회복지관이 탁아프로그램을 개발함으로써 시작(서울)</td></tr>
<tr><td>1961</td><td colspan="2">• 「아동복리법」 제정 · 공포
• 종래의 구빈 사업적 성격을 벗어나 아동복지 증진사업으로 변화
• 복지부 주관으로 탁아사업 실시(691개소 설치, 1962~1981)</td></tr>
<tr><td>1981</td><td colspan="2">• 「아동복리법」을 「아동복지법」으로 전문 개정(1981. 4. 13.)</td></tr>
<tr><td>1982</td><td colspan="2">• 「유아교육진흥법」을 제정
• 기존의 새마을협동유아원 및 농번기 탁아소를 새마을 유아원으로 흡수 · 통합</td></tr>
<tr><td>1987</td><td colspan="2">• 노동부에서 남녀고용평등법에 의한 직장탁아제도 도입(1987. 12.)</td></tr>
<tr><td>1989</td><td colspan="2">• 보건복지부에서 「아동복지법」에 의한 탁아사업 실시(1989. 9.)</td></tr>
<tr><td>1991</td><td colspan="2">• 「영유아보육법」 제정(1991. 1.)
• 시행령 및 시행규칙을 제정(1991. 8.)
• 보육사업주관부처를 보건복지부로 일원화
• 단순 '탁아' 사업에서 보호와 교육을 통한 '보육' 사업으로 확대 발전</td></tr>
<tr><td>2004</td><td colspan="2">• 영유아보육 사무가 보건복지부에서 여성부로 이관(2004. 6. 12.)
• 개정 「영유아보육법」의 시행(2005. 1. 30.)
• 보육사업이 획기적으로 발전할 수 있는 계기 마련
• 보육서비스의 질적 수준 향상과 보육의 공공성 강화</td></tr>
<tr><td rowspan="2">2011</td><td>「영유아보육법」 시행령 개정(2011. 12.)</td><td>• 보육비용 지원이 확정된 자에 대한 금융정보 제공 요청
• 과징금 산정 기준 마련
• 어린이집 원장 · 보육교사 자격 기준 강화</td></tr>
<tr><td>「영유아보육법」 시행규칙 개정(2011. 12.)</td><td>• 어린이집 양도에 따른 변경 인가절차 강호
• 산업단지 내 공동어린이집 설치 산업 단지 근로자 자녀에 대한 보육 우선 제공
• 산업단지 내 어린이집 층 수 기준 완화
• 보육교사 자격취득을 위한 보육 관련 교과목 및 학점 기준 강화</td></tr>
</table>

연도	내용	
2013	「영유아보육법」 일부 개정 (2013. 1.)	• 국가와 지방자치단체는 영유아에 대한 보육을 무상으로 실시하게 함
	「영유아보육법」 일부 개정 (2013. 6.)	• 어린이집 보육환경을 모니터링하여 개선 위한 부모 모니터링단 구성·운영 • 무상교육 지원을 받지 아니하는 영유아에 대하여 필요한 경우 일시 보육서비스를 지원하는 일시보육서비스 신설 • 무상보육의 내용 및 범위를 3세 이상인 영유아가 보육과정 중 교육과정을 제공받는 경우 포함
2015	「영유아보육법」 일부 개정 (2015. 5.)	• 아동학대자에 대한 제재 및 보육교직원 자격기준 강화 • 보육교직원 교육 및 업무 부담 경감을 위한 인력 배치
2016	「영유아보육법」 일부 개정 (2016. 2.)	• 부모와 보육교직원 참여하여 조합 결성 설치·운영
2017	「영유아보육법」 일부 개정 (2017. 2.)	• 보호자 교육의 근거 마련 • 보육교직원 업무 수행에 영유아에 생명·안전을 위한 주의
2018	「영유아보육법」 일부 개정 (2018. 12.)	• 평가인증 의무적 평가제로 전환 및 한국보육진흥원 법정 기구화 • 국공립어린이집 확충 의지 적극 표명
2019	「영유아보육법」 일부 개정 (2019. 1.)	• 표준보육비용 규정 체계 명확화 • 보건복지부장관이 표준보육비용을 3년마다 조사하도록 하며, 중앙보육정책위원회 심의를 거쳐 표준보육비용을 결정하도록 규정(시행 2020. 1. 16.)
2020	보육지원체계 개편	• 각 보육과정에 대해 비용 지원방식을 별도 적용하여 충실히 운영될 수 있도록 어린이집 지원방식 합리화 • 특히 연장보육시간에 안정적인 보육이 제공되도록 전담교사를 배치

3 보육사업의 내용

보육사업의 내용은 「영유아보육법」의 구성과 내용을 통해 살펴보기로 한다.

1) 「영유아보육법」의 구성

보육사업의 근간이 되는 「영유아보육법」은 9장 56조(2015년 12월 29일 기준)로 구성되어있으며, 그 구체적인 내용은 〈표 10-5〉과 같다.

〈표 10-5〉 「영유아보육법」의 구성

장	구성	
총칙	「영유아보육법」의 목적 「영유아보육법」에서 사용하는 용어의 정의 보육의 이념과 책임 보육정책조정위원회 보육정책위원회 육아종합지원센터 보육개발원 보육실태조사 어린이집연합회 민감정보 및 고유식별정보의 처리	「영유아보육법」 제1조에서 제9조까지, 제53조 「영유아보육법」 시행령 제1조에서 제15조까지, 제18조, 제26조의3 「영유아보육법」 시행규칙 제1조, 제2조, 제4조, 제13조, 제35조의5, 제39조의2, 제39조의3, 제41조
어린이집의 설치	보육계획의 수립, 국공립어린이집, 법인어린이집 및 민간어린이집, 직장어린이집, 가정어린이집, 부모협동어린이집 등 어린이집의 종류와설치의무어린이집의 설치기준도서 등 어린이집 특례	「영유아보육법」 제10조에서 제16조까지, 제52조 「영유아보육법」 시행령 제7조 제2항 제9호, 제18조의2에서 제20조의7까지 「영유아보육법」 시행규칙 제4조의2에서 제5조의2까지, 제5조의4에서 제9조까지, 제40조

장	구성	
보육교직원	보육교직원의 배치보육교직원의 직무보육교직원의 채용 및 해임 등 임면보육교직원의 보수기준어린이집 원장 또는 보육교사의 자격보수교육과 교육명령경력의 인정도서 등 어린이집 특례	「영유아보육법」 제17조에서 제23조의3까지, 제50조, 제52조 「영유아보육법」 시행령 제7조 제2항 제9호, 제21조「영유아보육법」 시행규칙 제10조에서 제21조까지, 제40조 보육교직원 인건비 지급기준
어린이집의 운영	어린이집 운영기준어린이집 운영의 위탁어린이집운영위원회, 부모모니터링단취약보육의 우선 실시, 일시보육 서비스,어린이집 이용대상, 보육의 우선 제공 등보육과정어린이집 생활기록어린이집 평가인증	「영유아보육법」 제24조에서 제30조까지「영유아보육법」 시행령 제21조의2에서 제21조의4까지 「영유아보육법」 시행규칙 제23조에서 제32조의4까지
건강 영양 및 안전	건강관리급식관리위생관리안전관리	「영유아보육법」 제31조에서 제33조의2까지 「영유아보육법」 시행령 제21조의5에서 제21조의7까지 「영유아보육법」 시행규칙 제23조 별표 8, 제33조, 제34조
비용	무상보육의 원칙보육비용 및 양육수당청구비용의 보조 사업주의 비용 부담보육료 등 수납세제지원비용 및 보조금의 반환명령, 보육비용 지원액의 환수	「영유아보육법」 제34조에서 제34조의6까지, 제36조에서 제40조의2까지 「영유아보육법」 시행령 제21조의8에서 제25조까지 「영유아보육법」 시행규칙 제35조에서 제35조의7까지, 제35조의9
	만 5세아(2012년 3월부터) 및 만 3~5세아(2013년 3월부터) 보육료 지원을 부모의 소득수준에 관계없이 전 계층으로 확대하고 지원 금액을 연차적으로 인상. 누리과정 재원을 지방교육재정교부금으로 일원화하여 지방비 부담 해소	「영유아보육법」 시행령 제22조, 제23조 「유아교육법」 시행령 제29조, 제34조 지방교육재정교부금법 시행령 별표
지도 및 감독	일반적 감독(지도와 명령, 보고와 검사, 어린이집의 폐지·휴지 및 재개 등의 신고, 시정 또는 변경 명령) 행정처분(어린이집의 폐쇄 등, 과징금 처분, 행정제재처분효과의 승계, 어린이집의원장 또는 보육교사의 자격정지와 자격취소)과 청문어린이집 정보의 공시 등위반사실의 공표 등	「영유아보육법」 제41조에서 제49조의3까지 「영유아보육법」 시행령 제25조의2에서 제25조의7까지 「영유아보육법」 시행규칙 제36조에서 제39조까지

장	구성	
보칙	권한의 위임업무의 위탁	「영유아보육법」 제51조, 제51조의2 「영유아보육법」 시행령 제26조, 제26조의2 「영유아보육법」 시행규칙 제32조의4, 제35조의5, 제39조의2, 제39조의3
벌칙	「영유아보육법」 시행을 뒷받침하는 벌칙과 양벌규정, 과태료 부과 및 징수 절차	「영유아보육법」 제54조에서 제56조까지 「영유아보육법」 시행령 제26조의4, 제27조

2) 「영유아보육법」의 내용

(1) 보육의 정의

「영유아보육법」에서 명시하고 있는 보육의 정의를 살펴보면 다음과 같다.

첫째, 보육대상을 살펴보면 대상에 제한이 없이 원칙적으로 6세 미만의 취학 전 아동인 영유아를 대상으로 한다.

둘째, 보육의 이념을 살펴보면 보육의 이념은 영유아의 이익을 최우선적으로 고려하여 제공되어야 하고, 영유아가 안전하고 쾌적한 환경에서 건강하게 성장할 수 있도록 하여야 하며, 영유아는 자신이나 보호자의 성, 연령, 종교, 사회적 신분, 재산, 장애, 인종 및 출생지역 등에 따른 어떠한 종류의 차별도 받지 아니하고 보육되어야 한다는 것을 이념으로 한다.

셋째, 보육은 일차적으로는 영유아를 건강한 사회 구성원으로 육성하고, 이차적으로는 보호자의 경제적 · 사회적 활동이 원활하게 이루어지도록 하여 영유아 및 가정의 복지 증진에 이바지하는 수단이다.

넷째, 보육에 관한 책임은 모든 국민이 지고, 국가와 지방자치단체는 보호자와 더불어 책임과 이에 필요한 재원을 안정적으로 확보하여야 할 책무가 있다.

다섯째, 보육의 개념을 살펴보면 보육은 '영유아의 심신을 보호하는 것', 즉 '영유아를 건강하고 안전하게 보호 · 양육하는 것'에서의 보호와, '영유아를 건전하게 교육하는 것', 즉 '영유아의 발달 특성에 적합하게 교육하는 것'인 교육, 이와 같이 보호 · 양육, 교육을 구성요소로 한다.

여섯째, 국가와 지방자치단체에 의해 보장되는 제도로서의 보육은 보육전문기관인 어린이집을 통해 제공되는 보육과 국가와 지방자치단체가 지원하는 가정양육 두 가지의 개념을 포함하고 있다.

일곱째, 보육은 사회적 위험으로부터 모든 국민을 보호하고 국민 삶의 질을 향상시키는 데 필요한 사회보장의 하나인 사회서비스이다. 특히 국가 및 지방자치단체 그리고 민간부문의 도움을 필요로 하는 모든 국민에게 정상적인 사회생활이 가능하도록 제도적으로 지원하기 위해 제공되는 사회복지서비스의 하나로 볼 수 있다.

(2) 어린이집의 유형과 기능

가. 어린이집의 유형

어린이집은 보육시설을 통칭하는 용어로 영유아를 대상으로 한 '보호(care)'와 '교육'의 통합적인 기능을 전담하고 그들의 정서적 · 심리적 완성을 위해 전문적 서비스를 제공하는 사회적 기반 시설이다(장영인, 최영신, 2004: 174). 우리나라의 경우, 돌봄이라는 본연의 역할과 함께 교육적으로 체계화된 교육과정의 구성을 통해 학습과 경험을 동시에 제공함으로 교육의 본질적 기능과 보육이라는 실효성을 확보한 것으로 평가되고 있다(황해익, 김미진, 탁정화, 2012; 이미화, 김명순, 2004; 이점자, 김형모, 2012).

2020년도 보육사업안내에 제시된 어린이집의 유형을 설립 주체별 · 운영 시간별 유형으로 나누어서 살펴보고자 한다. 우리나라의 경우 「영유아보육법」에 명시된 어린이집의 유형은 국공립어린이집, 사회복지법인어린이집, 법인 · 단체등어린이집, 민간어린이집, 직장어린이집의 가정어린이집, 협동어린이집으로 구분되어 있다. 이러한 유형의 구분은 결국 설립주체와 규모에 따른 것이며 〈표 10-6〉과 같다(보육사업 안내, 2020).

〈표 10-6〉 **어린이집의 유형**

구분	명칭	설립주체	설치 방법	규모
국공립	어린이집	국가, 지방자치단체	직접설치 담당시장, 군수, 구청장 협의	영유아 11인 이상 보육
사회복지법인 · 법인 · 단체 등, 민간	어린이집	사회복지법인, 법인, 단체, 개인	시장, 군수, 구청장 인가	영유아 21인 이상 보육
직장	어린이집	사업장의 사업주	시장, 군수, 구청장 인가	영유아 5인 이상 보육
가정	어린이집	개인	시장, 군수, 구청장 인가	영유아 5인 이상, 20인 이하 보육
협동	어린이집	개인(보호자 또는 보호자와 보육교직원 11인 이상)	시장, 군수, 구청장 인가	영유아 11인 이상 보육

출처: 보건복지부, 2020년 보육사업 안내.

① 국공립어린이집

국가와 지방자치단체가 설치, 운영(위탁 운영 포함)하는 시설로 상시 영유아 11인 이상을 보육하여야 하며, 국가 및 지방자치단체의 장이 인가 절차 없이 직접 설치하되, 어린이집 수급계획 등을 포함한 보육계획을 사전에 수립한다. 지방자치단체의 장은 이듬해 국공립어린이집 수급 계획을 3월 말까지 보건복지부로 제출 설치 시 지방 보육 정책위원회의 심의를 거쳐야 한다. 저소득층 밀집 지역 및 농어촌지역 등 취약지역, 건축법에 따른 공동주택 중 대통령령으로 정하는 일정 세대 이상의 공동주택을 건설하는 주택단지 지역에 먼저 설치하는 등 지역별로 균형 있게 배치한다(법 제12조).

② 사회복지법인, 법인 · 단체 등 어린이집, 민간어린이집

사회복지법인어린이집이란 「사회복지사업법」에 의한 사회복지법인이 설치 · 운영하는 어린이집을 말하고, 법인 · 단체등어린이집이란 각종 법인(사회복지법인을 제외한 비영리법인)이나 단체 등이 설치 · 운영하는 어린이집을 말하며, 민간 어린이집이란 국공립 · 사회복지법인 · 법인단체등 · 직장 · 가정 · 협동 어린이집이 아닌 어린이집을 말한다. 규모는 상시 영유아 21인 이상을 보육하여야 하고, 설치절차는 담당 시장 · 군수 또는 구청장에게 사전에 인가를 신청하여야 하며(법 제13조), 지역의 보육수요와 어린이집의 공급현황 등을 고려하여 지역별로 균형 있게 배치되도록 하여야 한다.

③ 직장어린이집

사업주가 사업장의 근로자를 위하여 설치 · 운영하는 영유아 5인 이상을 보육할 수 있는 직장어린이집은 「영유아보육법」상의 설치기준을 모두 갖추어야 하며, 사업주가 직장어린이집을 설치할 경우에는 안전사고 및 재난에 대비한 시설을 갖추어 건물 내 5층까지 보육실을 설치할 수 있다. 설치절차는 담당 시장, 군수 또는 구청장에게 사전에 인가를 신청하여야 한다. 직장어린이집 설치의무는 「영유아보육법」 시행령 제20조 제1항에 의하여 "상시 여성근로자 300인 이상 또는 근로자 500인 이상을 고용하고 있는 사업장"은 직장어린이집을 설치하여야 한다. 의무사업장의 사업주가 직장어린이집을 단독으로 설치하기 어려운 경우에는 사업주 공동으로 직장어린이집을 설치 · 운영하거나, 지역의 어린이집과 위탁계약을 체결하여 근로자 자녀의 보육을 지원하거나 근로자에게 보육수당을 지급하여야 한다.

사업주는 직장어린이집의 운영 및 수탁 보육 중인 영유아의 보육에 필요한 비용의 100분의 50 이상을 보조하여야 한다. 의무사업장 여부를 판단하기 위한 상시 근로자의 수 산정은 전체 기업 규모가 아닌 단위사업장을 기준으로 하며 이 경우 '사업장'은 사업이 행하여지고 있는 인적 · 물적 시설이 존재하는 장소적 범위를 중심으로 보는 개념으로서 동일 장소에 소재하여야 한다.

④ 가정어린이집

개인이 가정 또는 그에 따른 곳에 설치 · 운영하는 시설이며, 규모는 상시 영유아 5인 이상 20인 이하를 보육할 수 있다. 설치절차는 담당 시장, 군수 또는 구청장에게 사전에 인가를 신청하여야 한다. 배치기준은 지역의 보육수요와 어린이집의 공급현황 등을 고려하여 지역별로 균형 있게 배치되도록 한다.

⑤ 협동어린이집

보호자 또는 보호자와 보육교직원 11인 이상이 조합을 결성하여 설치 · 운영하는 시설이다. 규모는 상시 영유아 11인 이상을 보육할 수 있다. 설치절차는 담당 시장, 군수 또는 구청장에게 사전에 인가를 신청하여야 한다. 배치기준은 지역의 보육수요와 어린이집의 공급현황 등을 감안하여 지역별로 균형 있게 배치되도록 한다.

〈표 10-7〉 **연도별 어린이집 설치 운영 현황** (단위: 개소)

연도	계	국 · 공립	사회복지 법인	법인 · 단체 등	민간	가정	협동	직장
2019	37,371	4,324	1,343	707	12,568	17,117	159	1,153
2018	39,171	3,602	1,377	748	13,518	18,651	164	1,111
2017	40,238	3,157	1,392	771	14,045	19,656	164	1,053
2016	41,084	2,859	1,402	804	14,316	20,598	157	948
2015	42,517	2,629	1,414	834	14,626	22,074	155	785
2014	43,742	2,489	1,420	852	14,822	23,318	149	692
2013	43,770	2,332	1,439	868	14,751	23,632	129	619
2012	42,527	2,203	1,444	869	14,440	22,935	113	523
2011	39,842	2,116	1,462	870	14,134	20,722	89	449
2010	38,021	2,034	1,468	888	13,789	19,367	74	401
2004	26,903	1,349	1,537	966	12,225	10,583	미분류	243
2003	24,142	1,329	1,632	787	11,225	8,933		236
2002	22,147	1,330	1,633	575	10,471	7,939		199
2001	20,097	1,306	1,991	313	8,970	6,473		196
1990	1,919	360	미분류	미분류	미분류	1,500		20

출처: 통계청, 보육통계자료.

나. 어린이집의 기능

보육시설은 영유아와 가정이 도움이 필요할 때 사회가 조직적으로 개입하는 하나의 방식으로 적용하며, 보호와 교육을 합리적으로 조화시켜 영유아가 건강한 사회 성인으로 성장할 수 있도록 돕는 데 그 목적이 있다(장인협, 1984: 94).

보호와 책임은 일차적으로 부모에게 있지만 취업, 질병, 보육의 전문성 등 다양한 사유 등으로 인해서 부모가 충분히 보호하고 교육할 수 없을 때에는 이의 보충을 위한 책임이 개인뿐만 아니라 사회와 국가에서 제공되어야 한다. 우리나라 「영유아보육법」에서 제시하는 교육, 영양, 건강, 안전 부모에 대한 서비스, 지역사회와의 교류 등 6개 분야에 대한 기본원칙을 살펴보면 다음과 같다.

① 예방적 기능

보육시설은 사회와 경제발전의 기능 변화로 나타나는 위험의 요소들에 대한 예방의 기능을 한다(표갑수, 1998). 지금까지는 주로 보완의 기능을 수행해 왔지만 앞으로 보육시설은 치료보다 예방, 즉 올바른 인격 형성을 위해 아동에게 위험을 주는 다각적인 부분에서 보호하고, 그들의 건전한 성장을 위해 필요한 부분에 관심을 가져야 한다.

② 보호적 기능

가정에서 보호자가 아동을 양육하기에 적당하지 않을 경우, 보호자가 아동을 양육할 수 있으나 아동의 결함을 갖고 있는 경우, 가정에 결함이 있는 경우, 거주지역의 환경이 아동의 양육에 부적당한 경우에 보호한다. 이때 가정에서 제공되는 기본적인 안정감, 대리모로서 위험물에서의 보호, 건강 관리, 영양공급, 적당한 성장기회 제공 등 영유아들의 육체적인 보호뿐만 아니라 정서적, 사회적 보호도 포함한다.

③ 교육적 기능

보육시설은 보호자가 양육하지 못한 경우에 아동을 단순히 돌보는 탁아의 개념에 그치지 않고 아동복지의 이념에 따라 의도적이며 조직적으로 그 발달에 필요한 바람직한 경험이나 활동을 계획하고, 아동의 지적, 정서적 그리고 신체적 발달을 촉진해 주는 교육적 프로그램의 강화나 병행하는 등 보호와 교육의 복합적인 기능을 수행하고 있다(김정자, 1991: 64).

④ 지원 및 보상기능

보육시설은 아동이 원해서라기보다는 부모의 필요, 선택으로 대리인의 역할이 요구되는 서비스로 가능한 한 취업 여성이 자신의 원래 기능을 회복함으로써 아동에게 최선의 보호가 가정에서 이루어지도록 아동복지적 측면에서 도움이 될 수 있도록 해야 한다(이정호, 1991. p.84). 즉, 상담과 지역사회의 지원을 동원하여 공급함으로써 그 기능을 담당한다.

⑤ 프로그램 개발의 기능

보육시설의 대상은 획일적인 프로그램의 재고보다는 이를 개개인의 욕구에 맞는 프로그램이 보충적으로 주어져야 한다. 또한 연령대에 적합한 프로그램으로 영유아의 건전한 인격 형성에 도움을 주어야 한다.

개개인의 욕구에 맞는 프로그램이 보충적으로 주어져야 한다. 또한 연령대에 적합한 프로그램으로 영유아의 건전한 인격 형성에 도움을 주어야 한다.

⑥ 지역사회의 효율적인 조직기능

지역사회의 복지향상은 모든 주민의 자발적인 참여와 협동성을 전제로 하여 경제적, 사회적 발전을 추구하는 데 있다(임춘식, 1994: 57).

사회 연쇄성의 개발, 사회적 목표의 개발, 산업의욕의 개발을 증대시키는 기능을 가지고 있다. 이렇게 볼 때 보육사업은 지역사회의 효율적인 조직화로 지역사회 주민과 밀착되어 그 지역을 소단위로 단결시키는 일종의 매개 역할도 갖게 된다.

3) 보육예산

우리나라의 국비기준 보육예산추이를 살펴보면 「영유아보육법」이 제정되기 직전인 1990년 136억 원에서 출발하여 2019년 5.6조 원에 이르기까지 비약적으로 증가해 왔다. [그림 10-2] 2004년 이후 저출산과 여성경제활동 대책의 일환으로 보육의 보편성을 강조하면서 보육비용지원대상을 확대하고 2013년에 전 연령, 전 계층에 영유아보육료 지원 및 양육수당, 그리고 3~5세 보육 · 교육과정인 누리과정을 도입하는 등 무상보육을 실시하면서 보육에 대한 정부의 재정투자가 급증하였고 이후에도 큰 폭의 증가세가 지속되기에 이르렀다.

2019년을 기준으로 하여 보육예산의 세부내역을 살펴보면 크게 ① 영유아보육료지원, ② 어린이집 기능보강, ③ 어린이집 관리, ④ 어린이집 지원, ⑤ 가정양육수당지원 사업으로 이루어져 있다. 영유아보육료 지원은 어린이집 영유아보육료 지원과 시간제 보육을 이용하는 영유아 보육료 지원 사업으로 가장 큰 비중을 차지한다. 어린이집 기능 보강에는 국공립어린이집 신축 및 어린이집 증개축, 개보수, 장비비 등 환경개선 사업이다. 어린이집 관리에는 육아종합지원센터 지원, 어린이집 평가인증 운영, 보육사업관리, 어린이집 교원양성지원, 부모모니터링단 운영지원, 공익제보자 신고보포상금제도사업이다. 어린이집 지원은 공공형 어린이집운영비 지원 및 보육교직원 인건비 및 운영지원 사업이다. 마지막으로 취학 전 영유아 가구 중 어린이집을 이용하지 않는 가구에 지원하는 가정양육수당 지원 사업이다.

보육예산의 항목별 비중을 보면 영유아 보육료 지원 사업이 3조 4천억 원으로 전체 보육예산에서 가장 큰 부분을 차지하고 있다. 그다음으로 큰 비중을 차지하는 예산은 보육교직원 인건비 및 운영지원이 1조 3,781억 원에 이른다.

저출산의 영향 및 어린이집 이용의 증가로 가정양육수당 지원사업의 예산은 8,157억 원으로 해마다 줄어들고 있다.

보육의 질적 수준과 직결되는 어린이집 기능보강 및 어린이집 관리와 관련된 사업은 각 0.5%로 전체 보육예산에 있어 미미한 비중을 차지하고 있음을 알 수 있다.

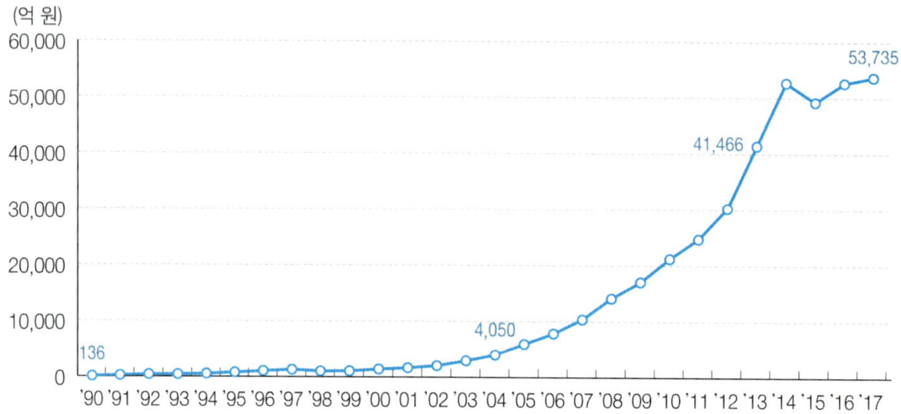

[그림 10-2] 보육예산추이

2014~2017년 예산은 보건 복지부 각 연도 보육사업안내(부록)의 '보육사업예산'에서 재구성

4 최근 보육사업에 대한 이해

최근 보육사업은 양적인 팽창을 넘어 양질의 보육을 위한 여러 제도의 변화 및 환경 요소의 변화를 통해 새로운 방향성을 모색하고 있다.

1) 보육의 질에 영향을 미치는 생태체계학적인 접근

보육의 질에 영향을 미치는 생태학적 접근에 대한 그림은 [그림 10-3]과 같다

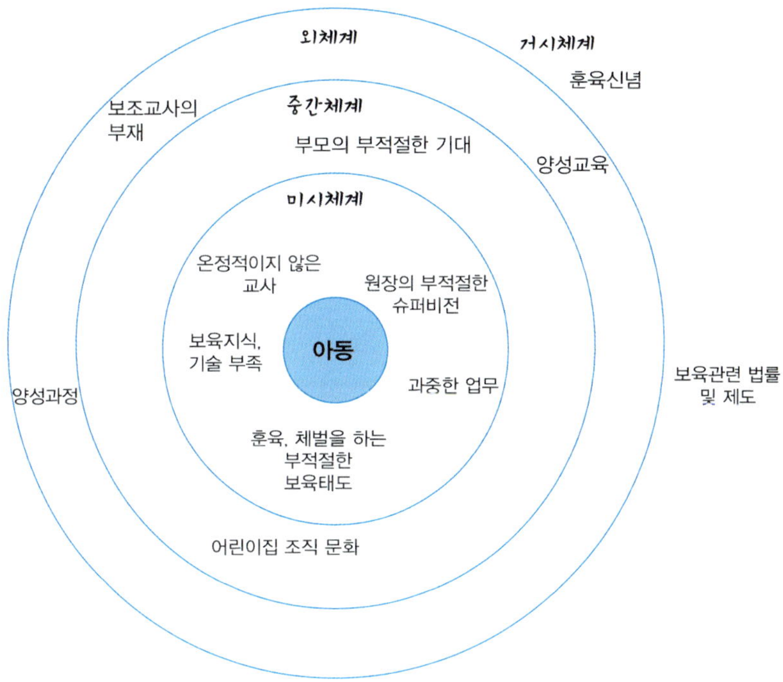

[그림 10-3] **보육의 질에 영향을 미치는 생태학적인 접근**

(1) 보육의 질에 영향을 미치는 미시체계

미시체계가 어린이집의 아동보육의 질에 미치는 요인에는 교사, 어린이집 원장 요인, 부모가 포함된다. 교사 요인의 경우 훈육, 체벌의 개념 혼동, 온정적이지 않은 태도, 아동지도 기술 부족 등이 있다. 교사들은 훈육을 목적으로 무관심한 행동을 의도적으로 하거나, 소리를 지르며 나무라고 화를 내는 행동을 하지만 이를 아동보육의 질을 낮추는 행동이라고 인식하지 못하고 있는 경우가 많다.

이러한 개념의 혼동은 아동보육의 질에 영향을 미쳐 체벌을 하거나, 강압적인 훈육 행위를 하면서 보육의 질을 낮추는 것으로 인식하지 못하는 교사를 포함한 성인(부모)은 아동학대 행위 유발로 이어질 수 있음을 시사한다. 교사의 온정적이지 않은 태도 역시 아동보육의 질에 영향을 미치는 요소라고 볼 수 있다. 아동에게는 교사에 의한 통제보다 긍정적이고 따뜻한 지지적인 관계를 형성하는 것이 중요하다. 보육교사와 아동의 애정적이며 지지적인 관계는 보육의 질을 결정하는 요인이다. 따뜻하고 일관된 교사는 아동과 더 많은 시간을 이야기하고 놀이에 함께한다. 이러한 교사는 아동의 사회, 정서, 인지 발달을 촉진한다(Scott-Little & Holloway, 1992). 특히 권위적이지 않고, 비판적이지 않으며, 민주적인 교사는 아동의 사회적 발달에 긍정적인 영향을 미치는 것으로 나타났다

반면, 제한적이고 처벌적인 교사와 함께 있는 아동은 교실 활동에 몰입하지 않는 경향이 있는 것으로 나타났다. 따라서 교사의 온정적이지 않은 태도는 아동이 교실 활동에 몰입하지 못하게 영향을 미치게 할 뿐 아니라 아동을 무시하는 행위로도 이어질 수 있다. 교사의 온정적이지 않은 태도는 아동보육의 질을 낮추는 원인이 될 수 있음을 시사하고 있다.

아동보육의 질을 낮추는 교사 원인 가운데 교사의 아동지도 기술 부족은 교사의 보육활동 전문성과 관련되어 있다. 교사의 보육 전문성은 아동이 성인보다 힘이 약한 존재이나 권리를 가진 존재로서 보호해 주어야 함을 알고 이를 아동의 권리를 존중하고 실천하는 데 있다. 그러나 현장의 일부 교사는 일과(대집단 운영, 식사지도 등)를 원활하게 진행하기 위해 지식과 기술을 습득하는 것을 전문성으로 생각하고 있는 경우가 많다. 따라서 아동에 대한 존중보다는 일과운영을 더 중시할 경우 일과운영을 방해하는 아동의 행동을 지도해야 한다고 여기게 되므로 아동을 엄격하게 지도하는 것은 당연할 것이다. 이렇듯 보육교사의 보육 전문성의 무게를 어디에 두느냐에 따라 교사의 지도방법은 아동보육의 질을 낮추는 원인이 될 수 있다.

또한 교사의 아동 행동 지도에 대한 잘못된 신념은 부적절한 훈육을 할 가능성도 높인다. 교사가 보육활동 시 발생하는 아동의 잘못된 행동의 원인이 아동의 성격, 성향, 기분 등 상태와 같은 내적 요인 혹은 통제할 수 있는 요인이라고 인식할수록 아동의 잘못된 행동을 고치려 하거나, 벌을 주고 잘못된 행동을 고치려 하며, 권위를 강조하는 지도를 하게 된다.

미시체계에서 아동보육의 질에 영향을 미치는 원인에는 어린이집 원장의 관리와 리더십 요인도 있다. 원장의 부적절한 슈퍼비전, 기관운영의 투명성 여부를 들 수 있다. 교사의 직무스트레스로 아동학대가 발생할 경우 원장의 관리와 지도의 문제와 관련된다고 볼 수 있다. 또한 보육료의 부정 사용, 급식비 과소 지출 등 어린이집 원장의 기관운영에 대한 투명성 여부 역시 보육의 질을 결정하고, 교사와 원장 간의 관계에도 영향을 미치는 요소로서 결국은 아동보육의 질에 영향을 미친다.

미시체계로서 아동보육의 질에 영향을 미치는 부모의 경우, 부모의 부적절한 기대를 들 수 있다. 부모가 보육교직원의 일에 지나치게 간섭을 하거나 교직원에게 부적절한 기대를 가지고 있는 경우, 보육교직원은 스트레스를 받게 되며 이는 아동보육의 질을 낮추는 것으로 이어질 수 있다.

(2) 보육의 질에 영향을 미치는 중간체계

중간체계 역시 어린이집의 아동보육의 질에 영향을 미친다. 중간체계로 어린이집 아동보육의 질에 영향을 미치는 요소는 교사와 부모 간의 불신과 어린이집의 조직문화 등이 포함된다. 부모와 교사 간의 상호 신뢰 관계는 보육의 질에 중요한 요소이다. 그러나 부모와 교사는 부적절한 기대와 부담으로 인해 서로 신뢰하지 못하게 되고, 이러한 관계는 교사에게 큰 스트레스가 된다. 결국 부모와 교사간의 불신은 아동보육의 질을 낮추는 위험 요소가 될 수 있다.

또한 어린이집의 교사들과 원장 사이의 관계에서 나타나는 조직문화 역시 아동보육의 질에 영향을 미친다. 조직문화란 보육교직원이 공유하는 철학, 가치, 이념 등이 구현되는 것으로서 보육교직원의 사고와 태도, 행동을 결정한다. 어린이집의 조직문화가 폐쇄적이거나, 교사 간 갈등이 발생하는 경우 아동보육의 질에 영향을 미칠 수 있다(최혜영, 2015). 또한 업무 과중을 조절하는 조직문화가 없는 어린이집에서 근무하는 교사는 스트레스를 받게 되고 아동에게 부적절한 행동을 하는 경향이 있는 것으로 나타나고 있다(최혜영, 2015).

(3) 보육의 질에 영향을 미치는 외체계

아동보육의 질에 영향을 미치는 외체계에는 보육교직원에 대한 양성과정, 교사 보수교육 체계, 관련부처 등이다(최혜영, 2015). 보육교사가 아동의 잘못된 행동을 제한하거나 처벌적 반응을 하는 것은 아동과의 인지적 상호작용을 강조하는 양성과정과 교사 재교육 기관의 영향을 받았을 가능성이 있다. 관련부처 역시 교사에게 영향을 미치는 외체계로서, 관련부처의 관리감독 소홀 등이 아동보육의 질에 영향을 미칠 수 있다.

(4) 보육의 질에 영향을 미치는 거시체계

마지막으로 거시체계는 훈육 신념과 아동보육의 질 관련법이 포함된다. 즉, 우리 사회 전반에 걸쳐 있는 훈육신념은 간접적으로 아동보육의 질에 영향을 미치는 요소라고 볼 수 있다. 우리나라의 아동보육과 관련된 법, 즉 「아동복지법」, 「영유아보육법」, 「아동학대 범죄의 처벌 등에 관한 특례법」 등도 아동 보육의 질에 영향을 미치는 거시체계에 해당된다.

2) 아동권리존중 보육의 실행

사회적 요구에 따른 어린이집 운영시간의 확대로 아동은 하루 중 많은 시간을 어린이집에서 보내게 된다. 자신의 감정과 생각을 존중해 주는 보살핌과 교육을 경험한 아동은 자신감과 적정한 자아존중감, 타인에 대한 존중과 배려의 태도를 갖게 된다(김진숙, 2010). 그러므로 어린이집에서 아동의 권리를 존중하는 보육을 실행하기 위한 노력을 해야 한다. 즉, 편견 없이 아동을 대하고 아동의 권리에 중점을 둔 긍정적 상호작용을 통해 아동의 권리를 존중하는 보육을 실천해야 한다.

아동의 권리가 실현되는 어린이집을 운영하기 위해서는 위해서 교사는 하루 일과 속에서 아동권리존중 보육의 책임자가 되고, 아동은 자신의 이익을 보장받고 권리를 존중받아야 한다(정선아, 2002). 아동의 권리를 존중하는 교사는 아동의 관심과 원하는 바를 충분히 이해하고 아동의 관점에서 문제를 해결하며 아동에게 자신의 주변에 흥미와 관심을 가지고 적극적으로 탐색하고 경험하도록 한다. 아동권리존중 보육은 아동에게 성인과 동등한 권리를 부여하고 성인의 보호와 도움이 아동의 필요에 적절하도록 하는 것으로 아동의 흥미와 관심, 동기가 존중되어야 한다.

아동의 권리가 존중되는 어린이집을 운영하기 위한 요인은 '하루일과에서의 아동권리 존중'과 '아동 최선의 이익'으로 살펴볼 수 있다. '하루일과 존중'은 기관의 일과를 중심으로 등원에서부터 정리, 화장실 다녀오기(기본욕구), 소집단활동, 자유선택활동, 점심시간, 낮잠시간, 특별활동의 8개 영역에서 아동의 권리가 존중되는지 살펴볼 수 있도록 구성하였다. '아동 최선의 이익'은 자율성 존중, 의사 존중, 개별성 존중, 정보제공의 4개 영역으로 구성하였다. 내용은 다음과 같다.

〈표 10-8〉 **아동권리존중 보육의 실행**

	구분	내용
하루일과 운영	등원	• 영유아의 등원 시, 눈을 맞추며 반갑게 맞이한다.
	정리	• 영유아와 즐겁게 대화하며 지도한다. • 영유아가 활동이나 놀이를 중단하기 전에 예고 시간을 여러 번 반드시 알려 준다.
	화장실 다녀오기 (기본욕구)	• 언제든지 영유아가 화장실을 자유롭게 갈 수 있도록 한다. • 영유아가 물을 마시고 싶어 할 때 언제든지 물을 마시도록 한다.
	소집단 활동	• 영유아가 언제든지 자신의 의견을 말할 수 있도록 한다. • 영유아가 어떠한 이야기(엉뚱한 소리)를 하더라도 진지하게 듣는다. 소수 및 다수 영유아의 이야기를 들어 준다.
	자유놀이	• 자유선택활동 시간에 영유아가 자유롭게 이동할 수 있도록 한다. 대부분의 경우 개별 영유아에게 주의를 기울이며, 영유아와 눈을 맞추면서 이야기한다. • 또래 간 상호작용을 자주 격려한다. • 영유아의 놀이 상대로 참여한다.

	구분	내용
	점심	• 영유아가 원하는 식사량만큼 배식한다. • 영유아가 먹고 싶지 않아 하는 음식은 강요하지 않는다. • 영유아가 점심을 빨리 다 먹을 것을 재촉하지 않는다.
	낮잠	• 정해진 낮잠시간에 맞추어 과도하게 재우거나 깨우지 않는다. • 영유아가 쉬고 싶을 때, 언제든지 쉴 수 있도록 한다.
	특별활동	• 특별한 활동(현장학습, 발표회, 재롱잔치, 운동회 등)에서 영유아의 의견에 귀 기울인다. • 순서나 역할을 정할 때 영유아들이 정할 수 있도록 안내 및 지원한다.
아동최선의 이익	자율성 존중	• 교실의 규칙을 정할 때 영유아들과 함께 이야기한다. • 영유아의 자리를 정해주지 않고 이야기나누기시간, 활동시간, 간식 및 점심시간에 자유롭게 앉고 싶은 자리에 앉을 수 있도록 한다. • 영유아의 개별적인 의견을 들어 준다. • 영유아가 하기 싫어하는 활동은 하지 않도록 한다(예: 놀이, 그림 그리기, 만들기).
	의사존중	• 영유아에게 질문을 할 때 영유아가 생각할 시간을 충분히 준다. • 영유아의 발달에 맞게 상호작용을 한다. • 영유아가 원하는 재료를 이용하여 작품 활동을 하도록 한다. • 만들기나 그리기 활동 등을 자유롭게 영유아의 생각대로 하도록 한다. • 영유아의 표현과 몸짓을 주의 깊게 살핀다. • 영유아의 요구와 질문에 적절하게 반응한다.
	개별성 존중	• 영유아의 개별적인 실수와 평가를 타인에게 이야기하지 않는다. • 영유아에 관련된 개인정보는 어떠한 이유로도 타인에게 이야기하지 않는다. • 영유아의 잘못된 행동에 꾸지람을 주기보다 영유아의 행동에 대한 설명이나 이유를 물어본다. • 발표, 자리에 앉거나 줄을 설 때 나름대로 순서나 기준을 정해 영유아들을 호명하지 않는다(예: 예쁘게 앉은 친구부터). • 영유아의 발달특성 및 성별에 따라 대하는 것이 다르지 않다. • 학부모의 배경이나 사회적 지위에 따라 영유아를 대하는 것이 다르지 않다. • 영유아의 외모나 옷차림, 스타일에 따라 대하는 것이 다르지 않다.
	정보제공	• 매일 하루일과에 대하여 영유아에게 알려 준다. • 자유선택활동 영역의 교재 · 교구를 자주 교체하고 공급한다. • 영유아의 발달 능력에 따라서 정보를 제공한다. • 영유아에게 정보를 제공하기 위하여 다양한 매체(TV,컴퓨터, VTR, OHP 등)를 사용한다.

출처: 김진숙, 2009.

5 아동보육의 과제

정부가 발표한 제3차 중장기 보육 기본 계획의 내용을 토대로 아동보육의 과제를 제안하고자 한다. 정부는 영유아의 행복한 성장을 위해 함께 하는 사회를 만들기 위해 제3차 중장기 보육 기본 계획을 통해 2022년까지의 실행을 목표로 크게 네 가지 목표와 전략을 제시하였다. 보육의 공공성 강화와 효과적 보육 서비스 제공을 위한 보육체계의 개편, 보육 서비스의 품질 향상과 부모 양육 지원의 확대를 들 수 있다. 이번 정책에서 정부 정책은 보육, 양육에 대한 사회적 책임을 강화하고 공공성 제고와 보육 서비스 질 강화 방안을 집중적으로 추진하는 것이다.

1) 보육의 공공성 강화

보육의 공공성 강화란 국공립어린이집 확충 및 지역적 균형 확중과 보육의 양적인 공공성 확충, 국공립 운영의 공공성 강화, 직장어린이집 설치의무 이행제도의 강화와 직접 설치 지원 확대, 그리고 모든 어린이집이 '믿고 맡길 수 있는 어린이집'이 될 수 있도록 원장 자격 강화 및 공공형 관리 확대, 운영 등을 들 수 있다. 달라질 세부 보육 계획에 대해 자세히 살펴보자면, '17년 14%의 국공립어린이집 이용률을 40%로 확대한다. 지자체의 재정부담을 완화, 국고 보조률(50%)을 개선, 차등 보조율 도입과 각 시·군·구별 연소 1개소 이상 확충으로 국공립어린이집이 없는 보육 수요 1천 명 이상의 읍·면·동에 우선 설치한다.

국공립어린이집 확충 방식 다양화를 위해 국공립어린이집의 공적 역할을 확대하고 민간 전환 국공립어린이집 등 질 관리체계를 운영한다. 또한 직장어린이집 활성화를 위해 직장어린이집 의무이행률을 '16년 81.5%에서 90%로 설치 확대하고, 사업장 내

보육요소를 고려해 최소 설치 기준을 마련한다. 중소기업 직장어린이집 설치 지원을 확대하기 위해 지자체 협업형 직장어린이집 설치를 확대하고 자치단체의 기부채납으로 중소기업 공동 직장어린이집 확충을 한다. 공공형어린이집 관리를 강화, 우수한 민간·가정어린이집이 국공립 수준의 서비스를 제공할 수 있게 관리를 강화하고 재무회계 컨설팅을 의무화하며, 특별활동비 등 기타 경비에 대한 수납 통제를 강화한다. 재선정 기준을 선정 기준으로 강화하고, 운영 기준 점검 대상을 2년차까지 확대, 국공립 수준의 서비스 제공이 가능하도록 지원 확대한다. 협동조합 등 비영리적 운영 주체 참여를 보장하기 위한 지원방안을 마련하고 시설 유형 간 조정을 위한 정비, 지원과 법체계 개선 검토 연구를 실시한다. 어린이집 관리 역량을 강화하고 원장 자격 기준 요건을 강화, 경력자의 전문성 운영을 담보로 원장을 보조하는 어린이집 행정 업무 등을 담당할 중간관리직을 신설한다. 어린이집의 재정 건전성을 강화하고 어린이집의 부채 인정 비율을 개선, 지출 한도액을 보육료 수입의 15% 이하로 축소, 서비스 질 저하를 예방하기 위한 안전장치를 마련한다.

2) 보육 지원 체계의 개편

부모의 어린이집 적정 이용을 위해 이용시간을 선택할 수 있는 보육 지원체계 개선과 영유아 보육환경 변화 및 누리과정의 개편을 고려한 표준보육과정 개정 추진, 표준보육비용 계측과 이에 따른 적정 보육료를 지원하는 것을 내용으로 하고 있다.

보육체계 개편에 대한 세부 내용으로는 어린이집 이용 및 지원체계를 개선, 어린이집 보육 지원체계를 개선 추진한다. 국가의 기본 보장하는 '표준보육시간제'를 도입, 8시간 근로 여건 보장, 보육시간, 운영시간, 이용시간 간 개념을 구분하고, 이용시간의 다양화, 보육시간에 맞춘 등·하원 시간 규정 및 준수를 유도하고 안정적인 보육 프로그램을 운영 보장한다. 또한 부모 선택기 전 보장과 정정 보상체계를 마련하여, 보육료

지원체계와 보육시간에 적합한 보육 서비스를 제공하고 전문가 논의 및 학부모 어린이집 의견을 수렴하여 합리적 방안을 마련한다. 표준보육비용 산정 및 적정 보육료를 지원하게 한다. 표준보육비용을 재계측 '14년 이후의 물가변화와 지역 및 이용시간을 고려하여 계측한다. 계측 주기와 절차 등을 법령으로 규정 검토하고, 적정 보육료 지원 및 부모 부담 기준을 정비하여 표준보육비용을 토대로 질 높은 보육 서비스를 위해 적정 보육료 지급기준을 산정한다.

보육과정 개편으로 놀이중심의 표준보육과정 개정을 추진한다. 하루 일과에서 놀 권리 및 균형적 발달을 보장, 평가인증 반영 개선과 부모 부담을 최소화할 특별활동 운영 기준을 개선, 특별활동 공급 기관 등록 제도 도입을 검토하여 특별활동 개선 및 운영 합리화를 도모한다.

3) 보육 서비스 품질 향상

보육 서비스 품질 향상을 위하여 유치원과의 교사자격, 시설 환경 등의 격차 해소를 통해 어디서든 동일한 수준의 교육 · 보육을 받을 수 있도록 보장해야 하며, 보육교사의 학과제를 도입하여, 보육교사의 처우와 우수한 보육교사의 양성에 힘써야 할 것이다. 교사 1인당 영유아 수 개선과 어린이집 시설 기준 강화 그리고 모든 어린이집 평가제도 전환, 상시적 품질 관리 강화로 보육 서비스의 품질을 향상한다.

세부 내용으로 우선 교사 양성체계를 기존 학점제에서 학과제로 양성하고 1, 2급 중심으로 재편, 유치원 교사와의 양성체계 및 자격 격차를 해소하고 대학을 통한 보육교사 신규 자격 취득을 활성화하여, 어린이집과 유치원에 공통으로 적용되는 영유아 교사자격 신설 방안을 검토한다. 보수교육 과정 또한 보수교육 커리큘럼의 다양화를 통해 경력 단절 후 복귀, 보수교육 이수 횟수 등을 고려, 온라인 교육 인정 범위를 개선하고 필요과목 선택적 이수 등 보수교육 과정 구성 구성방식을 개선하여 보육교사의 전문성을 강화한다. 보수교육 참여와 보육과정 준비를 위한 새 학기 전 '어린이집 방학' 도입을 검토, 체계적 보수교육 운영을 위한 종합관리로 각, 시도 개별이 아닌 총괄관리 기관이 운영, 지역별 · 기간별 편차를 해소하고, 보육교사 이력 종합관리체계를 구축, 연차별 맞춤형 보수교육을 지원한다.

그리고 보육교사의 적정 처우 또한 보장해야 한다. 보육교사의 적정 임금 지급을 보장하여 국공립어린이집 급여 수준을 국공립 유치원 수준으로 개선 추진하고, 적정 근로 시간 보장 및 초과 근무 수당 지급 보장 체계를 마련한다. 또한 '17년 2.1만 명인 보육교사 보조 인력 지원을 2.8만 명으로 확대, 대체 인력 확대 및 지원 역할 강화를 추진하고 보육교사의 직무 스트레스 관리 및 직무 만족도 제고를 위한 심리상담 지원을 강화, 어린이집 출결 관리 및 보육료 신청 등을 전산을 통해 자동화 가능한 사항 개발로 업무 부담을 경감한다. 이러한 처우로 보육교사의 자긍심 고취 및 사회적 인식 개선을 위한 홍보도 실시한다. 영유아 보육환경 개선 또한 보육 서비스 품질 향상의 일환으로 영유아 반 구성 기준을 개선하여 교사 대 아동 비율 기준 개편을 마련하고, 가정어린이집의 교사겸직 원장 허용 범위를 축소하여 원장의 반 배정을 지양하며, 예외적으로 허용해 왔던 탄력 보육의 허용 사유 제한, 요건 강화를 통해 최소화해야 한다. 보육실 면적 기준의 재설정, 교사실 설치 의무화, 놀이터 설치 기준확대 등 영유아 발달 상황을 고려해 어린이집 시설 기준 또한 강화하여 쾌적한 보육환경을 조성하고 유치원과의 설치 기준 격차의 해소를 추진한다.

평가인증제도를 전체 어린이집 대상 평가제로 전환하여 어린이집 평가관리의 사각지대를 해소하고, 평가결과와 어린이집 지원 연계 강화로 현장 관찰 면담의 비중을 높이며, 평가 지표도 간소화하여 인심 보육환경을 조성한다. 어린이집 관리 업무인 지도점검, 평가제, 컨설팅 간 유사 · 중복 기능 정비 및 연계를 강화하고 지도, 점검 통합 관리 시스템을 구축, 어린이집 입력 정보(재무회계, 교사채용 등), 공적 자료 연계 및 활용 확대로 현장 방문 전 시스템을 통한 정보 활용과 상시관리를 강화하여 지도점검, 컨설팅 이력, 평가정보의 전산시스템 연계 및 DB 구축으로(전국, 시 · 도별, 시 · 군 ·

구별, 위반유형, 행정처분 유형 등 분석 자료 축적 및 검색 기능 강화포함) 어린이집에 대한 사후관리 시스템을 고도화한다. 어린이집 건강 및 안전관리를 강화하여 보육교직원, 영유아 대상 안전사고 예방 · 대응 교육 다양화로 각종 안전사고 대응 체계를 강화하고 찾아가는 아동 안전 체험관 등을 통해 안전교육을 실습 중심으로 개선하고, 통학차량 · 화재 등 안전사고 방지를 위해 복지부, 식약처, 지자체 정기 합동점검을 지속으로 실시하며, 감염병, 미세먼지, 지진, 석면 등 각종 질병 및 재난으로 안전한 보육환경 조성을 위해 범부처 협조 체제를 확대한다. 열린 어린이집을 전체 어린이집의 15% 이상으로 확산, '17년 1859개소인 열린어린이집을 '22년 5,750개소로 확충한다. 열린어린이집 지정 시 자율적인 운영을 보장하고, 이용 불편 신고센터 운영과 연계, 중앙부처에 보육시설 지도점검 전담 인력을 배치하여 부모 불편사항에 대한 강화와 어린이집 신고포상금제도의 법적 근거 마련으로 상시적 품질 관리를 강화한다.

4) 부모 보육 양육의 지원 확대

부모상담, 부모교육 지원 등 부모의 양육역량 강화를 위한 가정 내 양육 지원 확대와 제공기관 확대 및 지원기준 개선으로 시간제 보육 접근성을 고려해야 한다. 기관의 기능 개편과 민 · 관 협업 확대로 어린이집 관리 지원을 위한 전산시스템 개편을 추진한다는 것이다.

세부 내용으로 기존 부모교육 실시 인원 연 9만 명을 연 30만 명 목표로, 부모교육 및 양육 정보 제공 확산을 위해 수준별, 자녀 발달 상황별 다양한 부모교육 프로그램을 개발 부모교육 커리큘럼을 체계화하고, 보육료 · 양육수당 신청 시 자녀양육 관련 정보의 제공을 확대한다. '부모교육 수료증'을 발급하여 부모교육의 필요성을 사회적으로 공감하게 하고, 교육 이수자의 성취감을 제고하여 인센티브 구조를 설계한다. 부모교육 강사 지원, 교육 프로그램 보급 등 어린이집을 통한 부모교육 참여 활성화를 지원한다.

또한 '17년 전국 87개소의 육아종합지원센터 설치를 전국 확산, 모든 시 · 군 · 구 단위의 서비스 제공을 추진, 육아 정보 제공 상담, 장난감 · 교구 지원 등 센터 간 기능을 재개편한다.

문화 센터 · 복지센터 등 지역 자원을 활용 380개 반의 시간제 보육반 확대 및 방안을 모색하고 맞벌이형, 기본형으로 이원화된 지원기준을 시간제 보육 지원기준으로 개선한다.

영유아 특성별 보육 취약 계층의 수요와 어린이집의 지원현황을 분석하여 취약 보육 실태 조사를 실시하여, 취약 보육 지원 대상을 재검토, 과거 설정된 '08년 취약 보육의 범주인 영아, 장애아, 다문화아동, 시간연장형을 최근 현황과 수요에 맞춰 재설정하여 취약 보육 특별성 보육 지원을 개선한다. 특히 다문화아동 통합 보육을 위한 여건을 개선하고 표준보육과정에 다문화에 대한 이해를 높일 수 있는 반차별, 문화 다양성, 반 편견 등 다문화 이해 교육을 반영하고 취약보육을 실시하는 국공립어린이집의 확충으로 장애 영유아에 대한 보육 제공기관을 확대 추진하며 장애 영유아 보육교사 자격 및 양성을 정비하여 장애 영유아의 전문적 돌봄을 위한 전문 인력을 증원함으로써 장애 영유아에 대한 지원을 확대한다. 이러한 내용을 요약하면 다음 [그림 10-4]와 같다.

영유아의 행복한 성장을 위해 함께하는 사회

국가책임보육 기반 조성(~'17)

- 어린이집의 양적 확충
- 부모의 경제적 부담 완화
- 부모교육 등 편의 증진

보육 · 양육에 대한 사회적 책임 확대

- 우수한 보육서비스 제공
- 어린이집의 공공성과 신뢰 증진
- 부모의 양육역량 강화

분야	지표	'17년	'22년
보육의 공공성 강화	국공립어린이집 확충	이용률 14%	이용률 40%
	직장어린이집 의무이행률	81.5%('16년)	90%
	열린어린이집	1,859개소	5,750개소
보육체계 개편	보육지원체계 개편	맞춤형 보육 (12시간반, 6시간반)	지원시간 다양화
	표준보육과정 개선	'13년 기준	개정 · 보급
	표준보육보육비용 재계측	'14년 표준보육비용	표준보육비용 재계측
보육서비스 품질 향상	보육교사 양성체계	학점제	학과제
	보수교육 관리	시 · 도 개별	총괄관리기관 운영
	보조 · 대체교사 지원	2.1만 명	2.8만 명
	보육교사 처우개선비	0~2세 22만 원 3~5세 30만 원	보육료 인상과 연계해 처우개선
	평가인증제도 개선	평가인증제도 (신청 어린이집 평가)	평가제도 (모든 어린이집 평가)
부모 양육지원 확대	부모교육 실시 인원	연 9만 명	연 30만 명
	육아종합지원센터 설치	전국 87개소	전체 시 · 군 · 구 지원
	시간제 보육반 확대	380개반	점진적 확대

[그림 10-4] **3차 중장기 보육기본계획**

Chapter

11 다문화아동 복지서비스

1 다문화가족아동의 이해

1) 다문화가족의 증가 배경

우리 사회에서 다문화가족이라는 말을 사용하기 시작한 것은 최근의 일이다. 이전에는 국제결혼, 이중문화가정 등으로 불리던 국제결혼가족을 최근에 다문화가족이라는 용어로 통일하여 부르면서 국적을 기준으로 내국인 간의 결혼과 내국인과 외국인의 결혼으로 구분하는 것에 대한 차별성을 인식하여 다양한 문화를 인정하고, 가정 내에도 다양한 문화가 공존할 수 있다는 의미로서 다문화가족을 가족형성의 한 형태로 인정하게 되었다. 우리 사회에서 다문화가족이 증가한 배경을 살펴보면 다음과 같다.

첫째, 편중된 성비례로 인해 결혼하지 못한 남성의 수요가 급증하고 있고, 둘째, 결혼하지 않고 혼자 사는 독신여성이 증가하고 있다. 셋째, 한국여성의 결혼조건을 충족시키지 못하는 남성이 저개발국의 여성을 선택하는 경우가 증가하였고, 넷째, 정보화, 세계화에 따라 국제결혼에 대한 인식과 가치관이 변화하고 있으며, 다섯째, 외국인 노동자의 고용정책으로 외국인의 한국이주가 많아졌다. 이와 같은 이유로 국내의 다문화가족은 급격히 증가하고 있고, 이러한 추세는 우리나라의 저출산문제와 더불어 지속적으로 증가할 것으로 예상된다.

2) 다문화가정 유형 이해

일반적으로 다문화가족이란 언어, 문화, 인종 등이 다른 남녀가 결혼하여 형성된 가족을 일컫는다. 또한 다문화라고 우리가 사용하는 용어는 단순하게 인종에 국한된 것만이 아니라 성적 지향, 장애, 성, 나이 등을 포괄적으로 포함하는 포괄적 개념이기는 하지만 우리나라에서 정책적으로 다문화가족이라 함은 인종, 민족, 언어, 문화 등이 상이한 경우를 말한다.

그리고 다문화가족이라는 용어를 쓰게 된 것은 외국인노동자, 국제결혼이주여성, 북한이주민 등 우리 사회에 새롭게 이주한 가족들을 그 이주경위나 동기 여하에 관계없이 폭넓게 수용하고 차별적 관념을 야기시키지 않도록 하기 위한 것으로 이해된다.

현행 「다문화가족지원법」 제2조에서는 다문화가족을 ① 「재한외국인 처우 기본법」에 의한 결혼이민자와 「국적법」 제2조에 따라 출생 시부터 대한민국 국적을 취득한 자로 이루어진 가족, ② 「국적법」 제4조에 따라 귀화허가를 받은 자와 같은 법 제2조에 따라 출생 시부터 대한민국 국적을 취득한 자로 이루어진 가족으로 정의하고 있다, 즉 현행법은 다문화가족을 결혼이민자+한국인(출생), 귀화+한국인(출생)인 경우로 제한하여 규정하고 있기 때문에 외국인가족 등은 현행법의 다문화가족의 범위에서 제외된다.

(1) 국제결혼 가정

1992년 중국과 수교를 맺으며 조선족 여성의 유입이 늘어나게 되고 1990년대 초에는 '농촌총각 장가 보내기 운동'으로 인해 한국인 남성과 외국인 여성과의 결혼이 급증하기 시작하였다. 1995년 이후에는 한국이 외국인의 국내 방문을 엄격히 규제하면서 한국에 취업하기 위한 방편으로 불법적인 국제결혼을 택하는 폐단이 생겨나기도 하였지만 한국인 남성과 외국인 여성의 결혼이 외국인 남성과 한국인 여성의 결혼보다 더 많은 비중을 차지하고 있으며 현재까지도 계속 늘어나고 있는 추세이다. 한국인과 결혼한 외국인 여성들은 아시아 저개발국가의 여성이 대부분인데, 빈곤탈출과 보다 나은 삶을 꿈꾸며 한국인 남성과 결혼을 선택한다(신은희 외, 2012). 그러나 결혼 이주여성이 결혼한 한국인 남성들은 사회·경제적 지위가 열악한 남성(농촌거주, 저학력, 저소득)들이 많아서, 결혼 이후 경제적 어려움을 겪는 경우가 많고 한국문화와 자국의 문화 차이로 인한 갈등, 언어소통 문제, 한국의 가부장적 문화로 인해 많은 어려움을 겪고 있다.

(2) 외국인 근로자 가정

1980년대 이후 외국인 남성 전문직 종사자의 유입과 한국인의 해외진출이 증가함에 따라 국제결혼으로 인한 가정이 많이 생겨나게 되었다. 일자리는 많고 인력이 필요한 우리나라의 상황에 따라 제조업 분야에서 일할 단순노동자의 해외유입이 시작되었다. 이때부터 불법 체류자들이 우리나라에 정주하면서 사회적 문제가 대두되기 시작하였다. 2000년 이후 이주노동자들은 전국적으로 분포되어 있으나 경기도 안산의 반월공단을 중심으로 특히 외국인 근로자가 많이 고용되어 있다. 많은 이주노동자가 한국인 여성과 결혼하여 한국에서 정착하거나 본국의 가정을 한국으로 이주하려는 현상이 일어나고 있다.

(3) 북한 이주민 가정

분단국가인 우리나라에만 있는 고유한 가정의 형태가 바로 북한이탈자로 형성된 새터민 가정이다. 1990년대 중반에 들어 북한 주민의 집단적인 탈출현상으로 급격하게 증가하기 시작하였다. 1997년에 재정된 「북한이탈주민의 보호 및 정착지원에 관한 법률」과 정부의 햇볕정책으로 인해 탈북주민을 위한 지원책이 마련되었다. 이후 정부는 '하나원'이라는 정착시설을 지원하여 탈북주민들의 성공적인 사회적응을 위한 훈련을 실시하였고, 다문화가정으로 자리 잡게 되었다.

같은 민족이지만 문화적인 이질감을 느끼며 이방인의 고립감을 느끼는 새터민 가정은 다른 형태의 다문화가정과 마찬가지로 새로운 이주자인 셈이다. 새터민 가정 자녀가 다른 다문화가정 자녀와 다른 점 중의 하나는 입국 전의 학습결손 현상이 남한에서의 공교육 학습을 따라가는 데 어려움이 되고 있다는 점이다. 새터민 청소년들은 북한의 경제적, 사회적 상황에 따른 공교육 기초학습 결손 문제가 상당히 크고 남북한 학제 차이에 따른 학력 차, 사회주의 체계적 교과 내용의 이질성이 겹쳐 남한에서의 적응에 대한 어려움을 겪고 있다.

3) 다문화가정의 현황 파악

(1) 다문화가정 통계

'2018 인구주택총조사'에 따르면 2018년 우리나라 다문화 가구는 33만 5천 가구, 가구원은 100만 9천 명이다. 다문화 가구원은 총인구(5천 136만 명)에서 2%를 차지한다. 가구수는 전년(31만 9천 가구)보다 1만 6천 가구 늘었고, 가구원 수는 96만 4천 명에서 5만 명 증가했다. 우리나라에서 다문화 가구원이 100만 명을 넘어선 것은 지난 2015년 이후 처음이다.

또한 2018년 국내에서 태어난 아이의 5.5%는 다문화 가구 자녀로서. 전체 출생에서 다문화 출생이 차지하는 비중은 5.5%로 전년 대비 0.3%포인트 증가했다. 2017년과 비교하면 오히려 다문화 출생아는 361명 줄었지만 전체 출생아가 지난해 8.7% 감소한 데 비해 다문화 출생아는 2.0% 감소해 상대적으로 감소 폭이 작았다

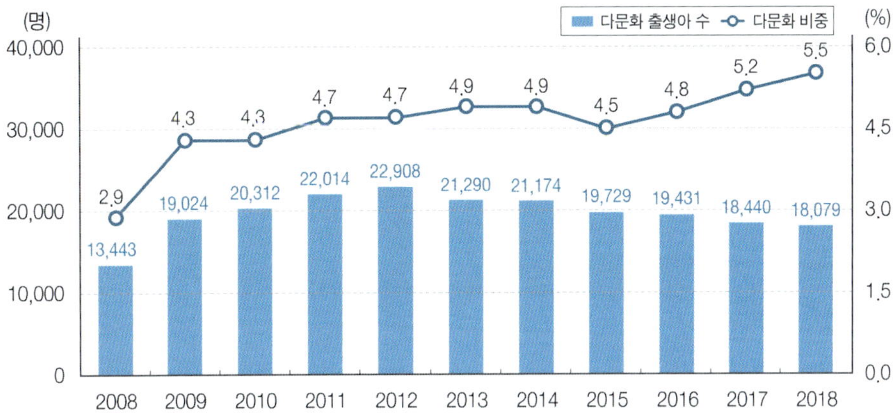

[그림 11-1] **다문화 출생아 수**

출처: 2018 인구주택 총조사.

(2) 다문화가정 영유아의 어린이집 이용현황

다문화가정 영유아들은 무상보육임에도 불구하고 여러 가지 이유로 어린이집에 다니지 못하거나 다니지 않고, 9세 미만 자녀가 있는 다문화가정의 51%는 어머니가 보살핀다고 응답하였으며(여성가족부, 2013), 다문화가정 영유아를 어린이집에 보내지 않는 이유를 물은 조사결과(보건복지가족부, 2009)에서 '영아(2세 이하)를 받아 줄 곳이 없어서'의 답변이 44.4%, '시설에 보내는 것이 안심이 안 되어서'의 답변이 13.3% 등이었다. 반대로 다문화가정의 영유아를 어린이집에 보내는 이유에 대해서 대답한 내용을 살펴보면 영유아의 전인적인 발달을 위해서라는 답변이 가장 높았다(한국보육진흥원, 2013). 이는 다문화가정은 자녀를 어린이집에 보냄으로써 한국어 및 발달을 기대하고

있다고 볼 수 있다.

2019년 보육통계로 나타난 다문화가정의 영유아들의 어린이집 이용현황을 살펴보면 〈표 11-1〉과 같다.

〈표 11-1〉 **다문화가정 영유아 어린이집 이용현황**

구분		총계	국·공립 어린이집	사회복지 법인 어린이집	법인·단체 등 어린이집	민간 어린이집	가정 어린이집	협동 어린이집	직장 어린이집
계	소 계	17,333	2,798	1,072	572	8,014	4,633	21	223
	대도시	6,326	1,405	256	145	2,871	1,532	12	105
	중소도시	6,672	761	210	140	3,173	2,307	4	77
	농어촌	4,335	632	606	287	1,970	794	5	41

출처: 2019년 보육통계.

〈표 11-1〉에서 보는 바와 같이 다문화가정 영유아의 어린이집 이용은 주로 민간어린이집과 가정어린이집을 이용하고 있는 것으로 나타났다. 다문화가정의 자녀라는 이유로 차별받는 것에 대한 두려움으로 어린이집에 보내지 않고 본인 또는 배우자가 돌보고 있는 경우가 있으므로 어린이집에서는 다문화가정 부모와 항상 소통하여 어린이집에서의 자녀생활에 대한 정보를 제공함으로써 부모가 안심하고 어린이집에 보낼 수 있도록 지원해 주어야 한다.

4) 다문화가정에 대한 이해

(1) 다문화가정 아동에 대한 이해

다문화가정의 자녀들은 여러 가지 이유로 차별을 받고 있으며, 여러 가지 문제를 안고 살아가고 있는데, 한국 다문화가정 자녀들의 특징은 다음과 같다.

첫째, 다문화가정의 자녀들은 낮은 기초학습능력을 갖고 있는 경향이 있다. 이들은 비다문화가정의 자녀에 비해서 학업 면에서 다소 뒤처지게 되는데, 다문화가정 부모의 대부분이 사회적 · 경제적 기반이 취약하여 소득이 낮고 학습 환경이 열악하기 때문이다.

둘째, 언어발달지체 현상과 문화 부적응으로 인해 야기되는 문제들을 가지고 있다. 국제결혼가정 자녀의 경우 어머니의 모국어 사용이 부정적인 분위기에서 자라나는 경우가 많아 한국어와 어머니의 모국어 모두가 미숙한 경우가 많다는 것이다.

셋째, 다문화가정의 자녀는 비다문화가정 자녀에 비해 정체성 혼란을 더 많이 경험하게 된다. 문화적, 언어적인 차이와 자신이 다르다는 사실은 다문화가정의 자녀의 정체성 형성에 부정적인 영향을 미치게 된다.

넷째, 사회적 편견으로 인해 다문화가정의 자녀는 친구들로부터 따돌림을 당할 우려가 있다. 정서적으로 민감한 시기에 친구들의 편견과 차별로 인해 학교를 포기하고 사회문제가 될 우려가 있다(교육인적자원부, 2006).

이와 같이 한국의 다문화가정의 자녀들은 성장 과정에서 또래와의 관계에서 어려움이 발생하기도 하고, 경제적인 어려움과 사회적 차별과 편견으로 인해 받는 스트레스를 가진 부모들에 의해 자녀의 심리상태에 부정적인 영향을 준다.

(2) 다문화가정의 부모에 대한 이해

다문화가정의 부부는 결혼 전에 알아야 할 배우자의 특성과 각 나라의 문화적인 지식과 언어구사 능력을 가지지 못한 채 가정을 형성하고 결혼생활을 지속함으로 인해 사회생활과 가정생활의 부적응과 자녀교육에 어려움이 있다. 특히 다문화가정 어머니는 외국인이라는 특수성 때문에 의사소통의 부족, 외부와 교류 부족으로 인해 더 많은 어려움을 가지게 된다. 이러한 어려움은 어린 자녀를 양육하는 데 여러 가지 문제를 발생시키게 된다.

결혼이민자 · 귀화자 등의 한국생활에서의 어려움을 조사한 결과(여성가족부, 2013), 언어문제(21.1%), 경제적 어려움(19.8%), 자녀양육의 어려움(7%)이라고 응답하였으며 이 외에도 양육방식을 둘러싼 배우자 또는 가족 간의 갈등으로 어려움을 호소하기도 하였다. 이러한 결과는 자녀 양육에 직접적으로 담당하는 어머니가 자녀 양육의 어려움을 평소 더 많이 체감한 결과라고 본다.

다문화가정의 부모가 자녀 양육 시 갖게 되는 어려움을 살펴보면 다음과 같다.

첫째, 의사소통의 어려움을 가지고 있다. 한국어가 능숙하지 못해 소통이 되지 않아 부부간에 많은 갈등과 의사소통의 문제를 갖고 있을 뿐 아니라 자녀에게 한국어를 교육시킬 능력이 부족하다.

둘째, 서로 다른 문화 차이로 갈등을 겪고 있다. 다문화가정의 어머니는 풍습이나 양육방식의 차이로 인해 자녀를 양육하는 데 어려움이 있다.

다문화가정의 만 9세 미만 자녀의 낮 시간 보살핌 방법(여성가족부, 2013)을 살펴보면, 어린이집과 유치원을 이용하는 경우가 가장 많았고, 다음으로는 자녀의 어머니가 보살핀다고 응답하는 경우가 많았다. 또한 다문화가정이 자녀를 양육할 때 가장 필요하다고 생각하는 것은 자녀와의 의사소통과 학습지도에 도움이 될 수 있는 한국어 교육에 대한 필요도가 가장 높았으며, 그다음으로는 자녀 양육정보를 교환할 수 있는 또래 아이들의 부모모임에 대한 필요도가 높았다. 또 다문화가정이 자녀를 양육할 때 가장 필요하다고 생각하는 것은 이민자 나라 언어로 된 보육 관련 자료에 대한 요구였다(여성가족부, 2013).

(3) 다문화가정 자녀 발달의 긍정적인 요인

다문화가정 자녀가 겪는 이중 언어 및 문화경험은 다문화가정 자녀성장에 있어 부정적인 영향을 미칠 수 있지만 오히려 이중 언어 구사능력은 다문화가정 자녀의 자기

역량감을 높이는 데 기여할 수 있다. 언어 발달 초기에 한국어의 발달이 지체되더라도 다른 가족구성원들 및 보육교사와의 상호작용을 통해 한국어 학습이 지속적으로 이루어진다면 시간이 지나면서 한국어 및 부모의 언어사용도 가능하게 되어 이중 언어 사용이 가능하게 될 것이다. 이것은 미래의 다문화사회에서 다문화가정 자녀들이 두 배의 역량을 가진 존재로 자신의 정체성을 긍정적으로 자리매김할 수 있게 할 것으로 본다(한국보육진흥원, 2013).

2 다문화가족과 아동복지

1) 다문화가족을 위한 아동복지의 중요성

다문화아동이 급격하게 늘어나고 있는 상황에서 이들의 성공적인 적응과 건강한 사회, 정서적 발달을 지원하고, 향후의 심각한 부적응 행동을 최소화하기 위한 효과적인 전략으로 맞춤형 프로그램의 개발이 시급한 상황이다. 특히 2011년부터 어린이집, 유치원, 초등학교에 진학하게 될 다문화가정 아동의 수가 급격히 증가할 것임을 감안할 때 이들의 성공적 학교생활을 위한 아동복지 프로그램의 개발이 더욱 절실하게 필요한 상황이다.

다문화가족 아동들이 부모로부터 물려받은 두 개의 문화적 배경은 우리 사회의 발전에 기여하는 강점으로 활용될 수 있음에도 불구하고 현실은 이들이 지닌 다양한 배경이 오히려 차별의 대상으로 인식되어 다문화가족아동의 안정적 발달에 위험요소로 작용하고 있다.

이런 현상이 방치되어 다문화가정의 아동이 통합된 사회의 구성원으로 기능하지 못할 경우 향후 우리 사회가 감당해야 할 손실은 경제적 비용의 손실에 그치는 것이 아니라 민족 또는 인종 분쟁으로까지 확대되어 사회적 위기에 봉착하게 될 수 있다.

다문화가족아동이 경험하는 사회정서적인 어려움은 차별적인 사회적 인식에서 비롯되며 학동기 이후의 아동들은 이미 또래집단 형성과 더불어 집단차별인식이 형성된 상태이다. 그러므로 이러한 인식이 형성되기 이전에 프로그램이 제공되는 것이 바람직하다.

우리나라 또래 아동들을 대상으로 다문화에 대한 인식을 높이고, 다문화아동들과 적절한 상호작용을 할 수 있고, 사회적 기능성 및 문화적 역량을 성장시킬 수 있는 프로그램의 개발이 필요하다.

2) 다문화가정과 아동발달

다문화가정과 아동발달은 밀접한 관계를 가지고 있다. 다문화가정 아동은 여러 가지 측면에서 일반아동과는 아동발달과정이 달라질 수밖에 없다. 부모의 다양한 형태와 아동의 다양한 외적 요인에 의하여 아동발달에 좋지 않는 영향을 많이 받을 수 있다. 어머니가 외국인인 다문화가정 자녀의 경우 영아기부터 한국어 능력이 부족한 어머니로부터 양육되는 상황에서 언어발달 지연과 낮은 학업성취도 등의 문제를 경험할 수 있으며, 나아가 적절한 생활지도를 받지 못할 가능성이 크기 때문에 기본생활습관의 형성에 있어서도 어려움을 겪게 된다.

또한 언어습득 지체로 인해 발생할 수 있는 발달지연이나 학습장애등으로 어려움을 겪는 영유아는 또래 사회에서 따돌림을 당하거나 자존감 저하 및 원활한 사회적 관계를 형성하지 못할 가능성이 있어 사회 및 정서발달에 있어도 잠재적인 어려움을 가지고 있는 경우가 적지 않다.

다문화가정 아동들은 매우 중요한 언어형성 시기인 유아기에 부모의 모국어보다 서툰 한국어를 주로 접하게 되고 그 결과 내국인 자녀들과 비교할 때 언어발달 지연 경험 확률이 높지만 언어검사나 치료에 대한 이해가 부족해 이러한 문제에 적절히 대처하지 못하는 경우가 많다.

다문화가족 아동의 언어발달 지연은 아동의 학습장애와 사회부적응을 유발해 장기적으로 사회구성원 간 의사소통 문제로 이어질 수 있다는 점에서 지역 차원의 관심과 지원방안 마련이 매우 절실하다.

그러므로 다문화가정 아동발달을 효율적으로 접근하기 위해서는 아동발달에 미치는 문화적응에 노력해야 할 것이다. 문화직응이 기족체계에 영향을 미쳐, 부모의 자녀에 대한 기대, 상호작용, 식습관, 가족의 역할 등에 영향을 주어 문화 적응 정도에 따라 아동의 발달 양상에서의 변화를 기대할 수 있을 것이다.

3 다문화아동 복지서비스의 과제

1) 다문화가족에 대한 이해증진을 위한 서비스

다문화가족에 대한 이해증진을 위해 국가와 지방자치단체가 다문화가족에 대한 사회적 차별 및 편견을 예방하고 사회구성원이 문화적 다양성을 인정하고 존중할 수 있도록 다문화 이해교육과 필요한 조치를 취한다. 현재 우리나라의 다문화가족에 대한 문제 중 가장 심각한 문제 중의 하나가 다문화가족에 대한 편견이다. 그러므로 다문화가족에 대한 인식변화가 있어야만 다문화가족 아동에 대한 인식도 달라질 것이다.

2) 생활정보 제공 및 교육지원 서비스

생활정보 제공 및 교육지원을 위해 국가와 지방자치단체는 결혼이민자 등이 대한민국에서 생활하는 데 필요한 기본적 정보를 제공하고 사회적응교육과 직업교육, 훈련을 받을 수 있도록 필요한 지원을 한다.

3) 평등한 가족관계 유지 사업

다문화가족이 민주적이고 양성평등한 가족관계를 누릴 수 있도록 국가와 지방자치단체는 가족상담, 부부교육, 부모교육, 가족생활교육 등을 추진한다. 이 경우 문화의 차이 등을 고려한 전문적인 서비스를 제공한다.

4) 가정폭력 피해자에 대한 보호 · 지원 사업

가정폭력 피해를 입은 결혼이민자 등에 대한 보호와 지원을 위하여 외국어 통역 서비스를 갖춘 가정폭력 상담소 및 보호시설을 설치하며 결혼이민자 등이 가정폭력 등으로 혼인관계를 종료하는 경우 의사소통의 어려움과 법률체계 등에 관한 정보부족으로 불리한 입장에 놓이지 않도록 의견진술 및 사실 확인 등에 있어 언어통역, 법률상담 및 행정지원 등 필요한 서비스를 제공한다.

5) 산전 · 산후 건강관리 지원 사업

산전 · 산후 건강관리 지원 사업은 결혼이민자 등이 건강하고 안전하게 임신 · 출산할 수 있도록 영양 · 건강에 대한 교육, 산전 · 산후 도우미 파견, 건강검진과 그 검진 시 통역 등 필요한 서비스를 지원한다.

6) 아동보육과 교육사업

국가와 지방자치단체는 아동보육 · 교육을 실시함에 있어 다문화가족 구성원인 아동을 차별해서는 안 되며 다문화가족 구성원인 아동이 학교생활에 신속히 적응할 수 있도록 교육지원 대책을 마련하며 특별시 · 광역시 · 도 · 특별자치도의 교육감은 다문화가족 구성원인 아동에 대하여 학과 외 또는 방과 후 교육 프로그램을 지원한다.

또한 다문화가족 구성원인 아동의 초등학교 취학 전 보육 및 교육 지원을 위해 노력하고, 그 아동의 언어발달을 위해 한국어교육을 위한 교재지원 및 학습지원 등 언어능력 제고를 위해 필요한 서비스를 제공한다.

7) 다문화가족 문제의 과제

우리나라는 2008년 「다문화가족지원법」을 제정하였다. 하지만 아직까지 다문화에 대한 일반인의 이해가 미약한 실정이다. 단일민족, 순혈주의 전통에 대한 과도한 자부심과 다른 문화 · 언어 · 역사 등에 대한 정보가 특정 국가에 편중되어 있어 주요 선진국 이외의 국가에 대한 편견도 여전히 존재하고 있다. 이를 해결하기 위해 정부적 차원에서 다문화가정에 대한 국민적 이해와 인식의 전환을 위한 다양한 교육 프로그램을 마련해 민족적 · 문화적 배타성을 완화하는 노력이 필요하다.

또한 아직까지 다문화복지정책 · 사업을 전담하는 조직이 부재한 상황이어서 정책이 산발적으로 이루어지고 있으며 정보제공 등이 유기적으로 이루어지지 못하고 있는 실정이다. 개별적 사업추진으로 시너지 효과 도출에 한계가 발생하므로 이를 해결하기 위해 다문화 사회복지정책 및 사업을 총괄할 수 있는 조직을 신설해야 할 필요가 있다.

또한 소외받는 다문화가정 자녀 지원 사업을 강화하는 정책이 무엇보다 선결되어야 할 문제라고 생각된다. 다문화가정 자녀들이 학교생활에 잘 적응할 수 있도록 교사 및 또래 집단과의 교류가 활발하게 일어날 수 있도록 지원하며 더욱 다양한 방법으로 한국어교육을 받을 수 있는 방안을 마련해야 할 것이다.

Chapter

12 시설보호아동 및 입양아동 복지서비스

1 시설보호아동

1) 시설보호아동의 이해

시설보호사업이란 아동의 부모가 그 자녀를 양육할 의사나 충분한 능력이 없을 때 혈연관계가 없는 타인이 부모역할을 대리하여 일정한 시설에서 일시적 또는 장기적으로 집단보호하는 사업을 말한다.

즉, 혈연관계가 없는 한 무리의 아동들이 역시 혈연관계가 없는 일단의 성인들의 보호 아래 숙식을 함께하며 생활하는 시설을 말한다. 시설 보호에 대해 "가족과 함께 생활할 수 없는 아동들을 집단적으로 양육하고 보호하는 것을 목적으로 특별히 시설을 설립하는 것인데, 그것은 거주하는 지역사회의 근접 지역에 위치된다."라고 정의하였다.

선진국에서도 과거에는 시설 보호 사업이 주로 고아들을 집단으로 모아 장기간 보호하되, 단순히 수용하고 보호하는 수준에 그쳤었다. 그러나 오늘날의 세계적 경향을 보면 시설 보호는 단순 보호에서 더 나아가 아동의 문제를 분석하고 적절한 해결책, 혹은 치료를 하여 아동 문제를 근본적으로 해결하려는 목적과 내용으로 전환되고 있다.

2) 시설보호의 대상아동

아동은 가능한 한 자기의 가정에서 부모와 함께 생활하면서 성장해야 하는 것이 아동복지의 원칙이지만 도저히 이러한 가정환경을 가질 수 없는 아동에게는 불가피하게 시설수용에 의한 집단보호 프로그램이 필요하게 된다. 시설보호가 필요한 아동들을 다음과 같이 설명하였다.

첫째, 부모의 질병이나 가족의 파탄 혹은 이혼 등의 이유로 부모로부터 격리되어야 하는 상황이지만 부모 외에 타인과 유대를 이루지 못할 여러 이유로 위탁보호를 할 수 없는 아동

둘째, 신체가 심하게 부자유스러워 부모가 양육하기 어려운 아동

셋째, 문화 실조나 정서 장애 등의 치료 과정에서 집단적인 생활 경험이 필요한 아동

넷째, 성장 과정에서 장애를 일으킨 아동으로서, 특수학교 교육도 불가능하여 시설에서의 보호와 수용이 필요한 아동

다섯째, 사회 전체에 나쁘게 영향을 끼칠 비행 아동이나 범죄 아동

여섯째, 이전에 같이 생활하던 위탁가정으로부터 크게 실망하였거나 매우 깊은 상처를 입어 가족생활이 적합하지 않은 아동

3) 시설보호사업의 장 · 단점

(1) 장점

아동이 건전하게 성장 · 발달하기 위해서는 가정과 친어머니에 의한 양육이 가장 바람직하다는 연구결과에 의해 일반적으로 시설보호는 아동양육에서 부적합하다고 보고 있다. 특히 영 · 유아기 때의 시설보호는 바람직하지 않다고 보고 있다.

그러나 시설보호 사업이 반드시 아동에게 부정적인 영향을 주는 것만은 아니다. 즉, 요보호아동을 수용 보호함으로써 생기는 문제점도 있지만 장점도 갖고 있다. 시설보호사업의 장점을 살펴보면 다음과 같다.

① 부모로부터 심리적 · 감정적으로 결핍된 점을 시설 내의 다른 아동들과의 접촉이나 교육으로 인해 이를 보완하게 된다.
② 아동들에게 보다 광범위하고 다양한 부모상(parental figure)을 선택, 제공해 준다.
③ 지역사회가 수용할 수 없고, 수용하지 못하는 모든 행동 특성을 보다 넓게 수용해 준다.
④ 시설보호 기관의 규칙이나 정규적이고 계속적인 생활은 자기통제력이 부족한 아동들에게 일시적인 충동을 억제하고 자신을 통제할 수 있게 한다.
⑤ 통제력의 유지, 행동 특성의 수용 면에 있어서 모든 아동이 그 정도가 다르다는 것을 알게 되어 서로 무능력함을 보완하는 기회를 경험한다.
⑥ 아동 자신이 또래집단의 일원으로서 자기 행동을 통제하는 힘을 가지고 있기 때문에, 시설보호 기관에서의 집단통제는 아동 스스로 자기행동에 변화를 갖도록 동기를 제공해 준다.
⑦ 시설보호 기관에서는 아동의 생활경험을 면밀한 계획하에 개별적으로 제공하므로 치료의 기능을 크게 담당할 수 있다.
⑧ 특별히 개인적인 치료가 필요한 아동의 요구를 충족시켜 준다.

⑨ 아동들을 위한 적절한 기능을 수행함으로써 사회 내의 아동문제 해결에 도움을 준다.

(2) 단점

아동의 시설보호는 이상의 장점과 달리 다음과 같은 단점을 지니고 있다.

① 과도한 집단생활로 인한 규율화로 개방적이고 따뜻한 인간관계 형성을 저해한다.
② 규칙적이고 기계적인 일과로 인해 개인의 자유와 자주성 및 창의성 등이 발휘되기 어렵다.
③ 행동 반경의 제한으로 교우나 대인관계의 폭이 좁아진다.
④ 경제적 경험의 기회가 매우 적고, 문화시설 및 기타 사회와의 접촉이 결여되기 쉽다.
⑤ 충분한 정서적인 욕구발산의 기회 및 발표기회가 없어서 파괴적이고 부정적인 성격이 될 수 있다.

4) 시설보호사업의 과제

(1) 시설의 기능화

시설보호의 목적은 가정에서 자신의 욕구를 제대로 충족할 수 없는 아동들에게 집단생활 프로그램과 각 아동의 욕구에 따르는 특수 서비스를 실시하여 다양한 경험을 갖게 하는 데 있다. 즉, 이들은 시설보호를 통해서 정상적으로 성장할 수 있으며, 불만족스러웠던 경험의 영향을 교정, 변화시킬 수 있으며, 아동의 인격발달이나 기능에 장애를 가져오게 한 사회적, 정서적 문제를 개선시킬 수 있다.

시설의 기능화와 결여는 시설병을 유발하게 하며, 사회 부적응 아동으로 육성하게 할 가능성이 많다는 것은 잘 알려진 사실이다. 앞으로의 시설사업은 종전의 운영방식 대신에 아동의 욕구와 관련되는 제 기능화를 중심으로 운영하여야 하겠다.

(2) 시설 설비의 현대화

현대적인 시설로 전환하기 위해서는 기존 시설의 신개축과 아울러 시설물이나 비품을 구비해야 한다. 건물은 아동들에게 적절한 집단생활의 장으로서 안정감을 갖게 하는 것이어야 한다. 노후화된 기숙사와 같은 시설로는 오늘날의 아동 욕구를 충족해 줄 수는 없다.

(3) 시설직원의 전문 인력화

시설보호아동을 위한 전문적인 접근은 보다 새로운 유형의 시설 설립과 아울러 유능한 전문직 인력확보는 아동복지 분야의 중요한 과제이다. 일반적인 아동복지 사업도 그러하지만 전문인력들이 아동복지시설에서 근무하는 것을 싫어한다. 그러므로 정부에서는 다양한 정책을 통하여 아동복지시설에 전문적 인력을 확보해야 할 것이다.

(4) 시설의 지역화

앞으로의 시설은 지금까지의 폐쇄적인 상황에서 지역사회로의 개방적 상황으로 전환해야 하겠다.

시설아동이나 직원은 지역사회의 일원으로 존재함으로써 또한 지역사회의 아동이나 주민도 시설을 지역 고유의 사회적 기관으로 활용함으로써 상호공존 및 지역복지 발전에 이바지할 수 있을 것이다. 또한 이와 같이 시설과 지역사회가 긴밀한 관계를 맺게 될 때 지역사회의 자발적 힘을 최대한 활용하여 시설아동들의 복리증진에 기여할 수 있을 것이다.

2 입양아동

1) 입양아동의 이해

아동은 가능한 한 가정이라는 건전하고 자연적인 환경 속에서 성장 · 발달해야 하는 것이 아동복지의 가장 기본적인 원칙이다. 그러나 가족의 붕괴나 해체로 이하여 본 가정에서 보호받을 수 없을 때, 법적 절차를 거쳐 친부모 관계가 아닌 성인과 아동이 친자관계와 동일한 관계를 형성하게 되는 것이다. 입양(adoption)이란 생물학적 과정을 통해서가 아니라 법적 · 사회적 과정을 통해 영원한 부모 · 자녀관계가 형성됨을 의미한다.

입양은 민법의 규정에 따라 입양은 친부모와 자녀 사이에 존재하는 친자관계가 그 자녀의 출산과 관계없는 사람과 자녀 간에 합법적인 부자관계, 즉 양친자관계를 형성하는 것을 말한다. 우리나라에서 입양은 관습상 가의 승계를 위한 입양을 중심으로 발달했기 때문에 입양의 성립에는 입양 당사자 간의 사법상의 합의를 원칙으로 하였다. 그러나 전쟁으로 인한 전쟁고아 및 혼혈고아, 미혼모 자녀, 기아 등 날로 증가하는 요보호아동에게 양육에 적합한 가정을 제공하기 위해서는 국가가 적극적으로 이들 아동들의 입양을 장려하고 또한 요보호아동이 입양을 통하여 인간다운 생활을 영위할 수 있도록 입양과정을 지도감독할 필요가 있다. 따라서 입양사업은 일반아동이 아닌 요보호아동의 입양을 촉진하고 양자로 되는 자의 보호와 복지증진을 도모하는 데 있다. 이러한 입양이 지닌 특성을 요약하면 다음과 같다.

첫째, 아동을 위한 비시설 보호의 방법이다.

둘째, 가족관계를 창출하며, 아동을 위하여 항구적인 가정을 제공한다.

셋째, 양부모와 양자 공동적으로 인간적인 욕구를 충족시키려는 노력이다.

넷째, 아동을 위해 보다 큰 안전과 보다 좋은 보호를 위하여 일정한 법적 절차에 따라 이루어진다.

다섯째, 양부모는 양자에 양육에 관하여 무제한적인 책임을 장기간 지게 된다.

그리고 Kadushin은 입양의 목적을 다음과 같이 설명하였다.

첫째, 아동에게 입양이 아니면 얻을 수 없는 영구한 가정과 지속적이며 건전한 가족관계를 갖게 한다.

둘째, 불임부부가 부모가 될 수 있게 하는 수단이 된다.

셋째, 가문의 이름을 지속시키는 수단이 된다.

넷째, 유산을 물려주는 수단이 된다.

다섯째, 자녀를 양육, 보호할 능력이 없거나, 자녀를 원치 않는 부모를 위한 대체수단이 된다.

여섯째, 자녀가 있는 사람이 아동을 더 양육하려는 욕구와 능력이 있을 때 이를 만족시키는 수단이 된다.

즉, 입양이란 친부모로부터 아동의 현재와 미래에 대한 모든 권리와 의무가 소멸하고, 행정적 · 법적 권한에 의해 혈연관계가 없는 타인에게 양육의 권리와 의무가 이양되는 것을 말한다.

근대적 의미의 입양사업 초기에는 주로 고아들을 대상으로 입양사업이 전개되었다. 근래에는 미혼모의 아동들이 대종을 이루고 있는 실정이다.

2) 입양사업의 중요성

우리나라에서 국내입양이 저조한 이유는 혈연중심의 가족관, 장애아동에 대한 입양기피, 가족이기주의, 인간의 존엄성에 대한 인식의 부족 등을 들 수 있을 것이다. 최근에는 미혼모, 무책임한 이혼, 중증장애로 인해 부모로부터 버려지는 요보호아동들이 증가하는 상황이다. 국외입양은 요보호아동의 복지차원에서 매우 중요한 역할을 담당하고 있으나, 우선적으로 아동은 자신이 태어난 나라에서 우선적으로 보호되어야 한다는 시각에서 국내입양의 활성화는 시급한 문제라고 볼 수 있을 것이다. 또한 국내입양일 경우, 국외에서 입양아동들이 성장하면서 겪게 될 정체성의 혼란을 줄일 수 있다는 점에서 중요하다고 할 수 있을 것이다.

아동의 성장 · 발달에 있어 최선의 장소는 가정이다. 입양은 아동의 가족을 지키고자 하는 모든 노력을 기울이고 난 후에 고려되어야 한다. 이러한 사항에 대한 충분한 고려 이후에 '입양'은 위탁보호나 시설보호보다 훨씬 더 안정감 있고, 영구적이며, 아동에게 친밀감, 애정, 소속감을 주는 아동복지서비스로 기능할 수 있을 것이다. 특히 입양은 자연적인 혈연관계가 인위적인 과정을 통해 법률상의 친자관계로 바뀌는 것이기 때문에 시대적인 가치관과 문화에 따라 그 목적과 기능, 성공 여부가 결정될 수 있다. 그런 면에서 무엇보다 현재 우리나라의 입양실태를 개선하는 데 있어서 우리 개개인의 발상의 전환이 요구된다. 무의식 속에 자리 잡은 혈통 중심의 사고를 벗어 던지고, 합리적으로 사랑과 애정으로 입양제도를 바라보는 눈을 가지는 것이 무엇보다 중요할 것이다. 그래야만 공개입양에 바탕을 둔 제도개혁이 뒤따라 실효를 거둘 수 있을 것이며, 이는 결과적으로 요보호아동의 복지증진에 기여하여, 건전한 입양문화를 정착시킬 수 있는 발판이 될 것이다.

3) 입양의 종류

입양의 종류는 독립입양(independent adoption)과 기관입양(agency adoption)이 있으며 사사로이 사고팔고 하는 음거래(black market)가 있다.

(1) 독립입양

독립입양은 입양기관을 통하지 않고 입양하는 것으로 친부모가 가족이나 친구, 이웃에 직접 아동을 입양시키거나, 아는 사람을 통해서 혹은 의사나 변호사 등 제3자의 소개로 입양시키는 경우, 아동을 매매하여 입양하는 경우가 있다.

친부모를 통한 입양은 친부모와 양부모가 서로 잘 아는 사이로 아동을 점차적, 비공식적인 유치의 단계를 거쳐 입양시키는 것이다. 이것은 부모의 동의와 호적법의 절차를 거쳐 성립하며 합법적인 입양이다.

제삼자의 소개로 입양시키는 경우는 '회색시장(gray market)'을 통한 입양이라 하는데, 이 과정에서도 역시 친부모의 법적 동의가 필요하며, 양부모는 기본적인 법적 서비스 비용이나 의료비용을 부담할 수 있다. 그러나 이것은 이익이 목적이 아닌 선의의 중개인 경우가 많으므로 대부분 합법화되어 있다.

아동을 매매하여 입양하는 경우는 이익을 목적으로 하는 불법적인 인신매매의 형태이며, '암시장(black market)'을 통한 입양이라 한다. 이런 입양은 입양을 원하는 가정보다 입양대상이 부족한 서구사회에서 나타나는 현상이며 특히 백인 아동인 경우가 심하다.

이러한 독립입양은 아동이나, 친부모, 양부모, 사회에까지 위험을 초래할 수 있다. 독립입양의 문제점은 다음과 같다.

① 비용이 많이 든다.
② 비밀보장이 어려워 후에 친부모와의 문제가 야기될 수 있다.
③ 아동의 요구보다는 입양부모의 요구에 기초하여 입양이 이루어질 수 있다.
④ 친부모는 입양에 관한 전문적인 심리적, 법적, 정신적 상담을 받을 수 없고, 적절한 의료 혜택, 필요한 경제적, 사회적 도움도 받지 못하는 경우가 많다.
⑤ 입양아동이 문제 가정에 배치될 수도 있다.
⑥ 입양에 관한 일정한 기록보관이 어렵다.
⑦ 입양과정 중 친부모의 마음이 변하거나, 판사가 입양을 불허한 경우, 양부모는 아무런 법적 권리를 갖지 못한다.

(2) 기관입양

기관입양은 아동복지 기관에서 전문가에 의해 친부모로 하여금 친권을 포기하게 하고 기관이 모든 법적 대리인이 되어서 입양절차를 밟는 경우로서, 양쪽 부모 및 가정을 조사하여 가정 적절한 가정과 연결지어 줌으로써 입양 후의 문제가 적다. 기관입양의 경우 서류상의 절차가 약간 복잡하며 입양을 기다리는 기간이 길다. 또한 입양가정으로는 아동이 안전한 보호를 받을 수 있는 여러 조건이 구비된 가정환경이어야 한다. 즉, 신체적으로 건강해야 하고, 경제적 · 정서적으로 안정되어야 하며, 아동의 성격적 특징과 입양부모의 성격이 유사해야 하고, 입양동기가 건전해야 하며, 가능하면 지역적 · 종교적 배경이 유사해야 한다.

기관입양의 장점은 다음과 같다.

① 입양문제에 대한 특별지식을 가진 전문직원이 있다.
② 특별한 욕구를 가진 아동을 충족시켜 줄 수 있는 입양가정을 선정하는 것이 가능하다.
③ 특별한 문제를 가진 아동을 다루는 기관의 직원을 도와주는 자문가가 있다(정신과 의사, 심리학자, 유전학자, 소아과 의사 등).
④ 일괄적인 자료처리가 가능하다.
⑤ 입양을 기다리는 동안 아동을 돌봐줄 수 있는 자원이 있다(위탁가정, 시설보호).

4) 입양사업의 구성요소

입양사업의 구성요소는 입양대상아동, 친부모, 양부모, 입양기관으로 이루어진다.

(1) 입양대상아동

입양에 있어 우선 입양아동에 대해서 배려할 사항은 대상아동이 입양에 적합한지의 여부와, 이에 대한 적절한 조사, 친부모와 이별하고 새로운 부모를 맞이하는 데 대한 마음의 준비 등 세 가지 측면에서 고려될 수 있다.

아동에게 있어 가장 바람직한 것은 친부모 밑에서 자라는 것이다. 그러나 이것이 여의치 않기 때문에 부득이 양부모 밑에서 양육되어야 한다는 관점에서 입양의 여러 과정이 진행되고 서비스가 주어져야 한다. 이때 특히 아동의 연령, 성별, 발달특성, 가정적 배경 등이 고려되어야 함은 물론이다.

입양을 필요로 하는 아동은 다음과 같이 구별될 수 있다.

첫째, 입양 대상 아동의 가정이 건전한 가족으로 구성될 수 없는 경우이다. 예를 들면, 미혼모의 아동이나 미아 등을 말한다.

둘째, 부모가 아이를 돌볼 수 없을 경우의 아동이다.

셋째, 친부모가 판명되지 않거나 아동양육을 거절하거나 싫어하는 경우이다.

넷째, 부모가 자발적으로 아이에 대한 권리를 포기하는 경우이다.

이 가운데 일반적으로 가장 많은 비율을 차지하는 경우는 혼외자녀로서, 미혼모가 낳은 아동이 가장 많다. 그러나 미국의 경우, 피임, 유산 등으로 혼외자녀의 수가 감소하고 있고 미혼모가 자기 자녀를 포기하는 경우도 줄고 있다.

(2) 친부모

친부모란 출생에 의해 혈연적으로 맺어지는 친자관계로, 이는 부모가 자녀를 보호 양육한다는 인륜자연의 관계이며, 한편 부모는 아동에 대한 친권을 갖게 된다. 입양이 의뢰되는 아동의 친부모는 합법적인 결혼절차를 거친 부모와 혼외의 성행위를 통해 아기를 얻게 되는 두 가지 경우로 나누어 볼 수 있다.

부모가 기혼이건 미혼이건 간에 친권을 포기하는 원인은 다음과 같이 지적되고 있다.

① 경제적 빈곤으로 인한 생활의 궁핍
② 이혼 등으로 야기된 가정파괴, 결손가정
③ 가정교육 미비
④ 성교육 및 성지식의 미비
⑤ 자녀교육에 대한 무지와 무관심
⑥ 도시 집중화로 인한 가출 청소년
⑦ 건전한 이성교제 기회의 부족
⑧ 저소득층 근로여성을 위한 상담자 및 상담기구의 부족
⑨ 가치관의 변화 및 불안정한 심리상태, 도덕성의 문란
⑩ 가족계획의 결여

(3) 양부모

아동을 입양시키고자 하는 가정은 불임 때문에 자녀가 없는 부부, 자녀가 있지만 현재 불임이며 자녀를 더 원하는 부부와 임신 가능하지만 요보호아동의 인도적인 보호, 인구 증가에 대한 관심으로 입양하기를 선택하는 부부의 가정에서 발생한다.

5) 아동입양의 발전방안

(1) 국내입양

가. 문제점

우리나라의 입양사업에 있어서 직접적인 영향을 끼치는 입양의 구성요소 가운데 한 영역으로서 핵심적인 역할을 하고 있는 입양부모의 입양아동에 대한 인식은 매우 중요하다고 본다. 그렇기 때문에 입양부모의 인식 전환은 매우 중요하며, 입양부모 중심이

아닌 아동 중심으로 이루어지기 위해서는 입양아동와 입양부모, 입양기관의 합리적인 조화운영도 중요하지만, 이를 둘러싸고 있는 '사회적 관념'과 '국민들의 인식이 얼마나 전환되는가?'가 매우 중요한 부분이라고 할 수 있다. 이러한 인식 전환을 위해서는 우선적으로 입양부모들의 인식 전환이 매우 중요한 역할을 할 것이다. 국내입양은 여러 가지 측면에서 많은 문제점을 지니고 있다. 구체적인 문제점을 살펴보면 다음과 같다.

첫째, 법적 보장이 미흡하다. 현행 「입양특례법」에서는 입양 후 1년이 경과하여야만 양부모에게 법적 권리가 주어지고 있어 90%가 비밀 보장을 원하는 양부모 입장에서는 입양 결정을 하는 데 어려움이 있다.

둘째, 입양방법은 입양에 대한 사회적 관념과 인식 태도를 평가할 수 있는 척도인데 국내입양에 대한 홍보가 증가되고 있음에도 불구하고 입양 사실을 주위에 비밀로 하고 싶다는 견해가 지배적이다. 이는 입양아에 대한 부정적이고 편견된 사회 고정관념이 변하지 않고 있음을 보여 주는 근거이며 국내입양 활성화에 장애가 되고 있다.

셋째, 양부모의 자세를 들 수 있다. 대부분의 양부모가 아동을 입양하는 데 있어 지나치게 선별적이다.

넷째, 요보호아동 발생율도 많으나 국내입양으로 선별되어 가는 아동은 적기 때문에 자연히 국내입양에서 제외되는 아동은 진정한 의미의 아동복지 차원에서 입양을 원하는 국외입양 가정으로 입양되고 있는 실정이며 앞으로 계속 연구 검토되어야 할 것이다.

다섯째, 우리나라 국내 입양사업이 기관을 통해 시작된 지도 40년이 지나고 그 수도 대단히 많은 것이 사실임에도 불구하고 정확한 통계나 입양의 성공 여부에 관한 사후관리는 전혀 불가능한 상태이다.

나. 개선방향

국내입양은 가정보호 시책의 일환으로 국외입양의 감축과 시설보호 지양으로 발생되는 요보호아동을 국내 건전가정에서 양육되도록 해야 한다. 국내입양을 활성화하기 위해서는 사회적 인식의 변화가 주요한 관건이며 입양이 부부나 가족 중심의 입양이 아닌 아동 중심의 입양이 이루어져야 한다.

정부는 국민의 의식 변화를 위한 계도와 홍보를 지속적으로 실시해 나가는 한편 제도적 · 정책적으로 보완해 추진해 나가야 하며 국내입양 활성화 시책은 다음과 같다.

첫째, 국내입양 전문기관의 육성이다. 입양 알선기관 이외에 영아시설 등의 사회복지 기관은 국내입양 지정기관으로 지정하여 전문 요원의 배출, 운영비 지원을 통해 육성해 나가야 할 것이다.

둘째, 가정위탁 보호사업을 확대 실시하여야 한다. 사회 · 경제적으로 여유가 있는 가정에 불우한 아동을 위탁 보호하여 자연스럽게 국내입양으로 연계되도록 추진해 나가야 한다.

(2) 국외입양

가. 문제점

인간은 태어나면서부터 자신의 가정을 가질 권리가 있으며 부모와 가족의 사랑과 이해 속에서 완전하게 양육되는 것이 최상의 성장조건을 갖추었다고 볼 수 있다. 그러나 현대 산업사회에서는 여러 가지 사유로 인하여 부모로부터 이탈되는 아동이 발생되기 마련이며 이들에게도 가족기능을 갖는 가정에서 성장하도록 하는 것이 차선의 양육방안이라 할 수 있다. 이러한 의미에서 국외입양은 우리 사회의 가정에서 양육되지 못하고 비록 사회적 · 문화적 배경이 다른 외국가정이라 하더라도 가정양육의 기회가 부여된 점에서 긍정적으로 평가할 수 있는 것이다. 그러나 우리의 국력이 신장되고 경제적 · 사회적 여건에 비추어 볼 때 국외입양은 재검토되어야 한다. 또한 국외입양사업과 관련하여 입양아동 호송인당 과다한 아동의 호송문제와 입양대상 아동확보에 다른 의료기관 · 사회복지 시설과의 금품수수 사례, 그리고 국외입양 아동의 사후관리 미흡 등이 문제점으로 제기되고 있다.

나. 개선방향

국외입양은 국내외적으로 비난이 제기되고 있으나 당장 전면 중단할 수 없는 어려움이 있다. 매년 발생되는 요보호아동이 1만 명에 이르고 있는데 이들을 시설보호, 국내입양 등으로 수용하는 데는 한계가 있기 때문이다. 따라서 국외 입양문제를 근본적으로 해결하기 위해서는 복지 조치 대상인 요보호아동의 발생 예방에 주력하면서 국내입양 등 가정보호시책을 확대해 나가는데 있는 것이다.

(3) 법적인 측면에서의 개선

가. 비밀입양의 방지

국내입양기관이 폐쇄적인 비밀입양 실무를 지양하고 입양의 본질에 입각한 개방적인 입양실무로 전환한다고 하더라도 입양기관으로 인가받지 않은 산부인과나 조산소를 통해 불법적인 아동을 입양하는 것이 여전히 가능하다면 입양의 비밀유지를 계속 원하는 입양부모들은 입양기관을 통한 입양을 기피하게 될 것이다. 이것은 결국 입양기관을 통한 입양 수만 더욱 감소시키는 결과를 초래할 것이다.

나. 입양아 사후관리의 충실

입양의 실무에 있어서 적절한 가정환경이 박탈당한 아동에게 가정을 제공하는 것이 아니라 양부모가 자녀가 없기 때문에 양친의 가정에 알맞는 아동을 입양하는 양친 중심의 입양이 여전히 계속되고 있다. 양친 중심의 입양은 입양기관이 아닌 개별입양과 비밀입양을 택할 수밖에 없고 이는 입양아동을 친생자로 출생신고하는 형식으로 입양이 이루어지고 있는 편법을 판례가 인정할 수밖에 없을 정도로 일반화되어 있다.

비밀입양은 입양의 적정성과 입양 후의 입양아동 보호문제, 즉 입양 후의 문제발생으로 인한 파양, 입양아 학대 내지 천한 직업에의 종사 등에 대하여 사실상 무방비인 것이다. 그러므로 입양기관은 양부모의 사전교육뿐만 아니라 사후관리에 보다 더 많은 관심과 노력을 기울여야 할 것이다.

다. 장애아동의 입양

우리나라에서 장애아동은 계속 증가하고 있으나, 우리나라에서 장애아동을 국내입양하는 가정은 적은 편이다. 최근의 경우, 국내에서 입양한 아동의 90%가 건강한 아동이나, 해외에 입양한 아동은 50~60%만이 건강한 아동이고, 그 나머지인 40~50%는 의료적으로 문제를 가지고 있는 아동이다. 그러므로 장애아동은 우리나라에서 영유아보호시설을 거친 후에 장애인 수용시설에 들어가든지 또는 국외에 입양되는 수밖에 없다. 국내에 입양된 아동 중에서도 입양을 한 후에 장애아동으로 판명이 되면, 입양이 깨지는 경우가 많다. 따라서 이와 같은 여러 가지 여건을 고려할 때, 정부가 장애아동과 관련하여 근본적으로 대책을 세워야 한다(이준우 외, 1994; 이종수, 1999).

라. 입양의 양적 및 질적 활성화

일반인이 해외입양에 대해서 가지는 시각은 모순적 측면이 많다. 즉, 한편으로는 해외입양을 우리 민족의 수치라고 생각하면서도 다른 한편으로는 혈통을 중요시하기 때문에 국내입양을 꺼려 왔다. 그 결과, 해외입양이 아직도 계속되고 있는 실정이다. 민간 기관인 경우, 인적 자원과 물적 자원이 많이 부족하기 때문에 제약이 있을 수밖에 없다. 그러므로 정부가 법적 장치와 제도적 장치를 마련하고 국민들에 대해서 홍보를 강화하는 등의 조치를 펼쳐야 한다. 또한 민간기관이나 정부는 입양되는 아동의 수를 늘리는 것도 중요하지만 입양이 질적으로도 활성화되도록 노력해야 한다(이종수, 1999).

마. 보조금 제도의 개선

1995년의 「입양특례법」에 따르면, 장애아동을 입양한 가정이나 경제적으로 어려운 입양가정에게 양육보조금을 지급할 수 있도록 되어 있다. 이에 따라 입양한 가정에게 양육보조금이 지급되고 있다. 그러나 입양보조금이 장애아동을 입양한 경우로 제한되며, 지원되는 금액도 제한되어 있다. 따라서 입양보조금 제도는 입양의 활성화에 크게 기여하지는 못하였다.

입양보조금을 지급하는 제도를 도입한 이유는 장애아동을 국내에 입양시키기 위해서이다. 그러나 입양보조금을 지급하는 절차가 너무 까다롭고 장애 정도 등을 조사하는 과정에서 입양 사실이 다른 사람에게 알려지는 경우가 있어, 실제로 입양보조금의 도움을 받고 있는 가정은 아주 드문 편이다. 따라서 입양하기 힘든 아동을 입양하고 있는 가정에게 현실적인 수준에서 입양보조금을 제공하여, 이 가정이 경제적으로도 도움을 받도록 해야 한다.

참고문헌

강경자 · 신태진 · 신효순 · 이규은 · 이은희(2019). 아동 권리와 복지. 동문사

강봉규(1992),.발달심리학, 정훈출판사.

공계순 · 박현선 · 오승환 · 이상균 · 이현주(2018). 아동 복지론. 학지사

곽형식 외(2000). 인간행동과 사회환경, 형설출판사.

국가법령정보센터(2020). 다문화가족지원법

국가법령정보센터(2020). 아동복지법

국가법령정보센터(2020). 영유아보육법

국가법령정보센터(2020). 장애아동 복지지원법

국가법령정보센터(2020). 한부모 가족지원법

국가인권위원회(2011). 유아교사를 위한 인권교육프로그램 개발연구

김경희(2001). 발달심리학, 학문사.

김광웅(1992). 아동발달, 형설출판사.

김동배 · 권중돈(1998). 인간행동이론과 사회복지실천, 학지사.

김은옥(2018). 보육교사의 인권 감수성과 아동 권리 인식이 아동 권리존중 보육에 미치는 영향 : 공감 능력의 매개효과. 배재대학교 대학원 박사학위 논문.

김익균 외(2002),.아동복지론, 대학출판사.

김익균(2003). 가족복지론, 교문사.

김익균(2011). 아동복지론. 경기: 교문사.

김인철(1998). 지역사회와 인간생활, 서울대학교 출판부.

김재환 · 최진원 · 곽미정(2018). 아동권리와 복지. 서울: 창지사.

김정희 · 이용주 · 김동춘(2014). "보육교사의 역할수행과 원장의 지지, 소진의 관계."「한국보육지원학회지」 10(5), 175-190.

김제한(2001). 발달심리학, 양서원.

김종현 · 윤치연 · 이성현 · 이은림(2016). 특수아동의 이해. 공동체
김태련 · 장휘숙(1996). 발달심리학, 박영사.
류수정 2012). 아동 권리에 대한 유아 교사의 인식 및 아동 권리 보장 실태. 경성대학교 교육대학원 석사학위 논문.
마주리(2013). 장애아보육. 공동체
박병석(1986). 인간행동과 사회환경, 홍익재.
박아청(1993). 성격심리학, 교육과학사.
배운학 역(1993). 아동발달의 제이론, 교육과학사.
백혜리 · 이은화(1997). "조선시대의 성리학, 실학, 동학의 아동관", 아동권리연구 1(1).
보건복지부(2015). 보건복지 70년사(3)
보건복지부(2015). 한부모가족실태조사.
보건복지부(2017). 드림스타트 사업안내.
보건복지부(2018). 제3차 중장기 보육발전계획
보건복지부(2019). 포용국가 아동정책
보건복지부(2020). 보육사업안내 (본문).
보건복지부(2020). 보육통계
보건복지부 · 중앙아동보호 전문기관(2014). 돌봄시설 학대 예방을 위한 사례집.
보건복지부 · 중앙아동보호전문기관(2016). 전국아동학대 주요현황.
보건복지부 · 중앙아동보호전문기관(2018). 전국아동학대 주요현황.
빈부격차 · 차별시정위원회(2004). 빈곤 대물림 차단을 위한 빈곤아동 · 청소년 종합대책.
서봉연 · 이순형(2001). 발달심리학-아동발달-, 중앙적성출판사.
성영혜 외(1999). 영유아 발달의 이론과 실제, 동문사.
송명자(1996). 발달심리학, 학지사.
송정애(2016). 아동복지론. 경기: 양서원.
신섭중 외(2001). 사회복지법제, 대학출판사.
신인순(2012). 빈곤아동의 정서문제에 영향을 미치는 요인. 대한가정학회지, 50(4), 115-125.
아산사회복지사업재단(1997). 아동복지편람.
여성가족부(2020). 다문화 가족통계
오경자(2015). 아동복지서비스 전달체계의 효과성 영향요인에 관한 연구. 한성대학교 대학원

박사학위 논문.
오승환(2000). 저소득 결손가족 청소년의 적응결정요인. 서울대학교 대학원 박사학위 논문.
오정수 · 정익중(2019). 아동 복지론. 학지사
유안진(1997). 인간발달신강, 문음사.
유안진(1999). 아동양육, 문음사.
유영주 외(1996). 가족관계학, 교문사.
유해미 · 박은정 · 정은희 · 엄지원(2019). 사회적 격차 해소를 위한 빈곤가정 영유아 양육지원 방안 연구(Ⅰ): 빈곤가정 영유아 양육실태 분석. 육아정책연구소.
육아정책연구소(2015). 전국보육실태조사-어린이집 조사보고. 서울: 보건복지부.
이경화 · 고진영(2001). 아동발달과 아동상담, 학문사.
이근홍(2003). 인간행동과 사회환경, 대학출판사.
이기춘 외(1973), 아동학, 서울대학교 부설 한국방송통신대학.
이동원 외(2001), 변화하는 사회 다양한 가족, 양서원.
이상로 · 이관용(1992). 성격의 이론, 중앙적성출판사.
이소현 · 박은혜(1998). 특수아동교육. 학지사
이순자 · 나성식 · 이효숙(2018). 아동권리와 복지. 경기: 정민사.
이영 · 조연순(1999). 영 · 유아발달, 양서원.
이옥형(1997). 아동발달, 집문당.
이정덕(2001). 아동발달학, 수학사.
이화도 외(2018). 영유아를 위한 인권교육. 서울: 창지사.
이화여자대학교 사회복지연구회(2001), 가족복지실천론.
임경옥 · 홍나미 · 손경숙(2018). 아동권리와 복지. 경기: 공동체.
임규혁 · 이차숙(1994). 발달심리학, 집문당.
장희선(2017). 누적적 위험요인과 빈곤 가정 아동의 문제행동과의 관련성 연구. 사회과학논총, 20(2), 23-53.
전병재(1993). 사회심리학, 경문사.
정옥분 역(1995). 인간발달의 이론, 교육과학사.
정옥분(2000). 성인발달의 이해-성인 · 노인심리학-, 학지사.
정옥분(2015), 아동발달의 이론, 학지사.

정옥분 · 정순화 · 손화희 · 김경은(2016). 아동권리와 복지. 학지사.

정은희 · 최새은 · 이상균 · 하태정(2013). 우리나라 아동빈곤의 특성. 한국보건사회연구원

정한별(2016). 영유아 보육의 국가책임에 관한 헌법적 연구, 서울대학교 석사학위논문

정효정(2013). 보육기관 운영관리의 자율정 보장을 위한 개선방안, 한국영유아보육학, 83

조대봉(1992). 인간행동의 이해와 자아실현, 문음사.

조복희(1999). 아동발달, 교육과학사.

조복희 · 정옥분 · 유가효(1997). 인간발달, 교문사.

조용남(2019). 저소득 가정 영유아의 조기개입 프로그램이 영유아 발달에 미치는 영향－드림스타드 대상 아동의 2년간의 변화 중심으로. 한국영유아보육학, 117, 1-20.

조윤경 · 김수진(2018). 유아교사를 위한 틋수아동의 이해. 공동체

주수길 · 김지연(2003). 아동복지강론, 양서원.

주정일 · 이소희(1993). 아동복지론. 교문사

최경숙(2001). 발달심리학－아동 · 청소년기－, 교문사.

최순남(2002). 인간행동과 사회환경, 법문사.

최순옥 · 박선영 · 윤호란 · 이주연 · 이혜경(2018). 아동권리와 복지. 서울: 태영출판사.

최옥채 외(2003). 인간행동과 사회환경, 양서원.

최윤미 외(1998). 현대청년심리학, 학문사.

최은혜(2017). 교사의 영유아 권리존중 실행 및 어려움에 관한 문화 기술적 연구. 중앙대학교 대학원 박사학위 논문.

표갑수(2000). 아동청소년복지론, 나남출판.

한국보육진흥원(2016). 아동학대자 교육 명령제 도입에 따른 교육프로그램.

한규석(1995). 사회심리학의 이해, 학지사.

허혜경 · 김혜수(2002). 청년발달심리학, 학지사.

황보영란, 2014, 실질적 의미의 「영유아보육법」과 그 법원에 관한 연구, 유아교육연구 제34권 제6호.

황응연 · 이기돈(1992). 발달심리학, 배영사.

황해익 · 남미경 · 서보순 · 김병만(2017). 아동권리와 복지. 경기: 정민사.

Anderson, R. E. & Carter, I.(1984). H*uman Behavior in the Social Environment: A Social Systems Approach*, 3th ed., New York: Aldine de Gruyter. 장인협 외 역(1986),『인간행동과 사회환경』-사회체계접근법을 중심으로-, 집문당.

Bronfenbrener, U.(1979),.*The Ecology of Human Development*, Cambridge, MA: Harvard University Press.

Case, R.(1985). *Intellectual Development: Birth to Adulthood*, Orlando, FL: Academic Press.

Cole & Cole(1993). *The development of Children*(2nd ed.), New York : Scientific American Books.

Compton, B. R. & Galaway, B.(1984), *Social Work Processes*, 3rd ed., Homewood, IL: The Dorsey Press.

Craig, G. J.(1999). *Human Development*, 8th ed., Englewood Cliffs, NJ: Prentice-Hall.

Crain, W. C.(1980), *Theories of Development*, Englewood Cliffs, NJ: Prentice-Hall, Inc. 서봉연 역(1993),『발달의 이론』, 중앙적성출판사.

Duvall, E. M.(1977). *Marriage & Development*, New York: J. B. Lippincott Co.

Eisenberg, N.(1992), *The Caring Child*, Cambridge, MA: Harvard University Press.

Engler, B.(1991), *Personality Theories*, 3rd ed., Boston: Houghton Miffilin Company.

Erikson, E. H.(1963). *Childhood and Society*, 2nd ed., New York: Norton.

Field, T. M. & Huston, A.(Eds.) (1982). *Review of Human Development*, New York: Wiley.

Fong, K.(2017). Child walfare involvement and contexts of poverty: The roie of parental adversities, socal networks, and social services. Children and youth services review, 72, 5-13.

Gardner, H.(1983), *Frames of Mind: The Theory of Multiple Intelligences*, New York: Basic Books.

Grossman, H. J. (Ed.)(1983). *Classification in Mental Retardation*, Washington, D.C.: American Association on Mental Deficiency.

Hsiao, Y. (2018). Parental stress in families of children with disabilities. Intervention in school and clinic, 53(4), 201-205.

Larner, M.(1996). Parents'perspectives on quality in early care and education. In S. L. Kagan & N.E.Cohen (Eds.), *Reinventing early care and education: A vision for a quality system* (pp. 21-42).

Lindsay, S & Edwards, A. (2013). A systematic review of disability awareness interventions for children and youth. Disability & Rehabilitation, 35(8), 623-646.

Maslow, A. H.(1970). *Motivation and Personality*, 2nd ed., New York: Harper & Row

Masters, W. H., Johnson, V. E. & Kolodny, R. C.(1995). *Human Sexuality*, 5th ed., New York: HarperCollins.

Norlin, J. M. & Chess, W. A.(1997). *Human Behavior and the Social Environment: Social Systems Theory*, Boston: Allyn and Bacon.

Nye, R. D.(1981). *Three Psychologies: Perspectives from Freud, Skinner, Rogers*, 2nd ed., Monterey, CA: Brooks/Cole Publishing Co. 이영만 · 유병관 역(1991),『프로이드 · 스키너 · 로저스』, 중앙적성출판사.

Osofsky, J. D.(Ed.) (1987). *Handbook of Infant Development*, 2nd ed., New York: Wiley.

Papalia, D. E., Olds, Sally W. & Feldman, R. D.(1998), *Human Development*, 7th ed., New York: McGraw-Hill Co., Inc.

Parsons, T.(1960), *Structure and Process in Modern Societies*, Glencoe, Ill: The Free Press.

Pervin, L. A.(Ed.) (1990). *Handbook of Personality Theory and Research*, New York: Guilford.

Pincus, A. & Minahan, A.(1973). *Social Work Practice: Model and Method*, Itasca, IL: F. E. Peacock Publishers, Inc.

Santrock, J. W.(1997). *Life-Span Development*, 6th ed., Madison, WI: Brown & Benchmark Publishers.

Schriver, J. M.(1995). *Human Behavior and the Social Environment: Shifting Paradigms in Essential Knowledge for Social Work Practice*, Boston: Allyn and Bacon.

Schultz, D. & Schultz, S. E.(1994). *Theories of Personality*, 5th ed., Pacific Grove, CA: Brooks/Cole Publishing Company.

Schultz, D.(1977). *Growth Psychology: Models of the Healthy Personality*, New York: D. Van Nostrand Co. 정종진 역(1990).『건강한 성격의 소유자란』, 도서출판 그루.

Shaffer, D. R.(1999). *Developmental Psychology -Childhood & Adolescence*, 5th ed., Pacific Grove, CA: Brooks/Cole Publishing Company.

Specht, G. B. & Craig, G. J.(1987). Human Development: A Social Work Perspective, New

York: Prentice-Hall, Inc.

Strong, B. & DeVault C.(1994). *Human Sexuality*, Mountain View, CA: Mayfield.

Trawick-Smith. J. W.(2003). *Early childhood development : a multicultural perspective,* 3rd ed., Pearson Education, Inc..

Troll, L. E.(1985). *Early and Middle Adulthood*, 2nd ed., Monterey, CA: Brooks/Cole.

Tylor, E. B.(1958). *The Origin of Culture*, New York: Harper & Row.

"삼성전자, 시민과 함께 계발한 아동학대 예방 앱" 서울일보 2017.11.20

"아동학대 고리 이제 끊자 – "아이 어디있나" 주변서 관심" 세계일보 2018.01.08.

"아동학대 부모의 눈물" 한국일보.2018.01.20.

아이와 대화법 … 부모들 "배우니까 달라졌어요" 한국일보. 2018.01.20.

"어린이집 교사 40% 동료 아동학대 못본척" 경향신문 2015.01.20.

중앙 아동 보호 전문기관 http://www.korea1391.go.kr/new/

중앙육아종합지원센터 kr/ccef/main.jsp

"폭행 흔적 알고도 신고안한 어린이집 행정처분" 뉴스1 korea. 2016.08.18.

"4살 아이에게 발길질한 보육교사, 알림장엔 "아이가 때렸다". SBS 뉴스. 2017.12.19.

http://cafe.naver.com/hprosblog

찾아보기

ㄱ

가계도 / 169
가정어린이집 / 299
가정위탁 보호 / 36
가정위탁 보호 사업 / 36
가정위탁지원센터 / 146
가족재결합서비스 / 251
간접실천기술 / 159
개발적 기능의 원칙 / 150
개별화된 아동복지사업의 실시 / 162
개입 / 171
거시체계 / 308
건강권 / 122
계약 / 166
계약내용 / 167
고대 영아살해 / 48
고용노동부 / 142
공공 아동복지의 전달체계 / 142
공공부조 / 81
공동생활가정 / 144
교육 / 155
교육부 / 142
구빈법 / 50
국가의 인력 보호와 육성 / 17
국공립어린이집 / 298
국내입양 / 344
국외입양 / 346
국제결혼 가정 / 321
권리와 책임의 원칙 / 147
근대적 아동관 / 56
기관입양 / 342
기본적 생활의 보장 / 16
기초성의 원리 / 162
기타 다양한 건강장애 / 206

ㄴ

놀이권 / 125
누적성의 원리 / 163

ㄷ

다문화가정 유형 / 320
다문화가정 통계 / 322
다문화가족 / 319
다함께돌봄센터 / 146
대리적 서비스 / 42
데모그란트 / 82
독립입양 / 340
드림스타트 / 186
디딤씨앗통장 / 191

ㅁ

물리적 방임 / 225
미시체계 / 305
민간어린이집 / 298

ㅂ

발달권 / 25
방임 · 학대 아동보호 / 38
법인 · 단체 등 어린이집 / 298
베스트스타트 / 61
보육관련법 / 83
보육사업 / 38
보육예산 / 303
보육정책관 / 141
보충적 서비스 / 41
보편성과 선별성의 원칙 / 149
보편주의 / 33
보편화와 아동권리의 발전기 / 53
보호권 / 25, 123
복지기관 / 139
부모의 권리와 책임의 원칙 / 148
북한 이주민 가정 / 322
불가역성의 원리 / 163
빈곤 / 179

ㅅ

사정 / 168
사회문제의 예방 / 17
사회복지서비스 / 82
사회와 국가의 권리와 책임 / 149
사회운동 / 155
사회적 관계망 도표 / 169
사회적 효과성 / 33
사회정서적 발달 / 184
사회정책 / 155
상대적 빈곤 / 181
생명 · 생존 · 발달의 원칙 / 23
생존권 / 24
생태도 / 169
선별주의 / 34
성학대 / 224
수동적 권리와 능동적 권리 / 28
슈어스타트(Sure Start) 프로그램 / 60
스웨덴의 아동양육 / 63
시각장애 아동 / 200
시설보호 사업 / 37
시설보호사업의 과제 / 336
시설보호아동 / 333
신체적 성장 / 184
신체학대 / 220
심리상담 및 트라우마 치료 / 251

ㅇ

아동 전체에 초점을 둔 아동복지사업의 실시 / 162
아동 책임과 권리의 원칙 / 148
아동과 관련된 사회보험 / 80
아동관의 변천과정 / 47
아동권리 / 12
아동권리공약 / 56
아동권리와 아동복지의 상관관계 / 18

아동보육 / 273
아동보육의 과제 / 311
아동보육의 기능 / 275
아동보육의 의의 / 273
아동보육의 필요성 / 276
아동보호 / 156
아동보호전문기관 / 145
아동보호치료시설 / 146
아동복지 / 15
아동복지 민간조직 / 139
아동복지 실천기술 / 156
아동복지법 / 83, 84
아동복지서비스 / 156
아동복지서비스의 유형 / 45
아동복지의 대상 / 31
아동복지정책 / 77
아동복지정책과 / 141
아동복지행정 / 133
아동복지행정 부서 / 140
아동복지행정 전달체계 / 137
아동복지행정의 전제조건 / 136
아동복지행정의 특징 / 135
아동사정 / 168
아동사정의 유형 / 168
아동상담 / 174
아동상담사업 / 38
아동수당 / 64
아동양육시설 / 144
아동에 대한 직접적 개입 / 156
아동일시보호시설 / 144
아동전용시설 / 145
아동학대 / 219
아동학대 신고요령 / 242
아동학대 신고의무자 / 239, 240
아동학대 신고의무자 교육 / 241
아동학대 신고의무자 규정 / 240
아동학대 신고의무자 보호 / 241
아동학대 처벌 규정 / 238
아동학대 현황 / 227
아동학대범죄의 처벌 등에 관한 특례법 / 238
아동학대의 원인 / 236
양부모 / 344
어린이집의 기능 / 301
어린이집의 유형 / 297
어린이헌장 / 57
여성가족부 청소년 가족 정책실 / 142
영유아 이익 최우선의 원칙 / 23
영유아보육법의 구성 / 294
영유아보육법의 역사 / 280
영유아보육법의 연혁 / 287
영유아보육법의 연혁 / 292
예방과 치료의 통합 / 154
예방적 접근방법 / 152
외국인 근로자 가정 / 321
외체계 / 308
요보호아동 / 34
원가정보호서비스 / 249
유기 / 226
유아의 견해와 감정에 대한 존중: 의사 존중 및 참여의 원칙 / 24
유엔아동권리협약 / 22, 53
의료적 방임 / 226
의사소통장애 아동 / 205
인권 / 121

인지적 발달 / 185
일반아동 / 37
임신출산급부 / 63
입양대상아동 / 343
입양사업 / 36
입양사업의 중요성 / 339
입양아동 / 338
입양의 종류 / 340

ㅈ

자립지원시설 / 144
자원봉사 / 139
자폐성장애 아동 / 204
자휼전칙 / 65
장애아동 / 197
장애아동 거주시설서비스 / 214
장애아동 소득보장서비스 / 213
장애아동 지역재활서비스 / 214
장애아동 직업재활서비스 / 214
장애아동가족 양육지원서비스 / 213
장애아동의 개념 / 198
장애아동의 보육시설 형태 / 210
장애아동의 유치원 형태 / 211
장애아동의 유형 / 199
재가복지 실시의 원칙 / 161
적기성의 원리 / 163
적절성의 원칙 / 137
전문성의 원칙 / 137, 151
전통적 아동관 / 55
절대적 빈곤 / 180
접근 용이성의 원칙 / 138
접수 / 166
정서 · 행동장애 아동 / 203
정서학대 / 222
제1차 방어선 / 44
제2차 방어선 / 44
제3차 방어선 / 44
제공, 보호, 참여의 권리 / 27
제네바 선언 / 53
중간체계 / 307
중세 자선사상 / 49
중앙정부 / 138
지방자치단체 / 139
지속성의 원칙 / 137
지역아동센터 / 145
지역아동센터 지원사업 / 189
지적장애 아동 / 202
지지적 서비스 / 39
지체장애 아동 / 203
직장어린이집 / 299
직접실천기술 / 158

ㅊ

차별금지의 원칙 / 23
참여권 / 26, 121
책임성의 원칙 / 138
청각장애 아동 / 201
치료 / 154
치료적 접근방법 / 154
친부모 / 343

ㅌ

통합성의 원칙 / 137
통합화 / 160
특성화 / 161
특수보육어린이집 및 장애아동 수 / 212

ㅍ

패밀리스타트 / 62
평가 / 173
평가와 종결 / 172
평등성의 원칙 / 138
포괄성의 원칙 / 150
포용국가 아동정책 / 118

ㅎ

학대 행위자 특성 / 234
학습장애 아동 / 206
한부모가족지원법 / 110
행정 / 133
헤드스타트 프로그램 / 59
협동어린이집 / 300

저 / 자 / 소 / 개

■ **김익균**

부산대학교 대학원 사회복지학과 석·박사
현) 협성대학교 아동보육학과 교수
〈저서〉 장애인복지론, 가족복지론, 사회복지행정론 외 다수

■ **장은미**

이화여자대학교 교육학 석사
협성대학교 사회복지학 박사
전) 경기도북부 육아종합지원센터장
현) 영유아미래연구소장
〈저서〉 유아미학, 영유아미술교육, 놀이야 인성을 부탁해 외 다수

■ **하재희**

백석대학교 사회복지학 석사
협성대학교 사회복지학 박사
현) 구립 일원어린이집 원장, 협성대학교 겸임교수

■ **임수영**

강남대학교 유아교육과 학사
현) 고양시립개나리어린이집
〈저서〉 놀이중심·개정누리과정에 기초한 유아미학의 실제

■ **이미정**

성균관대학교 아동학 석사
숙명여자대학교 아동복지학과 박사 수료
현) 협성대학교, 오산대학교 강사
〈저서〉 가족관계론, 청학품성 외 다수

■ **박상훈**

명지대학교 사회복지대학원 석사
협성대학교 일반대학원 사회복지학 박사
일본복지대학 객원연구원
현) 협성대학교 겸임교수
〈저서〉 건강가정론, 결혼과 가족 외 다수

아동권리와 복지

1판 1쇄 인쇄 — 2021년 1월 18일
1판 1쇄 발행 — 2021년 1월 22일

저　　자 - 김익균 장은미 하재희 임수영 이미정 박상훈
발 행 인 - 강성민
발 행 처 - 수양재
주　　소 - 경기도 파주시 검산로 173번길 29-20
전　　화 - 031-946-3863(代)
팩　　스 - 031-946-3864
이 메 일 - syjpub@naver.com
출판등록 - 2016년 6월 3일 제 406-2016-000069 호

ISBN 979-11-89457-11-2

정가 20,000원